한국 경제개발과 파독 광부·간호사

1960~1970년대 파독 광부·간호사의 이주와 정착

한국 경제개발과 파독 광부·간호사
1960~1970년대 파독 광부·간호사의 이주와 정착

Korean Economic Development
and the Germany-Dispatched Miners and Nurses

초판 1쇄 발행 2025년 12월 22일

지은이 · 전민경
펴낸곳 · 도서출판 **통독원**
디자인 · 전민영

주소 · 서울시 강남구 선릉로 806
전화 · 02)525-7794 팩스 · 02)587-7794
홈페이지 · www.tongbooks.com
등록 · 제21-503호(1993.10.28)

ISBN 979-11-90540-76-6 93300

한국 경제개발과 파독 광부·간호사

1960~1970년대 파독 광부·간호사의 이주와 정착

전민경 지음

1960-1970

KOREAN ECONOMIC DEVELOPMENT
AND THE GERMANY-DISPATCHED
MINERS AND NURSES

통독원

프롤로그

　본서는 1960~1970년대에 한국의 2만여 명이 독일로 이주하여 광부·
간호사 '손님 노동자(Gastarbeiter)'로 일했던 이주노동과 정착에 대한 역사사회
학적 연구이다. 파독 인력 송출이 성사된 한국의 배출(push) 요인과 독일의
흡인(pull) 요인, 그리고 파독 노동자들의 경제적−비경제적 통합 동기의 트
라이앵글 구조 속에서 이주노동과 독일 정착 과정을 살펴보았다.

　그러기 위해 다음의 세 가지 질문, 즉 첫째, 당시 독일과 한국 정부는
왜, 어떻게, 해외이주노동을 미화 또는 정당화시켰는가? 둘째, 파독 노동자
들은 왜 자발적으로 지원했는가? 셋째, 파독 논쟁은 왜 지금도 지속되는가?
라는 질문을 가지고, 파독 노동자 역사를 네 시기(모집 시기, 이주노동 시기, 정착 시
기, 기억 시기)로 구분하여 이민이주나 식민지적 이주노동과 다른 해외단기취
업 형태의 이주노동부터 이주민으로 정착하기까지의 과정을 종합적으로 살
펴보았다.

　그 과정에서 파독 노동자들의 본국 '송금'은 가계 소비 증대와 국가 경
제성장의 밑거름이 된 희생의 대가로서 오랫동안 임금담보설의 근거가 될
만큼 경제·사회적 가치가 높았다. 파독 노동자들의 경제적·비경제적 동기

에 따른 자발적 지원으로 시작된 이주노동과 본국 송금의 의미는 이후 정착 과정의 기간을 거치며 기억의 시기에 이르러 가족과 국가에 대한 희생과 기여의 의미로 확대되었다. 이는 독일과 한국의 경제개발 동기에서 비롯된 이주노동에 대한 국가주의적 미화가 결국 애국적 행위의 의미가 되어 오늘날 국가 보상 및 예우의 문제로 이어지게 된 것이다. 이러한 기억의 갈등과 인정 문제는 결과적으로 2020년 '파독광부간호사법'을 제정하는 것으로 국가와 파독 노동자 간의 합의의 관계를 이루게 되었다.

결론적으로 파독에 대한 역사적 평가는 근현대사의 경제적·신화적 평가에 편승해서 보기보다는 파독 노동자들의 총체적 역사를 통시적으로 이해하는 것을 전제해야 할 것이다.

전민경

목차

1960-
1970

KOREAN ECONOMIC DEVELOPMENT
AND THE GERMANY-DISPATCHED
MINERS AND NURSES

1장
파독, '최근의 역사'이면서 '진행 중인 역사'

연구의 배경과 목적

✦ ✦ ✦

1960년대 초 전후(戰後) 복구 문제가 시급했던 한국 정부는 '경제개발을 통한 국력 신장'을 필두로 국민통합을 주장하며 강력한 국가민족주의에 대한 국민적 공유를 얻어냈다. 특히 급속한 산업화 계획과 반공을 앞세운 생존과 개발의 정치 체제를 발전시켰다. 이러한 계획적 불안 조성과 생존 정치를 극단화하여 전 국가적 국민 동원, 전체주의 체제를 유지하면서, 경제개발을 위한 최선의 방법인 해외 자금 유입과 수출지향 정책을 추진하게 되었다. 이때 박정희 정부의 정치, 경제, 사회적 요인들의 연쇄적 필연성에 따라 1960~1970년대 대규모 해외이주노동이 시작된 것이며, 그 첫 해외이주노동이 '파독 광부 · 간호사'였다.

독일 '라인강의 기적'[1] 패러디라 할 수 있는 '한강의 기적'은 1960~1970년대 한국의 급격한 경제성장에 대한 표현으로 정치, 경제, 사회 요인들이 중층적으로 나타난 결과라고 할 수 있다. 그러나 지금까지 이루어진 '한강

---

[1] 2차 세계대전 종결 이후 폐허 상태와 다를 바 없었던 서독과 오스트리아가 1950년대 보여준 빠른 경제성장을 지칭하는 용어. 독일 현지에서는 자신들의 경제성장을 경제 발전의 기적(Wirtschaftswunder)이라고 표현했다.

의 기적'에 대한 평가는 주로 정치 지도자나 일부 기업인의 경제적 역할 중심의 평가로 진행되어 온 반면, 개인이나 집단이 행한 경제개발의 역사에 대해서는 비교적 소홀하게 취급되었다. 그런데 이 한강의 기적의 공로와 상당히 직접적으로 연결된 개인(집단)을 꼽는다면 바로 '파독 광부·간호사'이다. 이들의 파독 50주년 기념[2]은 한국전쟁 직후 최빈국을 면치 못하고 있던 1960~1970년대 대한민국을 회상하게 했다. 그리고 "박정희가 경제만은 성장시켰다."라는 박정희의 신화적 재평가[3]와 함께 파독 광부와 간호사들이 '산업 역군'으로서 헌신적으로 경제성장 원동력의 밑거름이 되었다는 수많은 뒷이야기들이 회자되었다.

그 이유는 타국에서의 힘든 이주노동의 대가로 보낸 송금이 한국 경제 성장에 기여했다는 데 있다. 파독 노동자들의 송금이 한국 경제사에 도움이 된 것은 주지의 사실이며, 이에 대해서는 2006년 11월 6일 파독 노동자 김한용, 최말순[4]이 〈진실·화해를 위한 과거사정리위원회(이하 과거사정리위원회)〉에 '1960~1970년대 한국의 광부·간호사들이 독일로 건너가 파견 근로자로 일하면서 임금을 고국에 송금하는 등 한국 경제 발전에 직·간접적으로 이바지한 점 등에 대해 진실 규명을 해줄 것을 요청'하면서 2008년 공식적으로 "파독 광부·간호사의 한국 경제 발전에 대한 기여의 건"에 대한 진

---

2) 2013년 국민대통합위원회는 '파독 광부 50주년'을 맞아, 서울 광화문광장에서 9월 4일부터 7일까지 '한독수교 130주년 및 근로자 파독 50주년 기념 전시회'를 열었으며, 같은 해 서울도서관은 12월 18일부터 29일까지 안전행정부, 국가기록원과 함께 '독일에 울려 퍼진 아리랑'이라는 주제로 전시 및 세미나를 개최했다. 한국이민사박물관은 개관 4주년을 맞아 2012년 '젊음, 독일행 비행기에 오르다－파독 광부·간호 여성 이야기' 특별 전시를 개최했다. 2016년에는 재독한인간호사협회에서 '파독 간호사 50주년'을 맞아 독일 에센시의 파독광부문화회관에서 기념행사(2016년 5월 20일~21일)를 열었다.

3) 전두환, 노태우, 김대중 정부의 연평균 실질경제성장률과 비교했을 때 박정희 정부의 경제성장률이 가장 높았던 것은 아니다. 다만 극빈 사회에서 무엇을 하든 경제성장에 효과가 나타났던 현상 때문에 박정희에 대한 그리움의 심리가 '신화'로 표현된 것이라 말할 수 있다(정태헌, 2014: 251-251).

4) 김한용(金漢勇)－1973년 2차 15진 파독 광부, 최말순(崔末順)－파독 간호사.

실규명이 결정5)되기도 했다.

이러한 측면에서 파독에 대한 평가의 상당 부분은 한국을 최빈국에서 경제 대국으로 이끈 박정희의 뛰어난 경제적 업적 가운데 하나로 평가하거나 또는 가난한 나라 민족의 일원으로서 파란만장한 생을 겪었다는 희생의 역사로 평가하는 등, 경제적 차원으로 일원화해 왔다. 그러나 파독 노동자들의 역사는 이제 한국 현대사의 역사 · 사회적 성찰을 통해 수많은 사회 구성 요소와 국가 정책이라는 구조 속에서 변화된 개인 행위와 의식을 토대로 통시적이며 복합적인 재평가가 필요하다. 물론 한국 경제의 고도 성장기를 모든 측면에서 평가하기에는 여전히 이견이 분분하지만, 오늘 우리의 관점에서 비록 중간 점검이 될지라도 역사 정리와 평가가 가능한 부분이 있듯이, 같은 선상에서 파독 이주노동자의 역사 또한 재조명되어야 할 것이다.

1960~1970년대 한국의 '파독(派獨) 인력 송출'이라는 역사적 사건을 독일과 한국 정부, 그리고 파독 노동자와의 관계 속에서 국가와 개인, 구조와 행위의 딜레마를 어떻게 역사적 사실 가운데 해석할 것인가? 어떤 장기간의 역사적 과정과 복합적 현상을 거쳐서 현재와 같은 모습으로 귀결되었는가? 구체적으로는 파독 노동자들의 이주노동을 정부의 경제개발 정책을 위한 국가주의적 미화와 개인의 자발적 지원은 어떤 관계성 속에 있는가?를 다음과 같은 질문을 통해 인과성을 살펴보고자 한다.

첫째, 당시 독일과 한국은 해외이주노동을 왜, 어떻게 미화 또는 정당화시켰는가? 둘째, 파독 노동자들은 왜 자발적으로 지원했는가? 셋째, 파독 논쟁은 왜 지금도 지속되는가?

---

5) 결정사안—1960~1970년대 한국의 광부 · 간호사들이 독일에서 파견 근로자로 일하면서 임금의 일부를 고국으로 송금함으로써 한국 경제 발전에 직접적으로 기여했으며, 독일에서의 경력 후 제3국으로 진출하여 재외한인사회의 형성과 발전에 기여한 점에 진실이 규명되었으므로 '진실 규명'으로 결정한다(과거사정리위원회, 2008: 173-257).

한인 2만여 명이 일정 기간 동안 독일이라는 특정한 곳으로 자발적으로 지원하고, 이주하여 노동을 했다는 것은 이주의 역사에서 처음 있는 특이할 만한 사건이라고 할 수 있다. 또한 1963년에 시작된 파독 광부 송출이 끝난 지 60년이 다 되어가는 시점에도 파독에 대해 근대화 산업 역군으로서의 이미지, 국가 예우, 기념, 박정희 신화 등의 논의들이 진행되고 있다는 것은 여전히 사회적 이슈임에 틀림없다.

이러한 이유로 지금까지 파독 노동자에 대한 연구는 여러 각도에서 부분적으로 시도되어 왔다. 본서에서는 파독 인력 송출의 역사를 크게 네 시기, 즉 첫째 모집 시기, 둘째 이주노동(파견 생활) 시기, 셋째 독일 정착 시기, 넷째 기억 시기로 나누어 전체적으로 살펴볼 것이다. 각 시기마다 정부와 파독 노동자들의 관계가 어떤 양상으로 지속되었는지, 정부와 개인(집단)의 관계가 때로는 보완적, 때로는 충돌적 요소로 존재하면서 어떤 사회현상으로 나타났는지 살펴볼 것이다. 이러한 과정에서 이주노동의 주체자인 광부·간호사들의 실제 노동 현장과 독일에 정착하기 위한 그들의 고단했던 삶의 과정을 이해해 보는 것도 본서의 중요한 목적이다.

20세기 초, 전 세계적인 전쟁과 냉전 속에서 대규모 이주가 형성될 때 한국도 국제정치 흐름에 따른 국가 재건, 경제개발계획 속에서 이주가 시작되었다. 1950년대 말부터 민간사업으로 시작된 파독 광부·간호사 이주노동은 1960년대 초·중반에 이르러 정부 주도적 집단 계약 이주라는 해외 취업 정책이 추진되면서 본격적으로 진행되었다.

파독 노동자들은 3년 단기 노동 후 귀국해야 하는 '손님 노동자' 또는 '초청 노동자(Gastarbeiter, Guest workers)' 신분이었다(Ahn, 2016: 2). 그런데 3년의 계약이 종료된 이후 파독 광부·간호사들은 한국으로 귀국하기도 했지만 상당수가 유럽이나 미국, 캐나다 등으로 '삼각이민(triangle immigration)'을 떠나거나, 혹은 독일에서 결혼, 재취업, 유학 등으로 계획한 시기 이상 거주하게 되면서 재독 한인으로의 정착 과정을 밟게 되었다. 이들은 파독한 이주노동자였다가 독일에 정착한 독일 거주민이 되었고, 그때로부터 길게는 40~50년의 기간을 독일에 살면서 한인 사회라는 사회적 집단으로 형성, 성장했다. 그리고 그들의 2세대들과 3세대들이 독일에서 태어나고 자라면서 독일 내 한인 사회는 계속 유지, 확장되었으며 이주노동의 시간들을 기억, 기념하기에 이르렀다.

파독 광부·간호사들의 직접적인 기념 행위라 할 수 있는 협회 구성 및 기념관 건립, 그리고 기록 자료집 발간 등의 기념 활동이 있으며, 한국 정부 부처의 지원으로 파독 전시회를 개최했다. 또한 한국 경제 발전에 기여한 것에 대한 공적을 치하하는 등 다각적으로 기념하고 있다. 이러한 기념 활동을 통해 한국 사회의 관심 또한 확대되었으며, 2020년 6월 10일 〈파독 광부·간호사·간호조무사에 대한 지원 및 기념사업에 관한 법률〉(약칭: 파독광부간호사법)6)이 통과되는 성과를 얻기도 했다.

그러나 이러한 기념이 말하고자 하는 바가 한국 경제성장이라는 성공의 역사, '한강의 기적'을 만든 희생자의 역사로 일축되어서는 안 될 것이다. 재독 한인 사회에서 수식어처럼 사용되는 "조국 근대화에 크게 기여할 뿐만 아니라 독일이 부러워하는 성공적으로 정착한 소수의 타민족 공동체로 인정받고 있다는 자부심"7)이라는 말에 함축되어 있는 성공담으로 파독 노동자들의 역사적 평가를 규정하는 것은 그들의 많은 다양한 삶의 내용과 기억의 의

---

6) 제1조(목적) 이 법은 대한민국 정부 및 독일연방공화국 정부 간 경제 및 기술 협조 등의 일환으로 독일에 진출하여 근로한 광부·간호사·간호조무사의 노고와 희생을 기념하고 국가경제 발전에 기여한 이들의 공로에 걸맞은 기념사업 및 지원에 필요한 사항을 규정함을 목적으로 한다. [시행 2021.6.10] [법률 제17436호, 2020.6.9. 제정] (국가법령정보센터, https://www.law.go.kr)
7) 재독한인총연합회장 2020년 부활절 메시지 중에서(《유로저널》, http://www.eknews.net).

미를 방기하는 것이다. '이주에서 거주로', '기억에서 기념으로' 이어진 파독 노동자들의 역사는 그들의 삶 자체로도 역사적 의미가 있다.

파독은 '최근 역사(recent past)'이면서 또한 '진행 중인 역사(ongoing social issue)'로서 한국 현대사에 대한 평가와 연결하여 그들의 총체적 삶의 발자취를 조명할 필요가 있다. 동시에 파독 광부·간호사 개인의 선택적 행위가 국가적인 의미로 전환된 것은 처음부터 노동자들 스스로 그 의미를 부여했던 것이 아니다. 따라서 개인의 선택적 행위는 '국가' 정책과 상호 연결되어 있기 때문에, 당시 세계 이주 체계 속에서 한·독 외교 형성에 영향을 미친 정치·경제적 배경과 정책들을 살펴볼 필요가 있다. 개인이 자발적 지원을 하게 된 개인사적인 동기도 다양하지만 그 다양한 동기를 유발시킨 당시 사회적 현상도 고려해야 한다.

또한 파독 인력 송출은 끝났지만 공간과 기억의 연장선에서 파독 광부·간호사들이 독일에서 가족을 형성하고 정착하면서 느낀 '민족적 정체성'은 현재에도 지속된 자기와의 싸움이며, 자녀 세대와의 문화적 갈등으로 이어지기도 한다. 때로는 파독 노동자들에 대한 민족적 의미 부여가 애국 행위로 확대되기도 했다. 이러한 민족 정체성과 기억의 재구성은 국가의 '신화'와 '상징'의 요소와 상호 연계되어 있음을 살펴볼 필요가 있다.

따라서 1960~1970년대 파독 광부·간호사들의 이주와 정착에 대한 연구는 '역사'와 '현재' 사이의 과정에 있는 복합적이고, 통합적인 연구이다. 또한 여전히 분분한 역사 평가 갈등 속에 있는 박정희 정부 기간에 이루어진 일이기에, 더욱 객관적 사실에 균형을 갖추기 위해 역사 사회학적인 연구가 필요하다. 즉, 박정희의 조국 근대화 구조에서의 해석보다는 한국과 독일·미국·일본과의 국가적 관계, 그 속에서 개인의 행위가 어떻게 이루어졌는지를 포괄적인 역사적 맥락과 인과 과정 속에서 현재의 결과로 다각적인 관점으로 서술할 필요가 있다.

또한 파독 광부·간호사들의 집단기억은 주로 '이주노동 시기'를 중심으로 동시대적이며 공동체적이지만 개인의 삶의 내용이기 때문에 다양하고 재해석된 기억으로 파편화되어 있다. 그래서 기억은 기록을 위한 '증언'으로서 중요한 의미와 가치를 지니지만, 한편 시간의 흐름 속에서 변화, 재해석되는 한계가 있으므로 어떻게 역사적 기록(historical record)으로 사실적 가치를 남길 것인가에 대한 과제는 앞으로 파독 노동자 1세대와 그의 후손들뿐만 아니라 한국의 1960~1970년대 해외이주노동의 역사 평가를 균형적으로 자리매김하는 좌표가 될 것이다.

한국은 전후 개발도상국으로 1970년대 말까지 서구의 개발원조를 받는 수원국으로서 인력 송출국이었지만 1980년대 변화와 발전을 거듭하며 오늘날 190여만 명의 체류외국인을 수용하는 국가가 되었다.[8] 그중에서도 2021년 4월 고용허가제[9]를 통해 근무하고 있는 일반 외국인 노동자(E-9) 수가 168,940명이다(한국고용정보원). 외국인 노동자 수용국으로서 한국의 고용 형태는 마치 1960~1970년대 독일의 외국인 노동자 정책을 그대로 수용한 듯 비슷하다. 한국의 외국인 노동자 정책은 신분, 명분, 처우, 계약(체류)기간 등에서 독일 이주노동의 직종이 '광부·간호사'로 정해졌던 것 외에는 파독 노동자들의 고용 형태와 크게 다르지 않다.

한국은 1980년대 말 급속한 경제성장과 3D업종의 기피 현상으로 저임금 노동의 인력난이 발생했고, 이에 따라 외국인 노동자의 수가 증가했다.

---

8) 2021년 4월말 현재 체류외국인은 1,990,228명으로 등록외국인은 1,104,215명, 외국국적동포 국내거소신고자는 468,130명, 단기체류외국인은 417,883명이다(한국외국인노동자지원센터, 《출입국외국인정책 통계월보》 https://k.migrantok.org).
9) 고용허가제란 내국인을 구하지 못한 중소기업이 정부로부터 고용허가서를 발급받아 합법적으로 비전문 외국 인력을 고용할 수 있도록 하는 제도로 인력송출국(16개국)의 한국어 시험 합격자를 도입 대상으로 한다(고용노동부, www.moel.go.kr).

이를 위한 해결책으로 정부는 1993년에 산업연수생제도를 도입했다. 본 제도의 목적은 사실상 저임금 외국인 노동자의 노동력이지만, '저개발국가에 대한 기술 이전'이라는 명분하에 외국인 노동자들이 최소한 합법적으로 입국하여 취업할 수 있도록 했던 것이다. 그러나 외국인 노동자들의 인권 침해와 인력 시장의 왜곡 등의 사회 문제로 정부는 산업연수생제도를 폐지하고 2007년부터 '고용허가제'를 도입했다. 이로써 외국인 노동자는 기술연수생 신분이 아닌 합법적인 근로자로서 권익을 보호받을 수 있었으며 근로계약 기간 만료 전에 재계약 체결이 가능했다.

계약 기간과 관련해서는 독일 '손님 노동자' 정책과 같이 장기 체류로 인한 잠정적 이주민의 문제가 발생하지 않도록 미리 방지하기 위한 정책으로 외국인 노동자의 취업 기간을 3년으로 설정했다가 재고용 제도에 따라 근로계약 기간 조정을 개선했다(김태희, 2014: 104).

한국에서 체류하고 있는 외국인 노동자는 다문화 소수자 중에서 큰 비중을 차지하는 집단으로, 다문화 속 소수자의 지위성(positionality)을 갖고 있는 집단이다(김용신, 2011: 18). 이들은 한국 사회에서 언어와 문화의 차이부터 장시간 노동이나 저임금, 임금 체불, 열악한 작업조건, 소외나 차별, 노동자 간의 갈등, 사장과의 갈등, 열악한 주거생활, 종교, 결혼과 가정생활의 어려움 등의 다양한 문제를 겪고 있다. 이러한 외국인 노동자들이 겪고 있는 문제들은 1960~1970년대 파독 광부·간호사들이 겪었던 어려움과 크게 다르지 않다. 외국인 노동자를 대하는 관계 설정에 있어서 한국 사회는 서열화하여 생각하고 행동하는 권위주의적 성향이 짙다. 또한 이질적인 것에 대한 배타적인 성향으로 멸시와 차별을 하는 경우가 많다(김태희, 2014: 106). 그런 면에서 한국인과 다문화 소수자의 사회적 통합 인식이 더 필요하며 도덕적 인격체로서의 존엄성을 인정해야 할 필요가 있다.

본서의 주제인 파독 광부·간호사들의 이주 동기, 이주노동, 정착과 적응에 대해 역사사회학적으로 바라봄으로써 현대 한국 사회의 일부가 된 외국인 노동자에 대한 사회상을 염두에 둔 역지사지(易地思之)를 함의한다.

이론적 고찰

✦ ✦ ✦

본서의 주요한 줄기가 되는 이론은 첫째, 국제이주 형성에 관한 이론이다. 송출국과 유입국 간의 이주노동인력을 작동하게 하는 요소들을 살펴보고, 파독 노동자들의 이주 결정 구조는 어떠한지 고찰하고자 한다. 둘째, 1960~1970년대 박정희 정부가 해외이주노동 정책을 계획하고 파독 광부 · 간호사로 자발적 지원에 나서게 한 근거로서 국가 통치 형태를 살펴볼 것이다. 셋째, 개발도상국 이주노동자들의 본국 송금이 국제개발에 주는 의미와 한계에 대해 살펴볼 것이다.

먼저, 국제이주는 무엇 때문에 형성되고 지속 변화했는지, 이주 결정 요인들을 국제이주 접근법에 따라 살펴보고자 한다. 이주 결정의 요인은 주로 경제에 있지만, 개별 국가 간의 국제정치적 관계와 사회 환경은 이주 결정에 중요한 요소로 작동했다.

19세기 초 유럽의 경제 발전과 식민지국가들의 산업화가 확산되면서 유럽인들의 대규모 국제이주(international migration)가 진행되었다가, 1차 세계대전과 경제대공황, 2차 세계대전으로 인해 국제이주는 축소되었다. 이후 1960년대부터 탈산업화시기에 접어들면서 이주는 유럽 중심의 국제이주가 세계적인 차원으로 확대되었고, 독일, 프랑스, 벨기에 등 새로운 이주수용 국가가 등장했다. 그리고 1970년대는 중동 지역으로, 1980년대는 동아시아 지역으로 확산되었다(김용찬, 2006c: 82).

이러한 국제이주의 변동을 연구하기 위해 이주 결정 요인, 과정과 유형, 국제이주 후의 통합 과정 등 다양한 접근법을 사용하게 된다. 국제이주의 접근법 이론 중 경제학적 접근에서의 주류 이론은 '신고전주의 경제학(the neo-classical economics)'이다. 이주의 비용과 편익을 합리적으로 계산하려는 개인의 선택에 초점을 두고 국제이주를 설명하는 것이다. 자신의 '효용'을 극대화하여 '이민 시장'을 통해 임금 수준, 고용 기회 등의 정보를 획득하는 것으로, 결국 소득이 낮은 곳에서 높은 곳으로, 지금보다 나은 경제적 기회를 위해 국제이주가 발생한다는 이론이다.

그러나 이주 결정은 고립된 개인에 의해서만이 아니라 가족 또는 가계와 공동체 등의 큰 단위의 행위자에 의해 결정된다는 '이주의 신경제학(the new economics of migration)' 이론이 제기되었다. 개인의 효용을 극대화할 뿐 아니라 리스크 또한 최소화하기 위한 집단의 결정에 중심을 두는 것이다. 이후 이러한 개인, 가족(가계)의 결정에 좌우되기보다는 거시적인 차원, 즉 이민 수용국의 노동시장과 선진국 경제구조의 유동성에 따라 발생하는 노동력 부족이 국제이주를 만든다는 '이중노동시장(dual labor market)'이 제기되었다(이병하, 2017: 27-28).

그런데 이러한 경제 이론들은 모든 후진국에서 송출되고 모든 선진국에서 수용된다는 보편성에 맞지 않는다는 지적이 있다. 즉, 특정 국가에 이주가 집중되는 부분에 대해서는 설명이 어렵다는 것이다. 국제이주 형성에는 경제적 설명 외에도 다양한 국제환경과 개별 국가들의 노동 고용에 관한 협정이나 정책 변경, 이로 인한 이주민들의 귀환 등의 현실이 존재한다는 것이다.

김용찬(2006c)은 1960년대 한국의 해외이주가 다른 아시아 경제후진국들에 비해 활발히 이루어지고, 선진국이었던 영국이나 프랑스가 아닌 미국과 독일 등에 한국인의 이주가 집중되었던 요인에 대해서는 경제이론에 의해서만 파악될 수는 없다고 말한다. 즉, 경제이론은 개인의 국제이주 선택에 있어 역사적인 요인들과 민족국가의 역할을 간과했다는 것이다. 예를 들면, 한국에서 특정한 시기에 미국으로의 이주가 많았던 것은 한국전쟁이라는 역사적 연관성에 의해 이루어질 수밖에 없었던 부분이 있었음을 간과할 수 없다. 마찬가지로 한국의 파독 노동자들이 개인의 경제적 필요에 의한 이주를 선택하는 데에는 한국과 독일 정부 간의 고용계약에 관한 협정 체결이라는 정치, 외교적 배경도 중요한 요소로 작용되었다. 또한 개별 국가들의 국제이주는 개인과 가정 차원에서 초기 경제적 요인이나 노동력 요구로 진행되었으나, 이는 국제이주의 '지속성'과 관련해서는 경제이론의 한계를 드러내게 된다.

이러한 경제이론에 대한 대안적 설명으로 1970년대 '역사—구조 접근법'이 등장했다. 이는 마르크스(Marx) 정치경제학, 즉 자본주의 발전의 구조적 영향에 따라 이주의 형태가 변화한다는 인식과, 세계체제론에 기초하여 국제이주를 개인 차원의 문제로 착안하지 않고 주로 세계 정치경제의 대규모적이며 장기적인 변화에 초점을 맞춘다.

외국인 노동자는 '잠재적 잉여 인구'로 자본주의 경제체제의 위기를 조절할 수 있는 중요한 원천이 되는데, 일례로 독일은 1950년대 초까지는 동독 및 동유럽 지역의 추방자들과 난민으로 노동력이 충분했다. 그러나 이후 경제는 급성장했으나 동독과 유럽의 추방자들의 노동력이 중단되고 자국에서의 노동력도 충당이 되지 않자, 이탈리아, 스페인, 그리스, 터키 등 외국인 노동자 고용 정책을 확대하여 충원시켰다. 즉, 독일에서의 외국인 노동자는 경제체제의 구조적 문제를 해결하는 자원이 되었다. 이러한 체제 속에서 한국 또한 파독 광부·간호사들의 이주가 진행되었다(김용찬, 2006c: 88-89).

그러나 이 또한 국제이주의 복잡성을 다 포괄할 수는 없다. 이주자 수용국가가 자본주의체제의 확산을 위해 이주노동자를 충원하는 활동에만 국한하지 않기 때문이다. 국가가 항상 자본을 위해 이주노동자를 고용하는 것은 아니다. 1970년대 서유럽국가들이 외국인 노동자 고용 제한 정책을 시행했을 때 외국인 노동자 이주가 감소한 것을 보면, 정부 정책의 시행과 변화된 규정들은 노동자들의 이주에 주요한 변수로 작용한다는 것을 알 수 있다. 또한 이주민들과 잠재적 이주민들의 이주국가에 대한 상황과 정보를 공유하는 이주민 네트워크는 국제이주의 형성과 연속성에 중요한 역할이 되고 있다. 이렇게 국제이주의 형성과 지속에 대한 분석에 있어 하나의 이론으로 설명하기 어려운 한계를 좀 더 포괄적이며 통합적인 분석으로 조망하는 데 크리츠와 즐로트닉(Kritz and Zlotnik)의 '이주체계접근법'이 그 기초를 제공해 주었다.

이주체계접근법의 분석틀
Kritz and Zlotnik, International Migration Systems (김용찬, 2006c: 93 재인용)

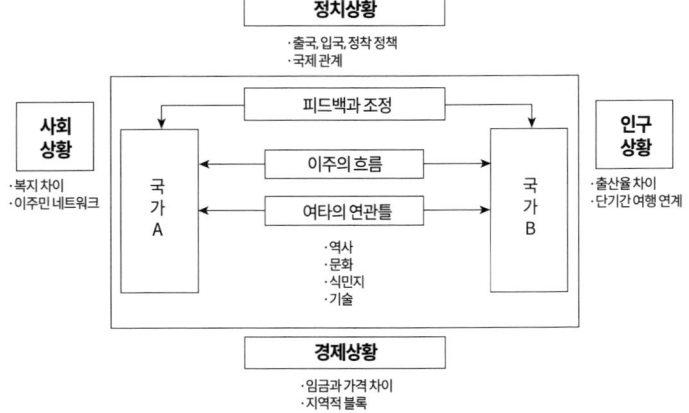

즉, 국제이주의 형성과 연속성을 다차원적 요인들을 고려하여 포괄적으로 설명할 수 있는 분석틀이다. 특히 국가의 역할과 기능을 강조했으며, 또한 송출국가와 수용국가 간의 이주민 네트워크를 국제이주 과정의 집단적 역할로 조명했다(김용찬, 2006c: 84-93). 이주민 네트워크는 시간과 공간을 가로질러 연결되므로 서로 정보를 교환하고 관계망이 발생하여 비용과 위험보다는 이익을 증가시키는 안전망 기능을 하게 된다. 이 과정에서 이주민 고유의 정체성과 거주국에서의 정체성이 융합하는 2세대 형성에도 영향을 미친다(이병하, 2017: 29).

한인 파독 노동자들은 국제개발원조 정책하에서 이루어진 이주노동 인력으로, 송출국인 한국의 배출 요인(push factors)과 유입국인 독일의 흡인 요인(pull factors)이 자본주의적 고용계약으로 이루어진 정부 주도 정책의 성과라고 할 수 있다. 그러나 파독 노동자들의 이주노동 결정 구조는 개발도상국에서 흔히 나타나는 경제적 이해가 우선하는 방향으로 정형화할 수 없는 복합적 구도로 이해되어야 한다.

파독 노동자들의 이주 결정 요인

개인의 혼합 요인
(mixing factors)
• 취업을 통한 경제적 성공
  - 가족 송금(경제적 지원)
• 서구에 대한 동경
• 새로운 미래에 대한 가능성
• 한국에 대한 불안과 회의
• 가부장적 문화 폐쇄성 탈피

한국의 배출 요인
(push factors)
• 사회경제구조의 변화
• 고용구조의 심각한 붕괴
• 실업 증가와 취업난 심화
• 대규모 인구집중
• 차관 및 외화획득의 기회

독일의 흡인 요인
(pull factors)
• 독일, 미국, 일본의 출구전략
• 개발원조 프로그램 - 동맹국지원
• 탄광 및 병원 노동력 부족
• 이중노동시장을 위한 완충기제
• 차관을 통한 기업 수출의 기회

파독 노동자들의 이주 결정의 요인은 크게는 냉전 이후의 국제이주 흐름과 연관되어 있으며, 한국과 독일의 정치·외교적 배경과 경제적 동기가 맞물린 배출－흡인력(push-pull)에 의한 것이었다. 그리고 양국의 공동 이익이라는 목적과 노동자 개인의 경제적－비경제적 혼합 동기가 부합하게 됨으로 자발적 선택이 이루어진 트라이앵글 구조의 이주 형태라고 할 수 있다.

둘째, 파독 노동자들의 이주노동의 배경과 자발적 지원의 동기로서 1960~1970년대 한국 사회에서의 지배 담론은 1950년대 반공주의 담론을 계승하면서 근대화를 중심으로 한 경제개발 담론이라고 할 수 있다. 이는 박정희 정부의 정치적 정당성의 취약성을 보완하기 위한 국가 목표로서 더욱 중요했다(조희연 편, 2003: 59). 박정희 정부가 추진한 근대화 정책은 수출지향적인 산업화로, 미국과 일본의 경제적, 산업적 의존을 필요로 했다. 그러면서도 자립경제를 목표로 했기에, 박정희는 자립경제를 실현하는 것은 '민족 주체적인 민주주의'를 실현하는 것이라고 주장했다. 그래서 경제개발이 동반하는 독재적 정치, 불평등, 미·일 종속성 자금 조달 문제는 민족적 민주주의 실현을 위한 불가피한 것으로 강변했다(조희연 편, 2003:61-62). 그러나 개발독재 시기임에도 경제성장이 이루어진 것은 이미 경제성장 조건이 역사적으로 축적되어 있었기 때문이다(정일준, 2011: 87).

그럼에도 한국의 경제성장 신화가 박정희 집권 시기로 집약되는 것은 근대화론에 대한 정당화 작업과 정치적 억압, 통제가 국익이라는 명분으로 국민동원과 통합을 도모하고 적극적으로 활용되었기 때문이다. 실질적으로 박정희 정부의 경제 발전 성과는 한국 경제의 거시적 흐름에서 볼 때 초기 단계에서 부분적 역할을 했다고 볼 수 있다(정일준, 2011: 69). 박정희 정부를 푸코의 '통치성(governmentality)' 개념으로 간단히 살펴보면, 푸코가 말하는 통치는 개인들의 행위를 일정한 방향으로 지도, 유도, 선도하는 것을 의미하는

데, 국가나 정부가 통치의 주체는 아니되 특정 시기에 정부가 통치의 주체가 되는 경우는 특수한 상황을 반영한 것이라고 할 수 있다. 즉, 통치의 수단으로 국가가 이용되는 것이다(이문수, 2009: 72).

통치는 권력·지배의 기술과 개인들이 주체화할 수 있는 기술들이 서로 관계 맺는 것으로, 개인들의 행동 목적과 이를 성취하는 수단을 규정한다. 즉, 주체들의 행동을 통솔하는 권력의 작용이나 형식이 합리화되는 장을 정당화하는 것이다. 다시 말해, 사람들의 행동을 이끌어내고 영향을 끼치는 일종의 '기술'을 말한다. 물론 푸코는 권력을 특정 실체가 아닌 개인 사이, 미시 세계, 일상 세계에서의 관계로 비실체적인 관계를 나타낸다.[10] 그러나 근대 국가체제의 개발주의 통치 방식은 보이지 않는, 없는 것처럼 보이는 권력으로 국가가 개인행동의 '자유' 속에서 작동하도록 하는 자연스러운 권력 관계를 만드는 통제, '국가의 통치화(governmentalization of the state)'라고 할 수 있다(이문수, 2009: 72).

1960~1970년대 한국은 사회통제 시대이면서 성장·발전주의가 시대의 주요한 담론이었다. 이러한 시기에 등장한 대규모 해외이주노동 정책은 박정희 정부의 경제적 개발체제 성공 목표에 기인한 것으로, '조국 근대화'라는 민족주의적 이념과 반공을 내세운 통치 기제에서 실행된 정책이라고 할 수 있다. 특히 쿠데타 이후 정권의 안정과 경제 발전을 위한 외화 획득의 기회를 찾고 있는 중에 '파독 인력 송출'의 기회는 박정희 정부가 이주노동에 대한 적극성을 드러내기에 충분했다.

앞서 살폈듯이 파독 노동자들의 이주노동에 대한 자발적 선택은 한국과 독일의 pull-push 작용과 개인의 경제적인 목적이 부합해서이기도 하지

---

10) 푸코가 탐구하는 government는 정부의 개념이 아닌, 인간들 사이의 권력(power), 지배(rule) 관계로서의 개념이다(이문수, 2009: 72).

만 비경제적 이유를 포함한 선택이기도 했다. 당시 많은 사람이 독일 이주노동을 자발적으로 선택한 데에는 한국 정부의 이주노동에 대한 적극적 모집 선전의 영향이 컸다. 본서에서는 파독 노동자 모집을 위한 국가의 적극적 모집 행위를 이주노동에 대한 '국가주의적 미화'로 제시했다.

셋째, 이주노동자들의 '송금(remittances)' 행위는 본국의 가족이나 지역사회에 직접 송금하는 것으로, 송출국의 발전에 긍정적 영향을 미치는 행위이다. 따라서 정부의 정책 입안 시 이주는 중심적 주제가 되었다. 이주자가 보내는 송금은 본국의 발전과 개발에 기여할 수 있고 또한 촉진시킬 수 있는 경제적 기회로서, 저개발국가의 '발전 주문(Kapur, 2004)'이 되었다. 이주노동자들의 송금은 '경제적 송금'과 '사회적 송금'[11]으로 구분할 수 있다. 경제적 송금은 빈곤 감소에 직접적인 영향을 주기 때문에 저개발국가에서 중요한 경제적 요소가 된다. 이주노동자의 송금으로 가족들이 농업과 산업에 직접 투자하거나, 이주자 가족의 소비가 공동체의 수요와 고용을 창출하기도 한다.

이주노동자가 개별적으로 가족에게 보내는 비용에 비해 적은 액수이기는 하나 '집단 송금' 형태도 주목받고 있다. 집단 송금은 주로 장기거주 이주자들 사이에서 이루어지는데, 이주자 단체들이 자원을 모아 출신 지역의 학교나 교회, 도로 건설, 의료 시설 등 지역 향상을 위해 사용되는 송금이다. 그러나 개별 송금이나 집단 송금은 지속적으로 유지되지는 않는다. 이주자

---

11) 사회적 송금에 대해 레비트는 수용국에서 송출국으로 흐르는 사고방식, 행위형태, 정체성, 사회자본 이라고 정의했다. 사회적 송금은 이주자들의 일시적 또는 영구적 이동을 통해, 또는 편지, 전화, 비디오 등을 통해 이루어진다고 말한다. 그러나 사회적 송금의 효과에 대해서는 긍정적일 수도 부정적일 수도 있음을 전제한다. 왜냐하면 수용국에서 배운 것들이 송출국에 긍정적 효과로서 발전과 변화를 줄 수 있지만 한편으로는 고임금경제 지역으로의 이주를 부추김으로 오히려 송출국의 사회변동과 경제성장에 부정적인 영향을 가져올 수 있기 때문이다(Levit, 1998; Castles and Miller, 한국이민학회 옮김, 2016: 122-123 재인용).

들의 영구 정착이나 해외이주가 감소함에 따라 송금은 감소하기 때문이다.

따라서 송출국이 빈곤 감소나 발전 계획을 위한 이주자 송금을 계획할 때, 전적으로 의존하는 방식이 아닌 송금을 광범위한 전략의 일부분으로서 고려해야 함을 지적한다(DFID, 2007; Castles and Miller, 한국이민학회 옮김, 2016: 147 재인용). 그런 면에서 송금 흐름의 지속성과 카푸르가 말한 '발전 주문'은 비례적 관계일 수 없다.

한편, 유입국 경제에서 볼 때도 이주노동의 결정적 역할을 간과할 수 없다. 유입국에서는 이주노동자들을 대상으로 고용과 해고라는 유연성을 통해 경기 변동을 조절하고, 내국인 노동자들의 고숙련 직종 취업을 제공함으로 경제 규모를 확대할 수 있었다. 따라서 이주노동자들의 송금의 반대급부로서 노동력은 유입국의 높은 경제성장률을 가져다주었다.

1960~1970년대 한국은 해외이주노동 인력을 송출하는 데 정치·사회적 동기뿐만 아니라 경제적 동기가 지배적이었던 시기로 박정희 정부의 초기 국가 재건 계획에 파독 노동자들의 송금은 경제 발전의 자극적 요소로 주요하게 작동되었다. 따라서 정부는 송금의 안정적 확보에 전략을 세울 만큼 관심이 많았다. 그러나 송금으로 인한 경제적 효과는 점차 파독 노동자들의 제3국으로의 이주와 독일 정착이 이루어지면서 줄어들었다. 파독 노동자들의 송금은 한시적이었지만, 송금의 가치는 높았다고 평가할 수 있다.

연구의
방법과 한계

◆ ◆ ◆

　　본서의 대상 시기는 파독 광부·간호사 인력 송출의 기간인 1960~1970
년대를 주요 시기로 정했다. 한국 정부의 정치·경제적 현상의 역사적 흐름
에 따라 1950년대 후반 독일과의 국제관계 및 교류도 연구의 중요한 시기로
보았으며, 본격적인 파독 인력 송출은 광부는 1963년부터 1977년까지, 간
호사는 1966년부터 1976년까지로 하되, 시기상 1950년대 후반 민간 주도
의 간호학생 독일 이주를 파독 간호 인력의 제1시기로 구분하여 다루었다.
1960~1970년대는 독일 정부의 정치적 방향이 세계사적 이주노동 정책과
관련되어 있으며, 한국의 노동력 해외 진출에도 영향을 주었기 때문에 독일
의 노동자 정책의 변화와 국제관계에 대해서도 살필 것이다.

　　본서에서 사용되는 '독일'은 1949년 5월 공식적으로 독일연방공화국으
로 설립된 '서독'을 지칭한다. 또한 파독 노동자들의 역사를 다룸에 있어 시
기상 모집 시기, 이주노동(파견생활) 시기, 독일 거주민으로의 정착 시기, 기억
시기로 나누어 살피는 과정에서 이주노동 시기 이후 제3국가로 삼각이민을
떠나거나 한국으로 귀국한 파독 노동자들의 근황에 대한 연구는 포함하지

않았다.

　본서에서 다루는 수치(파독 수, 연도, 송금액 등)는 기존의 문헌 연구를 따르지만, 사실상 각 파독 단체들의 자료집 또는 자서전, 연구자들의 자료마다 약간의 차이가 있다. 그럼에도 연구자들의 선행 연구에 따라 자료 분석과 기록을 인용하되, 역사적 맥락에 의한 내용의 통일을 위하여 수치의 기록은 2009년 재독한인글뤽아우프회에서 발행한 《파독광부 45년사 1963~2008》와, 같은 해 한국파독광부총연합회에서 발행한 《파독광부 백서》, 그리고 과거사정리위원회에서 2008년 하반기 조사보고서로 제출된 〈파독 광부 · 간호사의 한국 경제 발전에 대한 기여의 건〉에 대한 문헌 자료를 종합하여 재구성했다.

　과거사정리위원회에서는 진실 규명 조사를 위해 광부 · 간호사 파독 당시의 신문 보도 자료, 단행본, 논문 등의 검토와 독일 및 북미 현지 조사, 주독 한국대사관 본(Bonn) 분관, 국사편찬위원회, 외교사료관, 국가기록원, 국회도서관, 국립중앙도서관, 노동부, 한국국제협력단(KOICA) 등의 자료를 수집하고 전문가의 검토를 받아 정리했다. 여기에 각 협회에서 펴낸 자료집과 파독 노동자들의 수기집, 회고록, 파독 인력 송출 및 광부 · 간호사들의 삶과 의미를 다룬 단행본과 연구 논문, 증언 자료 등의 구술 생애사를 기초 자료로 했다.

　문헌 자료 분석에 이어 현재 독일에 거주하는 파독 광부 · 간호사 인터뷰를 직접 진행했다. 생애사적 구술, 즉 '증언'은 연구의 1차 자료(primary data)로서 이미 독일이나 한국에서 작고(作故)한 분들이 많아지는 가운데 1960~1970년대 파독을 회고하여 기록에 남기는 것은 역사적 의미가 있다. 그래서 본서를 위한 인터뷰에서는 구체적인 질문을 가지고 응답하는 '한정 응답식 면접(structured interview)'보다는 좀 더 포괄적이면서 자유로운 증언이 되도록 '반구조적 면접(semi-structured interview)'을 진행했다. 인터뷰는 2016년 3월 독일과 2017년 7월 한국에서 각각 이루어졌다. 독일에서는 베를린(Berlin)과 보훔(Bochum) 두 지역에서 파독 이후에도 정착해 살고 있는 광부(2명), 간호사(5명)를 집단 인터뷰했으며, 한국에서는 한국파독광부총연합회 회장(1명)을 인터뷰했다. 인터뷰 대상은 유의표본추출로, 모집단은 다음과 같다.

인터뷰 모집단

이름	한국 거주지/직업/기타	파독 연도	인터뷰 장소	시간
박영성	강원태백 | 동해광업소 광부	1974년 광부	보훔 (보훔한인회 회장 자택)	2시간
조선희	전남여수 | 순천간호학교, 국가고시	1974년 간호사		
김미순	전남광주 | 교사	1970년 간호사		
안연옥	· | 세브란스 간호사	1973년 간호사		
최영숙	경북성주 | 고대부속병원 간호사	1966년 간호사	베를린 (코레아협의회 사무실)	2시간
한정로	경북달성 | 경북대학병원 간호사	1966년 간호사		
김영태	전북남원 | 군대-월남	1974년 광부		
양동양	· | 독일에서 1982년 귀국	1963년 광부	한국 (한국파독광부간호사협회 사무실)	1시간

인터뷰 순서로는 보훔에서 먼저 진행했는데, 보훔한인회를 찾아 회장과 연결하여 인터뷰 허락을 받고 집단 인터뷰를 진행했으며, 베를린에서는 코레아협의회의 주요 활동 회원을 중심으로 진행했다. 질문은 크게 세 가지로 나누어 했다. 첫째, "선생님의 생애를 회고해 주십시오", 둘째, "선생님의 생애에 있어 독일은 어떤 의미입니까?", 셋째, "선생님의 독일에서의 생애와 대한민국의 관계는 어떠합니까?"

한국에서는 한국파독광부간호사협회 회장을 인터뷰했다. 파독 당시 모집 상황과 이주노동 시기, 그리고 귀국 후 협회 활동 및 초기 한국 기업의 무역 통로로서 재독 한인들의 역할 등 광범위한 내용을 충분히 설명하도록 했다. 인터뷰 질문은 답을 말하게 함이 아니라, 현재 느끼는 감정에서부터 그들만의 중요한 경험과 기억을 스스로 드러내게 하고자 함이었다. 따라서 모든 대답은 이 질문에 제한하지 않았으며, 거의 '비구조적 면접(non-structured interview)'에 가까웠다고 할 수 있다. 그래서 파독 광부와 간호사였던 분들의 생생한 과거의 증언과 그때를 기억하는 심정을 직접 들음으로써 충분한 공감의 계기가 되었다.

보훔에서의 인터뷰 대상자들은 '한인회'라는 지역공동체이면서 가족적인 멤버십으로 구성된 만큼 서로의 기억에 덧붙이는 자기 경험과 한(恨)이 많았으며, 베를린에서의 인터뷰 대상자들은 좀 더 파독 광부·간호사의 사건 중심적 배경 설명에 충실했다. 이를 통해 파독 광부·간호사는 집단이주노동이지만 개인의 생애사가 얼마나 다양한 환경 속에서 이루어졌는지를 인지하게 됨으로써 파독 이주노동을 하나의 주제로 규정할 수 없음을 재인식했다. 예를 들면, 파독 노동자들은 그들이 겪은 이주 현실에 대해 자부심과 아픔이 공존한다는 것을 한 사람에게라도 더 알리고 부각시키고 싶어 한다는 사실을 깨닫게 되었다. 이러한 직접 인터뷰를 통해 지금까지의 선행연구 자료를 분석하는 데 있어서 입체적 재분석이 가능했다.

반면, 이 면접 형태로 진행함에 있어 몇 가지 한계가 있었다. 이를테면 인터뷰 대상자가 소수이기 때문에 통계 자료로는 사용하지 못했으며, 우선되는 기억을 중심으로 설명했기 때문에 시간적 배열에 어려움이 있었다. 또 하나, 인터뷰 중에 이들이 강조한 설명이 시간의 흐름에 따라 재해석되면서 편향적 판단으로 이끌어가기도 했다. 따라서 파독은 획일화된 역사 평가가 되어서는 안 되며, 다각적인 시각에서 출발하여 그 자체로 존중되는 역사 평가가 진행되어야 할 것이다.

본서에서는 대상 주제에 대해 다음과 같은 한계를 설정하여 진행했다.

첫째, 1960~1970년대 해외이주노동 사례 연구로서 파독 광부·간호사를 구체적인 단일 사례로 연구했다. 왜냐하면 파독 광부·간호사는 한국의 집단 해외이주노동의 시작 단계였으며, 개인과 국가의 '이주'에 대한 이해의 결과는 달랐으나 국가 동원의 이중적 의미, 즉 전쟁 동원이라는 의무적 집합이 아닌 '자원하게 하는 동원'으로서의 성격을 드러냄으로써 당시의 정부 경제 정책의 시급성을 드러내는 사례라고 할 수 있다. 이에 파독 광부·간호사에 덧붙여 해외이주노동을 통한 경제성장 기획으로 베트남전쟁 파병, 중동 건설 파견을 살펴봄으로써 세 가지 범주만을 다루었다.

당시 국가 개발주의적 측면에서 이 세 가지 범주 외에도 1960년대 중후반부터 1980년대까지 선원과 식료업소 종사자(호스테스)의 해외 취업, 일본 오키나와로의 계절노동자 파견(윤해동, 2017: 33) 등이 있으나, 박정희 정부의 외자 도입 정책과 연계하여 한국 경제성장에 기여했다는 집합점으로 현대 사회에서 가장 많이 회자된 해외이주로서 대상 범위를 제한했다. 명칭을 사용함에 있어 '파독 광부·간호사, 파독 노동자'를 같은 용어로 사용했으며, '독일 거주민, 재독 한인, 정착민'도 마찬가지로 사용했다. 둘째, 연구의 시대 범위를 보면, 1960~1970년대를 집중하되 정부 기관 주도의 해외 파견 정책이 끝난 이후, 재독 한인들이 활발하게 활동했던 1970년대 후반부터 1980년대까지도 살펴볼 것이다. 셋째, 박정희의 경제성장 성공 신화와 관련된 임금담보설, 파독 노동자들을 한국 경제 발전의 주역이라고 표현한 이미지와 사회 인식, 그로 인한 '기여' 인정 문제를 현대사에서 여전히 논의되고 있는 파독 노동자들의 기억 논쟁 부분에서 다루었다. 넷째, 파독에 대한 평가는 현재의 재독 한인 사회를 염두에 둘 때, 일부 인터뷰 내용에 따라 객관성을 유지하는 데 한계가 따를 수 있다.

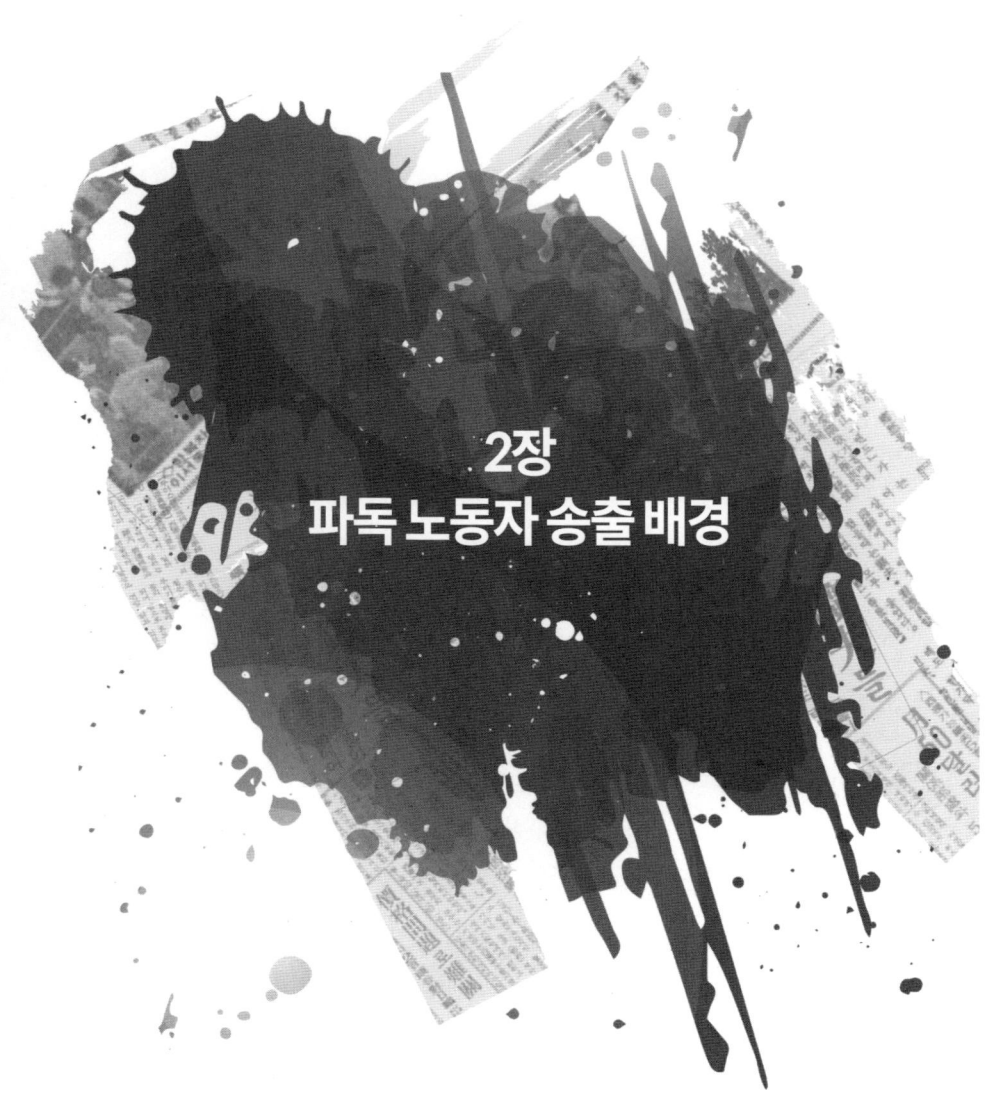

2장
파독 노동자 송출 배경

한국의
해외이주

◆ ◆ ◆

　국제이주가 형성되는 다차원적 요인의 분석과 세계사적 이주노동의 맥락에서 한국의 해외이주도 크게 3시기 또는 4시기로 구분할 수 있다. 이광규(2000)는 한국 이민사의 시초를 1860년대 간도와 노령 지방으로 이주한 것을 꼽고 있다. 그리고 1919년을 전환점으로 1945년까지 일본으로, 1965년 이후부터는 미국, 캐나다, 남미, 서독으로, 1975년부터는 동남아시아와 호주, 뉴질랜드로 이주했던 시기를 설명한다. 이와 같은 맥락에서 윤인진(2003)도 한국의 해외이주를 4시기로 나누며 이주를 '한민족 분산'이라는 표현으로 설명했다. 1860년대를 시작으로 구한말에 중국과 하와이, 러시아 이주를 1시기, 1910년부터 1945년 일제식민시기를 중심으로 일본과 간도 이주를 2시기, 1945년부터 1962년까지를 한국전쟁을 전후하여 미국과 캐나다 이주를 3시기, 1962년(이민 정책을 수립한 해)부터를 남미, 서유럽, 중동 등 집단이민과 계약이민의 4시기로 설명했다.

　위의 두 이주사 연구를 보면 1시기, 2시기의 한인 이주는 가난과 흉년으로 인한 망명도 있지만, 세계 전쟁 속에서 한인들이 식민노동자의 신분으로 끌려가는 강제이주였다고 할 수 있다. 그러나 주로 3, 4시기에 이르는 전후(戰後) 시기의 이주는 1, 2시기와는 다른 특성의 집단이주를 말하고 있다. 즉, 정식 수속을 밟고 한국을 떠난 이민이다. 이 시기는 이민자 송출국과 수용국의 정치 · 경제 · 역사적 필요에 의한 상호 연관성이 강한 시기였음을 알 수 있다. 이 시기의 또 하나의 특징은 이민 동기에 있어 경제적인 필요를 기반으로 하되 미래에 대한 꿈을 갖고 선택하여 떠난 것이 특징이라고 할 수 있다. 그리고 일시적인 체류보다는 거주국 정착의 성격이 컸다고 볼 수 있다.

이런 측면에서 한국 정부 수립 이후 공식적인 첫 집단이민으로 '브라질 이민'을 예로 들 수 있다. 브라질 이민자들은 1963년 2월 산토스항 도착을 시작으로 1966년까지 1,300여 명이 농업이민자로 출국했다. 이들은 브라질에서 농장[1]을 세웠으나 실패했다. 이민자 대부분이 농민이 아니었고, 퇴역 장교 출신 또는 어느 정도의 교육 수준을 갖춘 중산층, 도시 상인 출신들이었기 때문에 농업 경험과 기술이 없던 이민자들은 농지 개간뿐 아니라 생활조차 어려웠던 것이다. 그래서 농업이민으로서 계약 3년이 채 지나기 전에 상파울루의 봉헤치루로 재이주하게 되었다. 대도시로 이주한 한인들은 행상을 하다가 봉제업을 시작했고, 1970년대 기술 이민자들이 브라질 상파울루에 자리를 잡으며 전문 의류산업으로 정착하게 되었다.

한편 김병조(2011)는 1960~1987년까지의 이주를 '팽창기'로 구분했다. 이 시기를 팽창기로 보는 이유는 개발독재를 배경으로 국가가 대규고 해외 취업 이출을 장려했기 때문이다. 그래서 이주는 구조적 차원에서 "한국 자

---

1) 브라질 이민 초기 이민자들은 아리랑 농장, 서울 농장, 산타 마리아 농장, 도나 카타리나 농장, 모범 농장, 파라나 협동개발 농장, 아마존 농장을 세워 경영했다(국사편찬위원회, 〈중남미 한인의 역사〉, http://db.history.go.kr).

본주의의 진전과 위상·성격의 전화(轉化) 등 '축적방식의 변화에 상호 조응하는 구조화된 과정의 동학'으로 이해되어야 한다."라고 말한다. 따라서 해방 후 한국의 해외 취업을 위한 이출을 1960년대 초반부터 본격적으로 발생한 것으로 보고, 사회·경제적 배경을 세 가지로 언급했다.

첫째, 일제 수탈 구조는 해체되었지만 정치, 사회, 경제구조의 변화와 함께 고용구조가 붕괴되고 실업이 증가되면서 취업난이 심각하게 발생했다. 둘째, 해방 후 일제 강점하에서 간도, 연해주, 일본 본토로 이주했던 약 122만 명의 해외동포가 일시에 귀환하며 대규모의 인구가 집중되었다. 또한 북에서 남으로 이주한 월남민 97만 명 등, 대량 인구집중은 과잉인구를 발생시키므로 취업난은 심각한 생존경쟁을 야기했다. 셋째, 한국 내 농업 재생산 구조의 붕괴이다. 미군정 시기, 미국의 대량 잉여농산물의 무상 원조로 인해 농업 재생산 구조가 약화되었다. 따라서 농업인구의 대량 실업 발생, 도시 집중화, 노동력의 대량 편입 등으로 인한 노동력 초과 공급, 이로 인한 임금 하락 등은 한국 경제가 이출을 적극 추진할 수밖에 없는 주요 요인이 되었던 것이다.

국가적으로 초과 노동력 이출은 인구 압력을 줄이고, 해외 노동자들의 송금으로 외화 획득과 새로운 기회를 창출할 수 있는 긍정적 요소로 작동되었다. 따라서 1963년을 기점으로 본격화된 한국 노동자의 해외이출은 이렇게 경제적 원인과 사회구조 변화가 축적되면서 국가의 이주 장려에 따라 형성되었다(김병조, 2011: 2752-2755).

해외이주가 국가 통제와 규제 속에 진행된다는 것은 홀리필드(Hollifield, 1992)가 지적한 대로, 입국과 출국에 대한 제한을 '국가의 역할'로서 민족국가의 주권과 안보에 초점을 맞춘 것이라 하겠다. 따라서 국가는 해외이주에 대한 제한적인 정책을 선호하게 된다. 그러나 20세기 후반에 들어 형성된 세계화의 진전은 해외이주에 관한 국가의 통제를 약화시켰다고 볼 수 있다(김용찬, 2006c: 96).

지금으로부터 불과 30~40여 년 전만 하더라도 한국에서 국민들이 해외에 나간다는 것은 공무원이나 기업의 공무 혹은 공식적인 출장이 아니면 매우 어려운 일이었다. 당시 한국의 경제 상황은 우리 국민이 해외에 나간다는 것 그 자체도 어려운 일이었지만, 국가에서도 외화 유출 방지와 공산권 국가 주민 혹은 북한공작원과의 접촉을 이유로 일반인이 해외에 나가는 것을 차단했다.[2]

우리나라 국민이 해외로 나갈 수 있는 길은 기업의 출장, 학생의 유학, 해외 취업 등 반드시 특별한 목적이 있어야만 가능했으며, 서울올림픽이 열린 1988년 이전까지 대한민국 국적을 가진 우리 국민이 해외에 나가려면 만 30세 이상이거나 공무 · 출장 · 유학 등 근거가 분명하지 않으면 여권이 발급되지 않았고, 그 때문에 당시에는 여권을 발급받았다는 것 자체를 특권처럼 여겼다. 1960년 당시 총 인구 3천만 명에 대비해 해외여행자(공무와 사무)는 8천여 명에 불과할 정도였으며, 수속을 거치는 데만 6개월, 4개 부처에 24개의 도장이 필요할 정도였다(김원, 2011: 144). 1960~1970년대에 《동아일보》는 사회면 고정 지면을 할애하여 '공항일기(空港日記)'란에 주요 인사들의 출입국 소식을 게재하기도 했다.

> 입국 − 하오 두시 십오분 착 CPA편 (승객 18명), 강춘희 씨(향항총영사) 공무 타협 차, 「스프라켈으」 씨(영국인 목사) 한국장로교 목사들과 협의 차, 하오 칠시 착 NWA편 (승객 51명), 신태민 씨(경향신문사 사회부장) 로마올림

---

2) 대통령비서실에서 대통령에게 보고한 〈해외여행 통제 문서〉. 국가기록원, 1968.4.10.

픽 취재 마치고, 「덴만핸리」 씨(미국 버밍감 목사) 한국종교교육자 초청으로
학생 심령대부흥회 인도 차, 전정형 씨(일본어업공업공사 사장) 한국어업회
사 시찰코 수입계약 차 … (하략). (동아일보, 1960.10.18.)

1983년 1월 1일부터 대한민국 국민들은 50세 이상의 국민에 한하여
200만 원을 1년간 예치하는 조건으로 연 1회에 유효한 관광 여권이 발급(서
울경제신문, 2005.4.1.)될 정도였으니 1960~1970년대 우리 국민의 해외이주는
유학이든 출장이든 취업이든 일단 국내를 떠나 해외에 나간다는 그 자체만
으로도 특별한 일이었다. 당시 국내 상황으로는 해외에서 국내보다 훨씬 열
악하고 험한 일에 종사하게 되더라도 일단 국내를 벗어나 해외에 나간다는
것이 선망의 대상이었다.[3]

한국의 1960~1970년대 개별적인 해외이주는 어려웠으나, 이 시기는
'이출 팽창기'(김병조, 2011)라고 말할 만큼 국가 전략에 따른 해외 '파견 노동
자' 시기로 붐(boom)을 이루었다. 대표적으로 서독으로의 광부·간호사 파
견과, 베트남전쟁 시기 군인·기술자 파견, 그리고 중동 건설 기술자 파견
이다. 정부 차원의 파견인 집단적 해외이주노동은 동서냉전, 남북분단, 원
조경제라는 세계 정치, 군사, 지정학적 요인을 배경으로 해야 한다. 사실 '파
견 노동자'를 통한 한국 자본주의 형성의 특징은 결국 외부로부터 주어진 초
대에 의한 발전이라 말할 수 있으며 특혜성 대미(對美) 수출의 보장과 개발독
재, 압축 발전의 외형을 띠고 자본 축적의 심화가 이루어졌다고 볼 수 있다

---

3) 서구에서는 당시 해외여행이 크게 유행하면서 이 시기를 '비행역사의 황금시대'였다고까지 평가하고 있
다. 2016년 5월 스칸디나비안 항공사(SAS)가 창사 70주년을 맞이하며 당시 기내식을 보여주는 자사
빈티지 사진을 공개했다(Daily Mail Travel News, By the Norway-based Scandinavian Airline to
mark its 70 years, 스칸디나비안 항공사(SAS) 창사 70주년 사진전, 2016.5.5.). 당시 비행기를 탄다는
것이 우리나라의 실정과 얼마나 큰 차이를 보이는지를 한눈에 알 수 있다. 이처럼 서구인들과 비교해
우리나라 국민 중 주요 인사가 해외에 나간다는 것은 신문 뉴스가 될 정도로 큰 사건이었다.

(김병조, 2011: 2755-2756). 이 시기에 정부는 노동 인력 송출을 중요한 경제적 기회로 삼았다.

한국은 1962년에 '해외이주법'[4]이 가족계획과 함께 제정되었는데, 해외이주법 제1조에 보면 국내 과잉 인구에 대한 해외이주 권장 정책으로서 해외 진출을 통해 경제 발전의 효과를 높이겠다는 목적이 들어 있다. 즉, 당시 정부는 해외이주노동자들이 보내는 외환 송금으로 국민 경제가 성장하는 데 기여해 주길 기대했던 것이다.[5]

---

4) 1962년 3월 9일 제정. 제1030호. 2018년 현재는 법률 제15430호로 개정되었다. 해외이주를 하는 사람의 편의를 꾀하고 해외이주 절차가 원활하게 이루어질 수 있도록 하기 위하여 필요한 사항을 규정함을 목적으로 한다(국가법령정보센터, http://law.go.kr).

5) 해외한인 송금의 경제지표 기여율은 무역 외 수입에 대해 7% 이상 선을 유지했으며, 무역외 수지에 대해서는 1973년 140%, 1977년 94%로 큰 기여에 해당한다(한국개발연구원, 1979: 77; 이종훈, 2008: 525 재인용).

한국의 1960~1970년대
해외이주노동과 경제성장

◆ ◆ ◆

1960~1970년대 사회문제를 해결하고 경제 발전의 효과를 높이기 위한 해외이주 정책은 독일 파견(광부·간호사)과 베트남전쟁 파견(군인, 기술자), 중동 건설 파견(기술자)으로 크게 나누어 볼 수 있다. 당시 세 부류의 해외 진출은 국가, 개인 모두 이주 목적에 있어서 경제적인 요소가 가장 큰 이유를 차지하지만, 한편으로 한국 사회에 비춰진 이미지를 통해 지원자들은 이주할 곳이 전쟁터이든 광산의 막장이든 가난한 한국을 탈출해 새로운 세계를 경험한다는 호기심, 동경, 기회의 장소로 여겼다는 점에서 국가 모집 선전은 성공했다고 볼 수 있다. 단, 모집 형태에 있어서 파독 광부·간호사는 국가의 강제 동원이나 기업 주도가 아니었다는 점이 차이라고 할 수 있다. 파독 인력 송출은 국가 주도였으나 강제 동원이 아닌 자발적 지원을 유도한 형태였으며, 이는 이후 의무적 귀국이 아닌 독일 정착으로 이어지는 계기가 되었다.

다음은 당시 경제 발전의 목적으로 해외이주를 결정할 수밖에 없었던 과정을 역사적으로 살펴볼 것이다.

독일 파견(광부·간호사)과 경제성장

노동력의 국제적 이동이란 본질적으로는 경제적 행위이다. 개인이 이주를 선택할 때 중요한 요소로 '경제적 조건의 개선'을 우선한다. 뿐만 아니라, 기본적으로 이주란 유입국과 유출국 간에 존재하는 경제적 조건의 차이에 의해 발생한다(윤용선, 2013: 9). 1960년대 한국을 보더라도 경제개발과 성장에 목표를 둔 박정희 정부는 장면 정부에서 계획했던 경제개발 정책을 '5개년 계획'으로 수정 발표하고 경제개발에 필요한 자금을 동원하기 위한 다양한 조치들을 단행했다. 그 첫 번째가 화폐 개혁이었으나 미국의 항의로 실패했고, 결국 국내 자본 동원 전략에 실패한 박정희는 산업자금의 확보를 위해 외자 도입에 관심을 갖게 되었다. 박정희는 당시 국내 문제인 도시집중화 문제, 인구문제, 실업 등의 문제들까지 해결할 수 있는 방안으로 첫 해외 이주노동 파견인 광부·간호사 인력 송출을 시작한 것이다. 조희연은 이것이 당시 제3세계에 일반적으로 광범위하게 퍼져 있던 '경제적 민족주의' 정서를 반영한 것이라고 주장한다(조희연, 2007: 40-43).

또한 한국전쟁 이후 한국인의 활동 범위를 국제적으로 확장한 최초이자 대표적인 사례이며 한국의 산업화 과정 속에서 노동이주로서의 상징성을 보여준 예라고 할 수 있다(정성화 엮음, 2014: 5). 달리 말하면, 한국전쟁 이후 지독하게 가난했던 대한민국의 경제 형편과 산업화 과정에서 발생했던 사회 문제들이 파독의 주된 요인이 되었던 것이다(나혜심, 2009: 260). 일각에서는 이 시기를 경제 국가 건설과 선진국으로 가기 위한 '몸부림'의 시기로 평가하기도 한다(대한간호협회, 2008: 10).

당시 독일 또한 이주노동자 인력 수급이 필요한 중요한 시기였다. 1960년대 독일의 상황은 자국 인력만으로 부족한 광부와 간호사를 해외로부터 들여와야 할 정도로 절실했기 때문이다. 독일은 2차 세계대전 이후 전쟁 복구 과정에서 '라인강의 기적'이라고 불리는 단기간의 경제 부흥을 이루며 완전 고용에 도달하고 있을 때였다. 그러나 독일의 정치·경제적인 상황은 동독으로부터 노동력 유입이 중단되면서 급기야 아시아에서까지 인력을 유입해야 하는 노동력 부족 현상이 심각할 지경에 이르게 되었다. 이러한 독일의 상황이 한국의 전후 복구와 경제개발이라는 시급한 과제를 해결하기 위해 외국의 기술력과 자본을 필요로 했던 한국 상황과 부합된 것이다(유진영, 2014: 352).

물론 한국은 사회문제를 해결하고 독일은 노동력을 지원받는 것으로 만족한 파독 인력 송출이 아니다. 일차적으로는 개별 국가의 문제이지만, 이는 냉전 체제라는 국제정치와 질서 속에서 독일과 한국, 더 넓게는 미국과 일본의 공공의 경제적 이익을 위해 성사된 일이라고 할 수 있다. 당연히 독일 입장에서 한국과의 관계는 지속적인 경제성장에 필요한 관계여야 했으며, 이는 외국인 노동자 정책으로 고용의 유연성을 조절했음을 보여준다. 예를 들어, 단기 계약이었다가 오일 파동으로 고용을 중지했다가 또다시 대체 취업 등의 계약 연장 방법 등을 지속하면서 자국의 경제성장에 이주노동력을 활용한 경제적 기회였다.

1960~1970년대는 일반적으로 국가 해외통제 시기였음에도 독일 이주노동이 국가가 승인한 대규모 파견 노동이었다는 것은 강제모집이 아니었음에도 한국과 독일의 이해적 관계 속에서 대대적인 모집 선전에 따라 자발적 지원자들이 많았다는 것을 의미한다. 당시 독일 취업은 국민들에게 엄청난 기회로 인식되었는데, 파독 노동자들이 받을 임금에 대한 정보는 어떤 노동환경인지에 대한 정보보다 독일 취업 지원에 더 큰 확신을 가져다주었다. 뿐만 아니라, 해외에 대한 동경은 독일 취업을 매력적으로 보이게 했다. 1972

년 파독 간호사의 취업 동기에 관한 설문조사에 의하면, 53%가 경제적인 이유라고 답했고, 32%는 서구사회에 대한 동경이라고 답했다.

이후 1974년 같은 조사에서도 경제적인 이유가 58%, 서구에서 사회생활을 경험해 보고 싶은 동기가 27.4%, 학업을 위해서라는 이유가 22.9%, 그리고 서구사회에 대한 동경이 8.9%였다. 이를 통해 알 수 있는 것은 1960~1970년대 해외이주노동의 특징은 당시의 해외이주노동이 개인에게는 가난한 조국으로부터 벗어날 절호의 기회로 인식되었다는 것이다(윤용선, 2014: 427).

결과적으로 이들이 한국으로 보낸 송금은 경제개발의 실질적인 효과를 가져왔다. 10년간 총 1억 달러가 넘는 송금액은 순수익 외화 획득의 기회였으며 가계의 소비와 저축이 증가하면서 새로운 투자를 가능하게 함으로 생산력을 증대시키는 데 기여했다. 이에 한국 언론은 해외노동자들이 본국으로 송금한 내역에 대해서 상세히 보도했다. 예를 들면, 1965년 8월 31일자 《동아일보》 기사이다.

7월 중 4천여만 원 서독 간 광부들 송금

서독에 가 있는 우리 광부들로부터 보내오는 돈이 달마다 늘어나고 있다. 이것은 지난달 다섯 번째로 서독에 간 광부의 수가 모두 1천7백68명으로 늘어났지만 서독에서의 생활 토대가 잡히고 생계가 점점 안정되어 감에 따라 본국의 가족들에게 보낼 여유가 더 많이 생겼기 때문이라고 한다. 31일 한은(韓銀) 집계에 의하면 7월 한 달 동안의 송금액은 1천2백여 건에 61만 마르크(약 4천여만 원)로 지난달의 1.5배, 1월 달의 4배였으며 작년부터 올해 7월까지의 총 송금액은 2백75만 마르크(약 1억8천여만 원)이다.

송금 규모와 관련해서는 '3장. 파독 노동자의 역사' 가운데 나타난 〈파독 노동자들의 본국 송금의 의미〉에서 구체적으로 다루고자 한다.

베트남전쟁 파견(군인, 기술자)과 경제성장

베트남 파병은 전투병을 파병한 것으로, 파독 광부와 간호사들의 이주 노동 인력과는 다른 의미의 해외이주이지만 송금과 수출 산업 증가에 따른 한국의 경제적 이득이라는 맥락에서 짚어보고자 한다. 베트남에 파병된 군인들에 대해 그들을 완전한 군인이라고 정의한다거나 혹은 완전한 노동자 이주로 보기에는 둘 다 애매한 부분이 있지만, 외형상으로는 베트남 파병 군인이면서 참전의 대가로 급여를 받아 본국에 송금했던 형태가 해외이주노동자가 급여를 받아 국내에 송금하는 형태와 다르지 않았기 때문이다(김병조, 2011: 2757-2558).

한국 경제의 고도 성장은 박정희 정부의 초기 정권 중에 실행되었던 파독 인력 송출의 효과보다는 베트남전쟁 특수에 의해 확대되었다고 볼 수 있다(정성진, 2000a: 92). 그러나 베트남전쟁을 체감하는 당시 한국 국민들은 "명분보다는 실생활의 이해관계 속에서 찾는 풍조가 지배적"(동아일보, 1967.3.25.)이라고 말할 정도였다. 즉, 베트남의 정글과 전쟁에서의 승전 소식에 대한 관심보다는 파월 장병들이 가져온 TV, 라디오, 카메라에 관심이 쏟아졌고, 은행에 송금된 돈을 찾으러 가는 파월 기술자 가족의 달라지는 옷차림에서 베트남전쟁을 느꼈던 것이다. 이러한 물질적인 측면의 '월남 붐 이미지'는 베트남전쟁에 대한 인식을 바꿔놓았다(윤충로, 2015: 301). 그리고 "젊은이여 월남으로 가라"라는 선동적 구호에서 보듯 베트남은 전장이라기보다는 젊은이들의 꿈이 실현되는 공간으로 제시되었다. 그래서 베트남 파병과 민간 기술자들의 파월은 전쟁터에 간다는 두려움보다는 가난한 한국을 '탈출'해 새로운 세계를 경험한다는 호기심이 더 컸던 것이다(윤충로, 2012: 300-301).

박정희 정부의 전쟁 동원에 대한 지배이데올로기는 다음의 세 가지로 집약된다. 첫째, 위기의 담론은 '반공이데올로기'로, 둘째, 기회의 담론은 '근대화론'으로, 셋째, 명예의 담론은 '민족주의'로 이미지화하여 동원기제로 활용되었다(윤충로, 2012: 289-290). 동시에 범국민운동의 형태로 베트남으로의 '위문사업'을 전개하고, '전쟁미담' 즉 인정미담, 위문미담, 가족미담 등으로 국가와 개인이 일체화된 모습으로 나타내어 저항을 축소했다(윤충로, 2012: 301).

이렇게 박정희 정부는 1966년부터 파병 지원을 차출이 아닌 독려하기 위해 다양한 '경제적 유인책'을 제시하면서 베트남을 '가난에서 탈출하는 출구'로 인식하게 했다. 1968년에 이르러서는 베트남에 가기 위해 상납이 이루어졌을 정도라고 한다. 그러나 전쟁이 끝난 후 고엽제 피해자나 전쟁 폭력에 대한 파병자들의 기억은 '경제적 비용'으로 환원할 수 없는 문제로 현실화된다. 한편 이러한 정신적, 물질적 피해 속에서도 박정희 시대에 대한 향수는 지속적으로 재구성되었다. 즉, 베트남 파병은 국가 경제를 살리기 위함이었으며, 가난으로부터 탈출을 가능하게 해준 애국이었다고 회고하기도 한다(김원, 2011: 90-91).

베트남 파병과 민간 기술자들의 파월은 '전쟁과 발전'이 동시에 진행되는 과정이었다. 한국전쟁이 국제적으로 전후(戰後) 자본주의의 장기 호황을 가져오고, 일본 자본주의 부흥의 결정적 계기를 제공한 것처럼, 베트남전쟁 또한 제2의 고도 성장이라는 전쟁 특수 효과를 누렸다. 정성진이 한국 경제의 '기적'이 1960년대 초가 아니라 후반부터 시작되었다고 주장하는 것은,

1960년대 후반에 베트남전쟁을 통한 경제 특수와 한·일 국교 재개가 함께 이루어졌기 때문이다. 실제 1965년 말 한국의 외환 보유고는 1억 3,800만 달러로 증가했고, 1970년에는 5억 8,400만 달러로 급증했다. 1960년대 들어 미국 원조의 감소에 따라 경제성장이 둔화되고 있던 상황에서 거액의 베트남 특수의 유입은 외환 보유고 확충에 기여하고, 1960년대 후반 고도 성장에 중요한 역할을 했던 것이다(정성진, 2000a: 89-93).

박정희 정부는 1964년 9월 이동 외과 병동과 태권도 교관단을 비롯한 비전투부대를 파견했고, 그다음 해인 1965년에는 한국군 전투병 1개 사단, 운송 및 자체 경비 병력 등의 건설 지원단을 보내면서 본격적인 베트남 파병을 시작했다. 이때 박정희 정부는 우리나라 국민들의 해외 인력 수출을 관장하는 공식적인 국가 기구로 해외개발공사를 발족시켰다(윤충로, 2012: 291). 계속해서 한국군의 베트남 파병은 1966년부터 1973년까지 의료반 등 비전투부대 파병 5만 명을 포함해 약 31만 명에 달했다(김병조, 2011: 2757). 박정희 정부는 국가 과제로 경제개발의 시동을 걸면서 베트남전쟁과 파병을 기회로 우리 기업들과 근로자들을 베트남에 파견하기로 결정을 내리며 산업화와 근대화로의 질주를 내닫기 시작했다. 베트남 파병으로 인해 한국은 파병 군인의 송금과 미군의 물자 조달 등을 통해 연간 2억 달러, 1964~1972년까지 누계 10억2,200만 달러의 수입을 발생시켰다(정성진, 2000b: 133).

또한 박정희 정부는 베트남 파병 대가로 국군의 전력 증강과 경제개발을 위한 미국의 차관을 제공받았고, 파병 군인들의 송금, 군수품 수출, 건설업체의 베트남 진출 등으로도 외화를 얻게 되었다. 박정희 정부는 베트남 파병과 함께 기술자 파견을 장려하기 위해 해외개발공사를 통해 파월 기술자를 모집하는데, 월급 350~400달러에 별도 숙식비 180달러를 포함해 총 530~580달러의 월급을 줄 것이라는 광고를 냈다. 그 때문에 당시 한국 사람들은 전쟁이 벌어지고 있는 포연이 쌓인 베트남을 전쟁터가 아닌 꿀과 우유가 흐르는 약속의 땅이라 착각했고, 새로운 개척지이자 동경의 나라라고 생각했던 것이다. 그래서 베트남은 분명 전쟁이 벌어지고 있던 전쟁터였지만, 그럼에도 불구하고 그곳에서 1년만 참고 일하면 한밑천 두둑이 벌어 귀국할 수 있다는 환상으로 가득했고, 이 때문에 베트남 파견(월남행 버스)은 말 그대로 '붐비는 버스'라고 불릴 정도였다(윤충로, 2012: 291-298).

박정희 정부가 베트남으로 우리 기업들과 기술자들을 파견하고, 우리 기업들의 베트남으로의 수출 길을 열게 되면서 우리나라는 1960년대 중반 이후 '월남 특수'라는 신조어가 생겼을 정도의 놀라운 경제성장을 이루게 된다. '월남 특수'로 인해 1960년대 중반 우리 기업들의 해외 수출 시장은 미국, 일본 다음으로 베트남이 되었고, 베트남 수출의 주종 상품은 신발, 피복, 시멘트 등이었다. 이때 베트남 수출을 통해 놀라운 경제적 성과를 이룬 기업의 대표적인 예가 한진이다.[6]

한진은 주월 미군 용역사업을 통해 1966년에서 1977년 사이에 1억 2천만 달러의 용역 수출을 달성하기까지 했다(백광기, 2004: 38-39). 베트남전쟁 당시 한국 기업 소속으로 파월된 기술자들의 70%는 한진상사, 경남통운, 현대건설, 한양건설, 공영건업의 5대 회사에서 근무했는데, 특히 한진은 베트남 특수의 대표성을 가질 만큼 국내 기업으로는 가장 많은 파월 기술자를 고용했다. 그리고 아래 표에서 보는 바와 같이 무역 외 수입 중 용역 군납에서 압도적인 비중을 차지하고 있는 것이 항만 하역과 육상 운송 부분이었는데, 여기에서 대표적인 기업이 한진이었다(윤충로, 2015: 249-250). 냉전 체제 속

---

[6] 당시 우리나라의 전체 수출 규모가 1966년 2억 5천6백만 달러, 1971년 수출 규모가 13억 5천2백만 달러였음을 감안한다면, 당시 한진이 베트남 수출을 통해 벌어들인 달러는 실로 막대했다고 볼 수 있다. 이때 베트남으로부터 벌어들인 외화를 기반으로 한진은 그 후 대한항공을 인수하여 오늘날 한국에서 굴지의 재벌이 된 것이다(백광기, 2004: 38-39).

에서 안보는 상업화와 맞물려 이러한 기업의 급속한 성장으로 이어졌던 것이다.

대(對)베트남 경제 활동 수익

(박근호, 1993: 19; 윤충로, 2015: 250 재인용)

(단위: 100만 달러)

수입내역		1965	1966	1967	1968	1969	1970	1971	1972	누계	비중%
경상수입	수출	14.8	13.9	7.3	5.6	12.9	12.8	14.5	12.5	92.3	9.2
	무역군납	2.8	9.9	15.9	32.4	34.2	57.3	21.2	15.0	188.8	18.5
	소계	17.7	23.8	23.2	38.0	47.1	70.1	35.7	27.5	283.1	27.7
무역외수입	용역군납		8.3	35.5	46.1	55.3	52.3	26.5	9.2	233.2	22.8
	건설군납		3.3	14.5	10.3	6.4	7.4	8.3	3.1	53.3	5.2
	군인송금	1.8	15.5	31.4	31.4	33.9	30.6	32.3	26.8	201.5	19.7
	기술자송금		9.1	33.6	33.6	43.1	26.9	15.3	3.9	166.2	16.3
	특별보상지원			4.6	4.6	10.8	15.2	13.9	12.0	65.3	6.4
	보험금		1.1	4.6	4.6	3.8	2.1	1.3	0.7	19.4	1.9
	소계	1.8	37.3	128.1	130.6	153.3	134.5	97.6	55.7	738.9	72.3
합계		19.5	61.1	151.3	168.6	200.4	204.6	133.3	83.2	1,002.0	100.0

베트남 특수를 통해 약 10억 달러 내외의 외환 수입은 결코 적은 돈이 아니며, 고도 성장으로 한국 경제가 도약하는 단계에서 중요한 디딤돌이 되었다고 할 수 있다. 1968년 11월 22일자《매일경제》기사의 일부만 보더라도 베트남전쟁을 통한 이익이 얼마나 컸는지, 오히려 베트남 종전 이후에 올 경제의 '최악의 경우에 대처해야 한다'고 말할 정도였다.

단폭 뒤에 올 세계의 과제들(16) – 한국의 진로(상)

한국이 월남에 약 5만 명의 장병과 약 1만 5천 명의 기술자, 노동자를 파견하여 월남 전쟁에 적극적으로 참여하고 있는 그 동기와 명분이 어떠한 것이든 간에 월남 전쟁으로 상당히 많은 외화를 벌어들인 것만은 사실이다. 65년 월남 전쟁이 본격화한 이래 3년 동안에 월남에서 벌어들인 외화수입의 추이를 보면 65년도에 1천6백20만 달러, 66년도에 6천40만 달러, 67년도에 1억 3천4백만 달러, 68년에 10월말 현재 1억 2천1백만 달러, 계 3억 3천만 달러의 수입을 보았다. (중략) 국내적으로는 일부에서 앞으로 외환 위기가 있을 것이라는 주장이 오래전부터 지속되고 있는 터이다. 그것은 수출이 늘어나는 데 비해 수입이 그보다 더 많이 늘어나고 거기에다 70년부터는 이때까지의 차관에 대한 원리금의 상환액이 첨가되기 때문이라는 데 근거를 두고 있는 것인데 여기에 월남 관계 수입이 줄어들고 보면 그 충격을 중대한 것이 될 것이다. 그러므로 월남 전후에 대처하는 우리의 태도는 희망적인 것만을 전제로 한 안일한 것이어서는 안 된다. 적어도 전후 대책이라고 할 수 있기 위해서는 최악의 경우도 충분히 감안된 오히려 보다 큰 비중을 두는 대응책이어야 하고 보다 종합적이고 근본적인 것이어야 한다(매일경제, 1968.11.22.).

물론 다른 나라의 전쟁이라는 불행한 기회를 가지고 한국의 경제적 이익을 보았다는 점, 참전용사들의 죽음이나 살아남아서 더 고통스러운 전쟁에 대한 기억을 갖고 사는 이들의 대가를 고려해야 한다는 점에서 대규모 병력을 파견하지 않고도 이익을 얻은 일본, 대만, 싱가포르 등 베트남 특수를 누린 나라들의 사례를 고려한다면 베트남 파병에 대한 냉철한 평가도 필요하다(한홍구, 2003: 134).

중동 건설 파견(기술자)과 경제성장

1960년대 박정희 정부의 베트남 파병이 '월남 특수'라는 생각 이상의 경제적 발전을 가져다주자 한국 정부와 국민들에게 해외이주와 해외이주노동에 대한 생각은 더욱더 긍정적인 측면으로 발전하게 되었고, 경제적 기대치까지 극대화되어 가기 시작했다. 중동 건설 현장에 취업한 이들의 선택 동기는 단연 경제적인 이유에서였다. 중동 취업 노동자들은 용접, 배관, 미장, 전기 등을 다루는 '기능공'이었으며, 이들은 계약 기간이 1년인 비정규 임금노동자였다. 병역 특례 등의 특별한 경우를 제외하면 대부분 단기간 내에 목돈 마련의 기회로 판단하고 중동 취업을 결심한 경우가 많았다(김보현, 2017: 249-250).

1960년대 중반 이후의 한국 경제는 공산품 가공 수출 증가로 자본재 수입이 급격히 증대되었으며, 1973년에 일어난 1차 석유 파동으로 경제성장률이 저하되면서 경제위기에 직면했다. 대기업들은 정부의 금융 정책에 따라 외자 도입과 금융기관에 의존하는 재무 구조를 지니던 중 정부의 금융긴축 정책과 외자 도입 원리금 상환 시기가 다다르면서 기업마다 자금 사정이 악화되었다. 1973년 정부의 중화학 공업화 선언과 함께 대기업 집단이 중화학 공업 정책에 비중을 두면서 수출 산업이 크게 늘어나게 되었다. 중화학 공업 정책이 가속화되는 과정에 1972년 삼환기업의 사우디아라비아 고속도로 건설 공사를 시작으로, 1974년부터는 오일 달러를 벌기 위해 기업들이 대거 중동에 진출하게 되었다. 이로 인해 베트남 파견이 '월남 특수'를 가져다주었다면, 중동 진출은 '중동 건설 특수'를 가져다주었다. 이에 박정희 정부는 1977년 해외 건설 촉진법까지 제정해 가며 한국의 기업들과 노동자들의 해외이주를 독려했다.

이처럼 우리나라가 해외이주노동자들의 파견을 통한 해외 건설에 주력하기 시작하자, 1970년에 중동 건설 수주액이 전체 해외 건설 수주액의 13.8%인 2천4백만 달러에 불과했다가, 1978년에는 전체 해외 건설 수주의

98%에 달하는 79억8천2백만 달러의 수입을 발생시키는 나라가 되었다(백광기, 2004: 44-45). 당시 언론은 중동 건설 특수에 대해, 이는 한국이 월남전에서의 경험을 살려 능동적으로 대외 지향적 경제개발 전략을 세워 중동 진출을 추구했던 것이라고 논했으며, 중동 건설 특수는 실제로 한국 업체들에게 대단한 호재였다. 한국 기업과 근로자들은 중동 진출 4~5년 만에 중동 시장을 석권했고, 중동 특수는 월남 특수에 이어 한국 경제 고도 성장에 견인적 역할을 한 것이 사실이다(매일경제, 1983.5.17.).

카슬과 밀러(Castles and Miller)에 의하면, 중동으로의 노동이주는 1973년 석유 파동 이후 국제적으로 급속히 확대되었다고 주장한다. 부유한 산유국들이 인도와 파키스탄에서 시작해 점차 필리핀, 인도네시아, 태국, 한국, 나중에는 방글라데시와 스리랑카에서 노동력을 수입했기 때문이다. 1970년대에는 이주민의 대부분이 건설 현장에 단순 노동자로 고용된 남성 노동자들이었는데, 당시 노동력 해외 송출에 적극적이었던 인도, 파키스탄, 필리핀 등 주요 송출국 정부는 걸프만 국가들과 노동력 공급 협정을 체결하기도 했다. 그러자 한국의 건설회사들도 아랍 지역에서 노동력 공급을 포함한 계약 수주에 적극적으로 나섰던 것이다. 당시 산유국들은 그들에게 부족한 노동력을 원활히 공급받기 위해 민간 대행사들까지도 노동력을 모집할 수 있도록 허가해 주었기 때문에 한국의 건설회사들도 적극적으로 계약 수주에 나섰다(Castles and Miller, 한국이민학회 옮김, 2016: 234).

심의섭은 한국의 해외 건설의 성장을 3단계로 고찰하면서 건설 수출이 국민 경제에 미친 영향에 대해 자세히 기록했다. 먼저 해외 건설 성장 3단계로 1945~1964년을 준비기, 1965~1972년을 확장기, 1973년 이후를 중동 러시를 이룬 도약기로 보고, 이후 1978~1979년에 건설 붐 수주 제1위를 기록하며 막강한 수주 역량을 과시했다고 설명한다. 특히 사회간접자본 개발

사업에서 한국 건설업체들이 수주를 석권했으며, 하청 진출보다는 원청 진출의 셰어가 높아졌다는 것이다. 특히 현지 업체와의 합작 수주도 활발해졌고, 더 놀라운 사실은 10억 달러대의 공사도 거뜬히 맡을 수 있게 되었다는 것이다. 이러한 잇따른 성공으로 1965년에서 1980년대 해외 건설 수주는 560만 달러에서 82억5,940만 달러로 무려 1,500배의 성장을 보여주었다.

한국 노동자들은 해외에서의 노동에 대해 그것은 단순한 고통이 아니고 국가와 가정을 도울 수 있는 하늘이 준 기회라고 생각했으며, 집을 마련할 수 있다는 희망에서 열심히 일했다. 대부분 오버타임(초과 근무), 야간 작업, 휴일 작업까지도 자원했다고 한다. 그래서 한국 노동자들은 주당 39.4시간 일하는 미국 노동자에 비하여 주당 50.7시간이나 일했다고 한다(매일경제, 1983.5.17.). 1970~1980년대 중동 취업 노동자들의 합리성은 '노동 시간 = 돈'이었다. 이들의 노동 의지는 기본 급여의 취득 범위를 훨씬 초과했던 것이다. 가능한 한 많은 양의 노동을 해야 많은 돈을 벌 수 있다는 의지였다. 오버타임의 양은 중동 취업 노동자들의 성공 여부를 판가름하는 중요한 기준일 정도였다. 그래서 중동 취업 노동자들의 불만은 힘이 들어서가 아니라 돈 벌기 위해 먼 데까지 왔는데 노동량이 적고, 오버타임 할당이 적다는 데서 나오는 불만일 정도였다. '시간' 급여제가 아니라 '성과' 급여제인 만큼 강도 높은 노동을 자처했다(김보현, 2017: 254-256).

1970년대 중반 이후부터 1980년대 초까지 이어진 중동 건설 붐은 한국 경제의 고도 성장을 지속시킨 큰 동력이었다. 중동으로의 해외 건설 노동으로 1976년까지도 고질적이었던 무역외수지의 적자가 흑자로 반전되었으며, 해외 건설의 GNP 성장 기여도는 1978년까지 10% 이하에서 1980년에는 40%에 가까이 성장했다는 것이다. 그리고 고용 효과 또한 인력 송출로 인한 직접적인 현장 고용과 관련 사업에의 전후방 파급 효과로 고용 창출의 효과는 대단했다는 평가이다(매일경제, 1983.5.17.).

이렇게 1960~1970년대 한국의 가난과 실업의 심각한 위기 속에서 박정희 정부는 해외 인력 수출을 매우 중요한 경제적 기회로 삼았으며, 지원자들의 성공을 위한 기회로 제시했다. 파독 인력 송출 역시 마찬가지였다. 다음 내용에서는 본 연구의 사례인 파독 인력 송출의 배경이 되는 1960~1970년대 한국과 독일의 정치·경제 상황과 정책, 그리고 모집 전략들을 살펴볼 것이다.

1960~1970년대 한국과
독일의 정치·경제 상황과 이주노동 정책

❖ ❖ ❖

한국과 독일의 주요 협정을 통한 외교 관계

노동력의 국가 간 이동에는 개인적 동기를 넘어 양국의 국내적 필요성이 동반한다. 또한 국제관계의 요인들도 영향을 미친다. 1950년 후반부터 1960년대는 냉전과 대립, 경쟁이라는 국제 질서가 기본적 틀을 규정했다. 이러한 국제 질서 속에서 이주는 개인의 경제적 이익 추구라는 차원을 넘어 노동력 파견 국가와 수용 국가의 정책에 영향을 받는다(박재영, 2013: 342-344).

그렇다면 독일 정부는 어떤 이유로 한국의 광부·간호사 고용을 허용했는지, 한국 정부는 어떤 요인으로 인해 많은 선진국 중에서 독일 파견을 결정하고 추진했는지, 또한 독일의 경제 상황에 따른 고용 조치 제한에도 불구하고 한국의 노동이주는 지속되었는지 포괄적인 이해가 필요하다(김용찬, 2006c: 101). 이를 위해 이주송출국가와 이주수용국가 간의 단순한 이주 정책이 아니라 정치·경제와 국제관계 측면의 고려가 필요하다. 예를 들면, 한국전쟁 이후 한국 여성들과 입양아들의 미국으로의 대규모 이주를 설명하기 위해 한국과 미국의 국제관계를 역사적 바탕에 기초하여 분석해야 하는 것이다. 또한 이주수용국가보다는 이주송출국가의 다양한 정책, 즉 기술 발전, 외환 확보, 실업률 감소를 위한 정부 정책을 살펴야 한다. 그리고 이주 수용국가에 정착한 이주민 공동체와 다양한 활동의 조직들이 본국의 잠재적 이주민에게 미치는 영향을 살펴야 한다(김용찬, 2006c: 98-99). 이와 같이 이주노동 정책을 연구하기 위해서는 국제 이주 형성을 둘러싼 복합적 요인들과 이주를 지속시키는 요인들을 동시적으로 고찰해야 한다.

먼저 한국과 독일의 주요 협정과 정치 · 외교적 관계를 통해 이주의 국제관계 배경을 살펴보고자 한다. 한 · 독 협정 체결은 한국 이주노동의 실행과 규모에 영향을 미쳤기 때문이다. 뿐만 아니라 차관을 얻기 위한 필수적인 절차였으며, 독일로 파견된 이주노동자들의 처우에도 중요한 요인이 되었다.

1880년대부터 1960년 이전까지 보면, 한국과 독일은 1883년에 '한 · 독 통상, 우호항해조약'을 체결하고 1884년 11월 주한 독일총영사관을 개설했다. 그러나 주한 독일총영사관은 일본 식민지 기간 중 폐쇄되어 있다가 2차 세계대전 종전과 한국전쟁 이후 다시 재개하게 된다. 1954년 10월에 독일 레마겐(Remagen)에 총영사관7)을 설치했고, 본격적으로는 1955년 12월 양국 간 상호 국가 승인을 함으로써 외교 관계가 수립된다. 1956년 한국 정부는 총영사관을 레마겐에서 쾰른(Köln)으로 옮기고, 독일 정부도 서울에 총영사관을 설치했다. 1957년 3월 한국과 독일 정부는 총영사관을 공사관으로 승격했고, 한국 정부는 같은 해 9월에 쾰른에서 당시 서독의 임시 수도였던 본(Bonn)으로 공사관을 옮겼다. 1958년 8월에는 양국 공동성명을 통해 공사관

---

7) 독일 정부는 처음 총영사관을 '한국무역대표(Koreanische Handelsvertretrung)'로 승인했다(최종고, 1983: 245).

을 대사관으로 승격시키면서 양국 간 조약과 협정을 맺었다. 양국의 외교 확대를 위한 교류와 주한 독일 대사들의 서독 방문을 통해 한국 실정을 소개하면서 경제 관계의 교섭을 논의하게 되었고, 그 결과 1958년 10월 독일 루드비히 에르하르트(Ludwig Erhard) 서독 경제상이 한국을 방문해 한국에 대한 경제적 지원을 약속했다.[8]

한국과 독일의 관계가 가장 활발했던 1960~1970년대를 보면, 1961년 12월에는 '대한민국 정부와 독일연방공화국 간의 경제 및 기술 원조에 관한 의정서'를 체결하면서 독일은 한국에 1억 5천만 마르크의 공공 차관과 상업 차관을 제공할 것을 합의했다. 1962년에는 '독일인 탄광 기술자 대우에 관한 협정'을 맺었고, 1963년에는 '독일인 경제고문단 설치에 관한 협정'이 체결되었다. 1963년에 제4대 주독 대사로 최덕신이 부임했는데, 재임 기간(1963.8.27.~1967.8.)에 광부 · 간호사 파독이 시작되었으며, 한국과 독일 사이에 재정 원조 및 기술 협력에 관한 협정 등의 교섭 관계가 활발히 이루어졌다.

1964년에는 박충훈 상공부 장관을 단장으로 11월에 한국 경제사절단이 서독을 방문하여 그해 12월 '한독 경제회담에 관한 의정서'와 '한독 재정원조에 관한 협정'을 체결했다. 그리고 12월 7일 박정희는 카를 하인리히 뤼브케(Karl Heinrich Lbüke, 1894~1972) 대통령의 초청으로 일주일간(1964.12.7.~12.14.) 서독을 방문하게 된다. 방독 후 '한 · 독 공동성명'을 발표하면서 양국 간의 전통적이고 우호적인 협력 관계를 계속적으로 증진하는 일에 전반적인 합의를 보았으며, 한국에 대한 지원을 강화하기 위해 재정 원조와 기술 원조를 제공할 뿐만 아니라 독일 기술 전문가단을 한국에 파견하겠다는 데 동의 및 합의를 이루는 등, 한 · 독 외교 관계가 더욱 활발해졌다(최종고, 1983: 245-246, 257).

1965년에는 '한 · 독 투자보장협정'과 '한 · 독 무역협정'이 체결되었으

8) 관련 기사 – 《동아일보》, 1958.10.23.

며, 1966년에는 양국 간의 교류 속에서 제1·2차 한·독 경제각료회담을 가지는 가운데 '한·독 간의 기술협력에 관한 협정', '1961년 12월 13일자 대한민국 정부와 독일연방공화국 정부 간의 경제 및 기술협력에 관한 의정서 추가 약정', '대한민국 정부와 독일연방공화국 정부 간의 독일경제고문단의 설치에 관한 협정 연장'을 체결했다(김명섭 외, 2013: 20, 표4).

1966년 12월 이후락 대통령 비서실장의 방독 기간 중 박정희 대통령 이름으로 뤼브케 대통령을 초청했고, 1967년 3월 뤼브케 대통령이 방한 (1967.3.2.-3.6.)하여 양국의 친선을 도모했다. 1967년 4월에는 서독의 아데나워 전 수상이 사망하자 박정희는 직접 조객으로 서독을 다녀오기도 했다.

한편, 1967년부터 1969년까지 한국의 '동백림 사건'을 시작으로 3년은 외교적 긴장의 기간이었다. 이때 최덕신 주독 대사는 사임했고(경향신문, 1967.9.7.), 1967년 9월 9일 김영주 대사로 바뀌었다. 이후 1970년 5월 서독 외상인 발터 셸(Walter Scheel)이 방한하여 '한·독 문화협정'을 체결하면서 다시 한·독 간 정부 인사들의 교류가 활발히 이루어졌다. 1972년에는 '한·독 비자 면제 협정'과 '한·독 재정 원조에 관한 협정'이 체결되면서 한국은 3,500만 마르크를 차관했다. 1974년에도 서독으로부터 600만 마르크를 차관하고, 재차 3,500만 마르크를 차관했다. 한·독 외교는 1970년대 중후반부터 더 많은 각서가 교환되었고, 정부 부처마다 방독과 방한이 계속되면서 협정 체결이 이루어졌다.[9]

한국과 독일의 1960~1970년대는 양국 간의 외교 및 경제 원조, 기술협력이 긴밀했던 기간으로, 차관을 위한 정부 부처들의 교류뿐 아니라 직접적으로는 한국의 광부·간호사들이 서독으로 파견된 시기이다. 여기에 수많

---

9) 연도별 한독 관계와 교류에 대해서는 《한독교섭사》(최종고, 1983: 8-9장)와 외교부 외교사료관(http://diplomaticarchives.mofa.go.kr), 《파독광부백서》(한국파독광부총연합회, 2009: 30-33)를 참고.

은 유학생까지 포함한다면 한·독 관계는 중요한 역학 관계가 형성될 수밖에 없다. 또한 이 시기는 서독이 '동·서독 관계 정상화를 위한 기본조약'을 체결(1972.12.)하는 등 화해의 진전에 대해 한국 또한 관심을 갖고 국토통일원, 국회의원단 등이 서독을 자주 방문하기도 했다(최종고, 1983: 272).

독일의 정치·경제 상황과 외국인 노동자 고용 정책

독일은 냉전 체제라는 당시의 국제 질서와 맞물려 국내 정치 질서가 작동하고 있었다. 2차 세계대전 후 서독의 공공건물, 공장, 사무실, 거주지, 철도, 교량 및 기타 인프라가 심각하게 손상되면서 부활을 갈망하던 서독은 '라인강의 기적'을 달성하기 위해 신속한 경제 복구 조치를 취했다. 특히 전쟁으로 엄청난 피해를 입은 루어(Ruhr) 지방에 대한 재개발 사업을 추진하면서 REW 전력회사의 전선 보수 공사와 도시가스의 공급, 자동차 시내 노선 복구 공사, 그리고 전철과 철도 재개통 공사, 또한 생필품 생산 공장들을 전쟁 전 상태로 복구하는 작업에 총력을 기울이며 경제를 다시 발전시키기 위해 최선을 다했다.

또한 독일은 새로운 정당들을 조직하고 신문사들을 설립하며, 새 행정부가 국가 재건설 의지를 밝히면서 국가를 재건해 나갔다. 서독의 초대 수상이었던 콘라드 아데나워는 동독 공산 세력을 견제하고 강력한 경제 발전을 추진하기 위한 목적으로, 미국이 처음 주도했던 마셜플랜(Marshall Plan)을 통해 패전국에서 벗어나고자 했다(이규영, 2013: 303). 미국과 마셜플랜을 체결하면서 독일은 미국으로부터 특별 차관을 받는데, 이 차관은 생필품 생산을 위한 원자재 공급과 식량 무상 원조, 그리고 중소기업에 대한 은행 융자를 위한 별정의 복구 자금을 받는 것이었다.

당시 독일이 미국으로부터 받은 5천만 달러(약 10억 마르크)의 차관은 생산 투자에 즉시 투입되었고, 고속도로 건설과 새 시민주택 건설 분야에 집중적으로 투입되었다. 그 자금 가운데 약 1,500만 마르크가 당시 루어 지방 광산에 다시 집중 투자되면서, 이후 한국의 광부들이 독일 광산에 진출하게 되는 계기를 만들게 되었다(홍윤표, 2011: 183-184). 독일의 경제개발 성과로 인해 1970년 당시 한국의 국민 1인당 GNP는 겨우 251달러였는데, 독일은 통일되기 이전 서독 국민 1인당 GNP가 한국의 11배인 2,748달러였다(윤용선, 2014: 426-427).

서독은 단기간에 경제가 급격히 성장했으나, 그동안 부족한 인력을 채웠던 외국으로부터의 귀환자, 즉 동독 탈출자와 동유럽에서 추방된 독일인 유입이 차단되면서 노동력 부족의 위기를 맞게 된다. 독일의 주간 뉴스 잡지인 《슈피겔 Der Spiegel》은 1959년 여름에 "더 많은 노동자를 찾기 위한 투쟁"에 대해 보도할 정도였다(Chin, 2007: 37). 서독은 이에 대한 대책으로 이주노동력을 중심과 주변부로 분화하는 시장의 이원화[10] 형태의 노동시장을 구성하게 된다(윤용선; 노명환 외, 2014: 48).

독일의 1960~1970년대 외국인 노동자 고용 정책은 한국의 노동자, 특히 많은 수의 노동자를 송출한 광부와 간호사와 깊은 관련이 있다. 정부 간 협약이 이루어진 이후에는 독일 노동시장 정책에 따라 송출 시기와 계약 내용, 근무지 배정, 귀환 정책 등에 영향을 미쳤기 때문이다. 독일의 외국인 노동자 정책은 크게 두 단계의 시기로 나누어 볼 수 있다. 1단계 시기는

---

10) 마이클 피오레(M. J. Piore)의 이론으로 노동시장의 중심부는 대개 높은 임금을 받으며 자격을 요하는 일자리로 형성되며, 주변부는 저임금과 고용 불안정에 노출되어 있는 단순 노동력으로 형성된다. 즉, 주변부 노동시장은 이주 노동력을 선호하는데 이때 단기 계약을 이용함으로써 이주 노동자들의 저임금이나 열악한 노동조건 등에 대한 불만을 상대적으로 덜 갖게 한다(윤용선; 노명환 외, 2014: 48).

1955~1973년으로, 기업의 노동력 부족 문제를 해결하기 위해 대규모 외국인 노동자 유입 정책을 실행한 시기이다. 이 과정에서 고용보험을 관리하는 '연방고용청'이 핵심 역할을 수행했다. 2단계 시기는 1974~1979년으로, 외국인 노동자 수를 감소시키기 위한 정책을 중점적으로 실행했던 기간이다(김상호, 1997: 13).

독일은 2차 세계대전 이후 1950년대 초까지 동유럽 지역 정치 망명자들과 경제난민들이 서독으로 이주하면서 '산업 예비군'의 역할을 수행했기 때문에 노동력 부족 현상을 해결하는 데 외국인 노동자를 수입할 필요가 없었다. 그러나 1950년대 중반 이후 경제 회복과 성장에 따른 농업과 건설업 분야의 노동력 부족뿐만 아니라 외국으로부터의 귀환자 유입이 고갈됨에 따라 서독 경제는 노동력이 부족하게 되었다. 당시 서독은 선진화된 기계화와 산업 합리화를 추진할 수 있는 조건이 형성되어 있지 않아, 최대한 노동력의 활용을 통한 경제 회복과 성장을 추진할 수밖에 없었고, 외국인 노동자는 그 과정에서 중요한 역할을 담당했던 것이다.

독일 정부는 1955년 12월 20일에 로마에서 독일과 이태리 간의 손님 노동자(Gastarbeiter) 취업 협정을 체결하고, 그 후 1960년대 그리스(1960년), 스페인(1960년), 터키(1961년), 모로코(1963년), 포르투갈(1964년), 튀니지(1965년), 유고슬라비아(1968년) 등 노동자 송출에 관한 협약을 체결했다. 아시아 국가로는 최초로 1956년 일본과 협약을 체결했으며, 1963년과 1969년에 한국 광부와 간호사의 독일 고용을 위한 정부 간 협정을 체결했다.

1960~1970년대 독일의 인력 부족 현상을 해결하기 위하여 〈직장 알선 및 실업보험을 위한 연방고용청〉에서는 외국에 사무실을 개설하고 국가 간 협약에 의한 노동자 모집을 진행했다. 독일에서 외국인이 취업할 수 있는 방법은 불법 취업 외에 세 가지가 있다. 첫째는 국가 간 협약에 의한 취업, 둘

째는 영사관 비자를 발급받아 입국하여 노동 허가서를 취득하는 방법, 셋째는 여행객으로 입국하여 노동 허가서를 신청하는 방법이다.

1960년대 독일 정부는 필요한 외국인 노동자를 해당 국가에서 직접 홍보하며 모집할 수 있었다. 그렇게 하여 송출국 정부가 선발한 노동자를 대상으로 연방고용청 소속 사무실에서 최종 선별하게 했다. 독일에서 외국인 노동자를 고용하기를 희망하는 기업에 대해서는 조건이 있었는데, 첫째, 내국인 우선 원칙에 따라 해당 업무에 독일 노동자가 없을 때에만 취업 알선 신청서 제출이 가능했다. 독일 노동자가 외국인 노동자보다 우선되기 때문이다. 둘째, 고용이 근로계약의 형태로 이루어지는가의 여부이다. 그리고 셋째, 노동자가 숙박할 수 있는 수용 시설을 고용주가 갖추고 있는지 여부이다. 이 조건에 따라 기업이 제출한 서류에 문제가 없을 때, 관할 고용보험 사무소에서 연방고용청 사무소에 전달하게 된다.

이러한 과정을 통과하면 해당 노동자는 고용주가 서명한 고용 계약서와 신분 증명서(1년간의 노동 허가서)를 교부받고, 연방고용청이 제공하는 운송 수단을 이용하여 독일에 입국하여 근무하게 된다. 이때 고용주는 배정된 외국인 노동자의 고용을 취소할 경우 8일 이내에 고용보험 사무소에 돌려보낼수 있었다. 그러나 채용된 노동자는 국내 노동자와 동일한 근무 조건으로 고용해야 한다. 연방고용청을 통해 직접 외국인 노동자 모집을 주관한 것은 기업들이 임의로 직접 모집하게 될 경우 외국인 노동자 정책에 혼선이 발생할 것을 우려했기 때문이라고 한다(김상호, 1997: 8-9).

독일의 외국인 노동자 고용은 고용주가 지방 고용사무소에 외국인 노동자 고용을 요청하면, 사무소는 외국에 산재해 있는 독일 고용사무소에 연락을 취했다. 그리고 독일 고용사무소들은 외국인 노동자들의 기술과 건강 정도를 검사한 후 1년간의 노동 허가와 체류 허가를 발급해 주었다. 단, 외국인 노동자의 가족 동반 이주와 재통합은 허용되지 않았다. 한국 노동자들은 한·독 정부의 협약에 따라 한국해외개발공사가 모집, 선발하여 독일 광산과 독일 병원에 취업시키는 방식으로 독일 고용사무소의 역할을 대신했다고 할 수 있다. 그리고 한인 노동자는 3년을 계약 기간으로 했으며, 다른 국가들의 외국인 노동자 고용과 마찬가지로 계약 기간 동안 한국 방문이나 가족 이주는 금지되었다(김용찬, 2006a: 142).

독일에서 계획한 외국인 노동자 정책은 일시적 조력자로서 독일의 경제적 이해에 따라 로테이션 원칙(Rotationsprinzip)[11]에 의해 노동 허가를 1년 단위로 제한해 주었다. 따라서 외국인 노동자들은 임시 노동력으로서 노동시장의 정책 대상일 뿐 이민 정책으로서의 정책이 아니었다(설동훈 외, 2004: 10).

독일의 외국인 노동자 정책 1단계 당시에는 심각한 인력난을 대규모 외국인 노동자 유입으로 해결하면서, 동시에 취업이 단기적 현상이기 때문에 계약 기간 후 노동자들은 자발적으로 귀국할 것으로 예상했다. 그래서 정책 설정 초창기에는 고용 계약서에 이를 명시하지 않았다. 또한 외국인 노동자들의 장기 체류에 의한 교육 시설과 주택 부족 등 사회적 인프라 및 사회 보장 분야의 비용을 염두에 두지 않았다. 일례로 1966~1967년에는 독일이 2차 세계대전 이후 처음으로 경기가 침체하면서 외국인 노동자 취업이 어려워졌는데, 이는 독일이 국내 실업자 취업을 우선하기 위함이었다. 이를 위해 실업 상태에 있는 외국인 노동자들은 1967년 3월까지 취업하지 않으면 노동 허가서를 취소한다는 정책과 직장 알선을 거부하거나 개인적으로 이직하는 경우에는 실업수당 지급을 완전히 중지하겠다는 정책을 시행했다. 그러

---

11) '순환원칙', '교체취업'이라고도 하며 스위스에서부터 시작된 외국인 고용 원칙 중 하나이다. 3년의 기간이면 노동은 강화시키고 이주 국가에 적응하기 전에 귀국시킬 수 있다고 판단한 것으로 서독에서도 손님 노동자로 서독 정착을 방지하기 위한 정책이었다(나혜심; 노명환 외, 2014: 261).

면서 동시에 독일 실업자들도 동일한 규정에 따르게 하며 조기에 취업하도록 한 것이다. 그래서 어느 정도는 외국인 노동자 수를 통제함으로써 1966년에는 1,244,000명에서 1,014,000명으로 감소시켰다(김상호, 1997: 14). 이러한 노동시장의 유동성을 계획하고 세운 외국인 노동자 정책이었지만, 사실상 로테이션 원칙 때문에 외국인 노동자 정책은 지속되고 있었다.

이후 독일은 1971년 3월 2일에 노동허가법령(Arbeiterlaubnisverordnung)을 개정하면서 두 가지 종류의 '노동 허가서'[12]를 발급하도록 했다. 하나는 '일반노동허가서(allgemeine Arbeitserlaubnis)'로 취업 기간을 1년, 최고 2년까지로 제한하며, 특정 기업에서의 취업으로 그 범위를 제한한 허가서이다. 또 하나는 '특별노동허가서(besondere Arbeitserlaubnis)'이다. 이 허가서는 지난 5년간 지속적으로 취업한 외국인 노동자가 신청할 때 노동시장 상황이나 지역적 제한 없이 5년의 유효기간을 발급해 주는 허가서이다(김상호, 1997: 14).

독일은 1960년대 후반 외국인 노동자 수가 1천만 명까지 급증했으며, 1970년대는 2천만 명 수준을 넘었다. 다음 표 '서독의 외국인 노동자 수'는 1960~1980년 서독의 외국인 중 피고용 외국인 노동자 수이다. 독일은 경기 회복과 함께 외국인 노동자가 늘어나고 정착 사례가 늘어나면서 1973년 외국인 노동자 수가 최대치를 이루었다. 그러자 독일 사회에서는 외국인 노동자에 대하여 노동력 부족이었을 당시의 '손님 노동자'로서 환대하던 분위기가 증가하는 외국인 노동자들에 대한 거부감과 외국인 밀집 지역의 경우 학

---

12) 독일은 고용촉진법에 의해 도입된 노동허가제를 실시했는데, 일반노동허가제는 합법적인 체류 자격을 가진 외국인이 특정 사업장이나 특정 업종 등에 취업하는 경우 노동허가(2년 원칙, 5년까지 연장 가능)를 부여했으며, 가족 초청이 가능하고 동반 가족이 취업하는 경우에 있어서도 노동을 허가했다. '특별노동허가제'는 독일인과 결혼한 자, 합법적으로 체류하여 보호받을 권리가 있는 망명자로 인정되는 경우 등에는 업종과 직종에 제한 없이 5년간 취업할 수 있고 연장도 가능하다. 8년간 중단 없이 독일에 합법적으로 고용된 외국인 근로자에게 무기한 특별노동허가를 부여했다(고용노동부, '지속 성장과 중소기업을 위한 외국인고용허가제 보고서 2003.5'. 31-32).

교, 병원 등 시설 부족으로 많은 사회문제로 대두되었다(설동훈 외, 2004: 10, 13).

서독의 외국인 노동자 수 (1960~1980년)
(설동훈 외, 2004: 13 재인용)

(단위: 1,000명, %)

연도	피고용 외국인 노동자 수	외국인 중 피고용 노동자 비율
1960	279.4	40.7
1967	991.3	54.9
1968	1,014.8	52.7
1969	1,372.1	57.6
1970	1,838.9	61.8
1971	2,168.8	63.1
1972	2,317.0	65.7
1973	2,595.0	65.4
1974	2,150.6	52.1
1975	1,932.6	47.3
1976	1,873.8	47.5
1977	1,883.5	47.7
1978	1,862.2	46.8
1979	1,965.8	47.4
1980	1,925.6	43.2

이로 인해 독일은 1973년 국외모집금지(Anwerbestopp) 정책을 실시함으로써 이주 제한과 귀국 조치를 취하게 되었다. 그렇게 함으로써 신규 노동자 유입은 통제되었지만, 이미 거주하던 노동자 가족의 이주는 규제하지 않았음으로 위 표에서 보는 바와 같이 1973년 이후에도 외국인 노동자 수가 크게 줄지 않았다. 국외모집금지 정책은 제대로 실행되지 못했는데 그 이유는 한 번 귀국하면 다시 들어올 수 없을 것이라는 생각 때문에 외국인 노동자들이 오히려 귀국을 피하게 되었다는 것이다(설동훈 외, 2004: 11). 또 하나 독일 기본법(German Basic Law)에 따라 외국인 노동자들을 귀환시키는 조치에

제동이 걸리게 된 것이다(김용찬, 2006a: 142).

독일이 노동시장 변화와 경제적 이해관계에 따른 외국인 노동자 정책을 수립한 후에도 잦은 개정과 장기 외국인 노동자의 부양가족 체류 문제와 특별 노동 허가까지 시행한 것은 인권을 중시하는 독일의 기본법과 외국인법 때문이었다. 즉, 외국인 노동자들과 그들 가족의 귀환이 대규모로 진행되지 않은 것은 인권과 기본권의 보호를 중시하는 독일 법률의 영향에 기인한다.

개인 권리의 보장을 위하여 기본법 제1조는 인간 존엄의 불가침성을 언급하며 이에 대한 존중과 보호를 국가 권력의 의무로 밝히고 있다. 또한 이러한 기본법은 국가 실정법에 우선한다는 것을 명시하고 있으며, 종교나 인종, 언어를 이유로 박해하는 것은 있을 수 없는 일이었다. 또한 외국인법 은 독일 국익에 해가 되는 경우가 아니라면 이들의 거주권을 보장하고 기본 권리를 누릴 수 있음을 명시했으며, 1973년에는 외국인 노동자의 거주 권리 도 허용했다. 그래서 1970년대 중후반과 1980년대 독일 정부는 외국인 노 동자들에 대한 이주 제한과 귀국 정책에 효과를 보지 못했던 것이다.

또 하나 이유는 독일 내 각 주의 외국인 정책들은 연방정부의 입장과 다르게 실행되었기 때문이다(김용찬, 2006b: 168-169). 즉, 독일은 각 주(Land)마 다 연방정부의 정책에 대한 입장이 다르게 실행되었는데, 외국인의 이주 및 정착에 대해 강경한 통제 정책을 고수한 남부 지역이 있는가 하면, 온건한 입장을 취하는 헤센, 브레멘주도 있고, 베를린은 냉전 기간 동안 거주자의 수를 늘리기 위해 외국인과 외국인 노동자의 이주와 정착을 적극 장려하기 도 했다.[13] 따라서 온건하고 유화적인 지역에서는 1973년 독일 정부의 이주 제한과 귀환 조치에도 불구하고 한인 간호사 노동자의 이주와 장기 거주가

---

13) 최영숙(인터뷰, 2016)은 베를린이 동독이었기 때문에 베를린으로 배치된 간호사들에게는 혜택이 있었 다고 회고했다.

가능하게 되었던 것이다(김용찬, 2006a: 143).

그래서 독일연방고용청은 1974년 11월 13일 이후에 입국하는 비EU국 외국인 노동자 취업을 금지했다. 그리고 1975년 3월 10일에는 외국인 밀집 지역에서 발생하는 사회적 인프라 문제를 해결하기 위해 '봉세지역규정(Sperrgebietsregelung)'을 도입하여 외국인 노동자 취업에 제한을 두었다. 그러나 이 정책 또한 큰 효과가 없었는데, 이는 노동 집약적 산업이 집중되어 있는 지역의 경우 특성상 내국인 노동자들이 취업을 기피하기 때문에 외국인 노동자를 신규 채용하지 않고서는 인력난을 해결할 수 없다는 것이 고용주 단체의 주장이었다. 그래서 이 규정은 1977년 5월 18일에 폐지되었다. 그리고 1978년에는 기간 제한 없이 자동으로 노동 허가서가 발급되도록 기존 규정을 변경했으며, 외국인 노동자 자녀가 특별 노동 허가서를 발급받을 수 있는 조건도 완화했다.

이후 독일은 1983년 11월 30일부터 1984년 6월 30일까지 외국인 노동자의 귀환을 촉진하기 위한 동기 부여 차원에서 이주민의 귀국을 위한 재정적 지원을 제안했다. 외국인 노동자가 영구적으로 귀국하면 10,500마르크를 지급하며, 귀국하는 자녀 1인당 추가로 1,500마르크를 지원했다(김상호, 1997: 15).

독일 외국인 노동자 정책에서 중요한 기점이었던 1973년과 1974년의 한국 광부들의 파독 수를 보면 842명, 1,137명, 간호사도 1973년에 1,182명, 1974년에 1,206명이 파견되었다. 그리고 1970년대 후반까지도 파독이 진행되었는데, 이는 동일 정부의 고용 중단 조치와 귀환 조치 등이 실행되는 중에도 독일 광산과 병원 고용주들은 경제적 이해를 고려해 한인 광부와 간호사 고용을 허용했기 때문이다. 그러나 1977년 지역별 사업장에 따라 외국인 노동자들을 강제 귀환시키는 사건을 통해 파독 간호사들의 체류권 투쟁이 진행되기도 했다. 이 문제는 〈3장 파독 노동자의 역사〉에서 자세히 다루겠다.

한국의 정치·경제 상황과 해외이주노동 정책

한국은 1910년부터 1945년까지의 일제 강점기 시기와 이어지는 1950년부터 1953년에 걸친 한국전쟁의 상흔이 여전히 남아 있는 상황에서 경제 기반 자체가 해외 원조에 의지하기에 급급했다. 원조 경제하에 지속했던 한국 경제는 그나마도 1957년을 기점으로 경제성장률이 급격히 저하되었다. 첫 번째 원인은 미국의 원조 정책의 변화에 따른 원조액의 감소였다. 1957년 원조의 최고액이 3.8억 달러였다면, 1958년부터 원조액이 감소하여 1959년에는 2.2억 달러로 급감했다. 이러한 원조액 감소와 함께 두 번째 원인은 이승만 정부의 저환율 정책 유지를 통해 더 많은 달러를 상환받으면서 원조 경제의 틀을 고수하려던 계획이 어긋났기 때문이다. 즉, 수출보다는 원조 물자에 의존한 소비재 중심의 수입대체공업화 전략을 취하다 보니 민간 기업들 간에는 원조 물자를 배정받기 위한 과잉 시설 확장 및 경쟁이 야기되었으며, 이에 도시 제조업 기업들과 원료 공급을 하던 국내 식량 농업, 원료 농업과는 단절되면서 농촌 사회의 구매력을 제약하게 되었다.

이러한 원인들이 겹치면서 1950년대 말 한국 경제는 위기를 맞이했고 당시 이 위기를 해소하기 위해 경제의 구조적 전환이 불가피했었다. 따라서 실업 상태인 농촌 사회의 과잉 인력은 도시의 산업 인력으로 해소해야 했으며, 미국의 원조 감소 해결을 위해서는 수출 증대 또는 차관 도입 등 새로운 외화 확보 방안이 필요했다. 이렇게 새로운 경제성장 동력의 확보가 불가피한 상황에서 강력한 국가 주도성이 필요해지는 가운데 박정희 정부가 등장했으며, 국가에 의한 자원 배부권의 장악이 시작되었다고 볼 수 있다(김정주, 2005: 38-39). 박정희는 정권 초기부터 국가의 최우선 과제가 빈곤에서 벗어나 산업화를 통한 경제 현대화의 길로 설정하는 것(Hwang, 2010: 230)이라고 말할 정도로 고소득 경제 전환에 초점을 맞추었다. 당시 경제 발전의 핵심은 외화를 도입하는 것인데, 독일의 개발원조와 관련해서는 〈3장 파독 노동자의 역사〉에서 자세히 살펴볼 것이다.

1960년대 초 박정희 정부는 국가 권력 구조가 재편되는 과정에서 경제 개발에 중점을 두었기 때문에 사회 통제 속에서 '국가 주도적 경제개발 정책'을 실행했고, 이에 따라 노동력 이동이나 노동 정책도 변화하게 되었다. 당시 한국은 독일처럼 노동력 부족 문제로 외국인 노동자를 유입해야 하는 문제라기보다는 국내 취업 문제나 인구 문제를 해외 이출을 통해 해결하고 외화 획득을 필요로 했기 때문에 해외이주노동도 경제개발 정책 과정에서 제기되었던 것이다(박재영, 2013: 343).

이때 한국 광부 · 간호사의 해외이주노동은 독일의 경제 흐름과 노동시장 정책과도 맞물려 시작되었다. 이주노동 체류 기간에도 국제 정세에 따른 독일의 외국인 노동자 정책 변화는 한국 노동자들에게 영향을 미쳤다. 파독 광부는 1961년 12월 13일 '한 · 독 양국 간 경제 및 기술 협조에 관한 의정서'를 체결했다. 이에 1962년 3월 21일 국가재건최고회의의 동의를 얻어 조약 제94호로 공포하고, 같은 해 1962년 5월 24일 독일 뉘른베르크(Nürnberg)의 M.A.N. 회사가 주독 한국대사관을 통해 한국 광부 500~1,000명을 고용하겠다는 의사를 밝혀오면서 '기술 연수생' 자격으로 해외이주노동이 추진되었다. 반면, 파독 간호사는 1966년 정부 주도로 시작되었고, 그 이전에는 주로 민간단체인 기독교, 가톨릭 단체들의 중재에 의한 '간호학생' 자격으로 간호 교육을 받기 위해 독일로 이주했다. 공식적인 파독 노동자 송출 과정은 〈3장 파독 노동자의 역사〉에서 각각 다룬다.

한국 정부의 이민에 대한 관심은 1959년경부터 시작되었으며 이승만 정부 시기에 '해외이민위원회'를 만들어 이민을 검토했다. 그리고 1961년에는 '한국이민협회'를 발족하기도 했다. 박정희 정부 때 해외이주 정책을 추진하게 된 것은 전후 베이비붐으로 인구가 급속히 늘어나는 것이 결정적 요인이었다. 그래서 가족계획 정책과 더불어 1962년 3월 9일에는 해외이주법을 제정·공포하여 해외이주에 대한 모든 과정을 관리하도록 했다. 해외이주자의 자격, 종류, 이주 가능 국가, 불가능 국가의 범주, 해외이주허가 신청 부처, 해외이주허가 신청 방법, 통지 방법, 해외이주에 관한 업무와 경비, 허위사실에 대한 취소, 벌금 등 필요 사항에 대한 각령으로 정했다.[14]

해외이주법 제1조의 목적과 같이 당시 정부가 해외이주 정책을 실행한 이유는 국내의 과잉 인구를 해외로 내보냄으로써 이들의 외환 송금으로 경제 발전의 효과를 극대화하는 데 기여해 주길 기대했기 때문이다. 그래서 정부는 인구 조절 차원에서 해외이주를 검토했으며, 1962년 10월부터는 이 업무를 보건사회부 사회국 이주과에서 전담했다. 해외이주법 제정 이후 실행 초기에는 국내 간선단체 중심으로 이민이 이루어졌으나 점차 해외이주를 대행하는 기관들이 설립되었고, 유럽과 베트남, 미국 등 국제이주를 성사시키게 되었다.

1965년부터는 한국해외개발공사가 주관하게 되었으며, 1970년에는 해외이주과로 개편되어 관리가 이루어졌다. 박정희 정부에서는 보사부 이주과가 이민을 내보내는 업무에 주력했다면, 외교부는 이민의 사후 관리 업

---

14) 최병익(崔丙益), "해외이주법해설(海外移住法解說)", 1962년 《월간법》 제 3호.

무에 주력했다(이종훈, 2008: 523-525). 해외이민 행정과 관련하여 1970년 10월 23일자《매일경제》에 해외이민 행정업무를 일원화한다는 공지를 게재했다.

보사부 이민행정 일원화, 보사부, 모든 사무노동청에 이관

보사부와 노동청에서 다원적으로 취급해 오던 해외이민 행정을 앞으로 는 노동청이 단독으로 맡아 취급하게 되었다. 21일 보사위원회의 보사부 국정감사에서 이윤용, 윤인식 양의원 등이 주장한 이민사업 일원화 문제 에 대해 김태동 보사부 장관은 이민사업의 효율을 기하기 위해 앞으로 보 사부에서 취급해 오던 모든 이민 행정을 모두 노동청으로 이관시키기로 방침을 세우고 이민법 등 관계법의 보완을 연구 중이라고 말함으로써 밝 혀진 것이다. 현재까지는 초청이민에 대한 행정은 보사부가 맡아 왔으며 고용이민에 대한 행정은 노동청이 맡아 왔고 한국해외개발공사는 이들 이민에 대한 교육훈련과 해외정착지 사업 등 장기투자 사업 업무를 분담 해 왔는데 이민 사업행정의 다원화로 인해 업무 수행상 많은 혼란을 빚어 인력수출 정책에 차질을 가져왔었다. 지난 62년 이후 현재까지 해외이민 실태를 보면 전체 이민 4만8천8백82명 중 초청이민이 1만8천8백3명으 로 42%, 국제결혼이 1만5천3백42명으로 34%, 국제입양이 7천1백41명 으로 16%인데 고용계약 이민은 단지 8%인 3천5백96명밖에 되지 않는 다(매일경제, 1970.10.23.).

한국해외개발공사[15]는 노동자의 계약에 의한 해외이주를 관리했는데,

---

15) 한국해외개발공사는 1965년 10월 6일 민간단체로 창립되었다가 1975년 12월 31일 한국해외개발공 사법에 의거해 설립되었고, 1991년 4월 1일 폐지되면서 한국국제협력단(KOICA)으로 변경되었다(국 가기록원,《한국민족문화대백과》).

주로 해외 취업 및 해외이주자를 모집, 송출을 전담했다. 그리고 해외 진출로 모집된 대상자의 신체검사, 교육, 현지 지도, 정착 훈련 등의 업무를 진행했다. 이 기관은 당시 대규모 노동력의 베트남과 독일 이주에 중요한 역할을 했다(이광규, 1997: 229-230; 김용찬, 2006a: 141). 당시 한국은 원조 수원국으로 이주민에 대한 사후 정책도 부재한 채, 이민·이주 계약 노동 등 인력 송출에 전력을 다했지만, 오늘날에는 선진국 대열에서 외국인 노동자들의 체류 인구가 급증하고 다양한 산업 분야에 종사하게 되면서 국제이주의 영향력이 더욱 심화되고 있다.

원조 수원국이었던 한국은 1970~1980년대 경제성장을 이루면서 1987년부터는 공적개발원조를 개발도상국에 공여하는 공여국으로 바뀌었다. 즉, 한인 노동자들을 해외로 이주해야 했던 단계에서 이제는 외국인 노동자들이 한국으로 유입되는 '이민의 전화(migration transition)'가 발생했다(김영완, 이병하, 2013: 183-184). 특히 1991년 한국국제협력단 설립 이후 한국은 본격적인 공여국으로서 개발원조 활동을 지속해 왔으며, 2020년 11월 OECD DAC(Development Assistance Committee 개발원조위원회) 가입 10주년을 맞이한 것은 한국의 개발 역사에서 원조 수원국에서 공여국으로의 역전된 지위를 보여주는 하나의 상징적 변화라고 할 수 있다.

한국과 독일의 파독 노동자 송출 모집 전략

파독은 한국의 국내외 정치·경제적 시급성이나 제3세계 국가에 대한 원조로 인해 성사된 것이 아니라 독일, 미국, 일본 등 공동의 정치·경제적 이익과 맞아떨어짐으로 서로의 필요에 의해 만난 지점이라고 할 수 있다.

사실 광부·간호사로 지원할 때, 이들은 독일에서 어떤 노동조건 속에서 일을 하고 어떤 대우를 받는지에 대한 정보가 없었다. 그럼에도 독일 취업을 주체적이며 자발적으로 지원한 데에는 한국과 독일 두 정부에서 노동자 개인의 필요와 목적에 부합한 모집 전략을 진행한 것이라고 볼 수 있다. 그렇다고 해서 두 정부의 송출 목적과 노동자의 취업 목적이 동일했다는 것은 아니다. 따라서 파독 노동자들의 자발적 선택을 유도한 모집(동원16)) 정책에 대해 살펴보고자 한다.

먼저 한국에서 해외이주 노동자로 지원하기 위해 얼마나 많은 사람이 이 일에 지원을 했는지는 다음의 통계를 보면 보다 명확하다. 1963년 파독 광부 190명을 모집한다는 공고가 발표되자, 국민들 가운데 2,895명이 지원하여 무려 15:1의 경쟁률을 보였다. 그리고 다음 해 1964년 11월 파독 광부 공모에는 응모자 3,158명 중 791명이 최종 선발되어 4:1의 경쟁률을 보였다. 파독 광부가 되려고 지원한 사람들 가운데에는 고졸 이상의 고학력자들이 70%를 넘었고17), 초대졸 이상자만도 20%가 넘었다(안재욱, 2015: 4-5).

당시 한국은 기업체가 발달하지 못해 일자리가 없었기 때문에 대부분의 국민은 고용 상태에 있지 못했다. 공식적인 국민의 실업률은 20%였지만, 그 가운데 약 60%가 농촌에 살면서 농업에 종사하고 있었기 때문에 실질적으로 고용된 사람들은 그리 많지 않았던 것이다(안재욱, 2015: 4-5). 국민이 파독 광부와 간호사에 지원하며 해외이주 노동자가 되었다는 것은, 먼저는 국내에서의 실업 상태에서 벗어난다는 것이었고, 실제적으로 수많은 파독

---

16) 본서에서는 강제 동원이 아닌 자원하도록 하는 모집의 성격이지만 한국과 서독의 정치·경제적 의도에 가려진, 노동자의 자발적 선택으로 유도한 방법으로서 '동원'의 이중적 의미를 담고 있다.

17) 파독 광부 박영성(인터뷰, 2016)은 모집할 때 고학력자들을 많이 뽑은 이유는 독일에 도착해서 독일어를 빨리 습득해야 했기 때문이라고 말했다. 그런데 사실 일하면서는 독일어보다도 체력이 문제였다고 회고했다.

광부와 간호사의 증언대로 좁은 한국 땅을 떠나 넓은 세상으로 진출하는 흥분되고 가슴 벅찬 일이라고 여길 만큼의 사건이었다.

독일은 한국 정부에 노동자들이 서독 취업을 위해 세 가지 항목을 제시했다. 첫 번째는 서독의 발전된 기술을 배우도록 한 것이다. 즉, 가난한 동맹국에 대한 기술 원조로서 한국 경제와 광산업 기술 발전에 기여할 수 있도록 기술 지원을 제공하겠다는 것이다. 그래서 1961년 3월 두 정부 간 기술 원조에 관한 협정을 체결하고, 같은 해 12월 13일에는 두 정부 간 경제와 기술 원조에 관한 의정서를 교환함으로써 '기술 연수생' 자격으로 서독 송출의 법적 근거를 마련한 것이다. 그리고 1962년에는 서독의 전문가 두 명이 파견되어 태백, 영월 등을 둘러보았으며, 1964년에는 새로운 장비를 정비하기 위해 2천만 마르크의 차관을 도입하기도 했다.

1962년 3월 서독의 기술자 영월 방문
《대한석탄공사 50년사 화보》─광부 서독 파견 중에서, https://www.kocoal.or.kr)

두 번째는 파독 노동자들에게 높은 급여를 제공할 수 있다는 것이다. 예를 들어, 1969년 7월 '한국 간호사 모집 기본원칙'(이수길, 2007: 84)에 대한 독일병원협회 회람 공문에 보면 "월급은 근로세, 교회세, 건강보험, 사회보장보험, 기숙사비, 식비, 그리고 귀국 적립금 50마르크를 제외한 350마르크에서 375마르크를 매달 받게 된다. 이 월급은 경력에 따라 상승하며 순 월급이 767마르크에서 792마르크가 될 수 있다."라고 기록했다.

세 번째는 3년이라는 단기 계약이다. 지원자들 입장에서는 3년만 고생하면 한국에서의 가족 경제도 해결될 것이고, 직업도 생길 것이라는 기대감을 줄 만큼의 기간이었다. 그래서 3년을 버티기 위해 언어와 육체적 어려움도 감수했던 것이다. 이렇게 한국 노동자들이 지원하기만 하면 많은 이점이 있다고 느낄 수 있도록 표현되었다(Chin, 2007: 31).

한국 정부도 서독 인력 송출을 결정하면서 독일 정부의 세 가지 제시를 적극 홍보했다. 정부는 1963년 8월 9일 서울시장 및 각 도지사에게 서독 광부 모집 선발을 지시했다(한국파독광부총연합회, 2009: 61). 노동자 모집은 주로 신문 광고를 통해 이루어졌는데, 서독에서 사용되고 제공된 표현들이 한국에서 강조된 듯한 방식이었다.

독일 언론은 한국 간호사들을 '고요한 아침의 땅에서 온 천사들'이라고 묘사했는데(Yoo, 2020: 86), 한국에서도 《경향신문》 1965년 11월 13일자에는 "서독에 백의의 천사 한국에 1백28명 초청"이라는 제목으로 게재했으며, 1966년 4월 28일에는 "일(日) 전세기로 서독 떠나, 우아한 한복의 나이팅게일"이라고 게재했다. 1966년 5월 12일 《동아일보》는 "독일 사람들은 이젠 주사를 맞을 일이 있으면 한국 간호원을 찾는다. … 주사 바늘이 언제 들어가는지 모르게 재빨리 놔주는 솜씨 때문 … 우선 상냥한 웃음을 던지기 때문 …" 등의 내용을 게재했다. 이같이 한국 언론은 백의의 천사, 한국의 나이팅게일, 백의의 궁지, 미소로 보살피는 병상 등의 기사로 파독을 권장했다.

한국 언론은 '급여'에 대해 더 강조하기도 했는데, 일례로 1965년 11월

16일《동아일보》는 "서독 정부 부담으로 숙박비, 보험료를 제하고도 월 1백 10달라 정도의 보수를 받게 된다. … 3년간의 간호학교 재학 중 40-50달라의 보수를 받으며 졸업 후 간호원으로 근무하게 된다." 또 1965년 12월 30일《동아일보》는 "해외로 뻗는 인력 한국"이라는 제하에 "프랑크푸르트, 마인츠 두 대학부속병원에서 근무하게 될 이들은 서독 간호원과 똑같은 대우를 받을 것이라는데 초봉이 월 6백60마르크(약 1백70 달러)이고 매년 20마르크씩 인상되리라고…" 이 기사의 끝머리에는 "지금 프랑크푸르트에서는 전 시민이 한국 백의천사의 환영 준비를 서두르고 있다."라고 기사화했다. 또한 1966년 1월 6일《경향신문》은 "월수입은 초봉이 4백40마르크(2만 8천 원)이며 독일어를 습득한 후부터는 6백20마르크(약 4만 원)를 받게 된다."라고 기사화했다. 이는 급여에 대한 경제적 희망과 연결되어 있다. 대체로 한국 정부는 파독 인력 송출 모집을 위해 '강요'하지 않고 '장려'하는 방법을 취했다(Hoare, 2020: 229). 실제로 빈곤에서 탈출한다는 생각은 해외이주노동의 원동력이 되었다.

한국 정부가 사용했던 또 다른 모집 방법은 서독을 '기회의 땅'으로 묘사하는 것이었다. 서독이 파독 노동자들에게 새로운 삶을 제공할 것이라는 희망과 설렘을 준 것이다. 독일로의 광부·간호사 취업은 개인적으로 일자리를 동반한 경제적인 이유와 동시에 해외로 나가는 기회였다. 독일 취업은 잘사는 나라인 미국으로의 이민을 대신하여 해외이주를 가능하게 했던 현실적인 대안이었다. 이는 국가적 조건으로 만들어진 기회였기 때문에 개인적으로 모든 것을 준비하여 이민을 가는 것보다 훨씬 수월했다. 윤용선은 이에 대해 국가는 경제개발에 필요한 외화벌이를 위해 노동자를 파독(동원)했지만, 개인은 생존과 미래를 위해 파독을 주체적으로 선택했다고 말한다(윤용선, 2013: 5).

오늘날에도 이주는 개인적인 선택으로만 이루어지지는 않는다. 해당 국가의 사회경제적 상황과 정책이 중요한 변수가 된다. 그런데 1960~1970년대 한국은 외국에 나가는 것 자체가 통제되는 시기였기 때문에 이주를 위한 준비 비용 역시 개인적으로는 매우 어려운 사정이었다. 그러니 국가 간 협약 등 공적인 기관들의 진행이 없다면 해외 취업에 대한 시도가 어려웠던 것이다. 한국 정부는 해외 취업 모집 공고와 함께 지원자들의 직업 적격성 여부를 위한 심사와 검사도 진행했으며, 독일로 파견한 광부들을 관리하기 위해 독일 노무관을 파견하기도 했다.

당시 파독 간호사를 지원했던 안연옥[18]은 한국에서는 간호사들이 학교를 졸업해도 취직이 어렵고, 병원 자리도 부족했으며, 그래서 미국을 가고 싶어도 개인적으로 진행해야 했기 때문에 어려운 형편에 가고 싶어도 꿈만 가질 뿐 쉽지 않았다고 한다. 그런데 해외개발공사를 설립해야 할 만큼 파독은 한국에서 전국적으로 이슈가 되었고, 이미 독일의 어느 병원으로 배정될지 결정되고 출발하다 보니 당시 파독은 굉장히 큰 계기가 되었다고 한다(안연옥 인터뷰, 2016). 독일은 자국 내에서 외국인 이주자들에 대한 정책이 엄격했는데, 1955년에서 1976년 사이의 기간은 예외적인 시기로, 한국인이 독일 사회에 취업이 가능했던 역사적 과정 안에서의 아주 드문 기회였던 것이다(나혜심, 2012: 46).

정부에서 파독 광부 모집을 공고하자 탄광 일에 대해서는 전혀 알지 못하는 사람들도 지원에 나섰다. 광부·간호사의 독일 취업 동기를 보면, 해외에서의 노동이 국내와 비교해서 더 험하고 거친 일이라 하더라도 일단 해외에 나간다는 그 자체가 특권이라는 의식이 있었다. 파독 광부 권이종은 "한국전쟁 이후 지독하게도 가난한 나라의 국민이 한국 땅을 떠나 넓은 세상에

---

18) 1973년 파독 간호사로 브라운슈바이크(Braunschweig)에서 근무.

서 새로운 삶을 시작한다는 것은 가슴 벅찬 일이었다."라고 회고한다(권이종 엮음, 2013: 18).

권이종은 당시 고려대학교에 재학 중에 있었음에도 불구하고 학력을 속이고 파독 광부로 지원해 8:1의 경쟁률을 뚫고 독일로 갈 수 있었다고 말한다. 그러나 그는 자신이 선택했던 파독 광부라는 직업에 대해 "광부는 인류 역사상 남자 직업으로 가장 천한 직업"이라고 말한다. 그럼에도 불구하고 그는 광부라는 직업을 가지고 독일에서 일하기 위해, 즉 당시 독일 정부가 원하는 독일 광부가 되기 위한 경력을 만들기 위해 그의 전 재산이었던 소 한 마리를 팔아 독일 광부가 될 수 있는 서류들을 만들었고, I.Q 검사, 역사 시험, 체력 검사를 거쳐 독일 광부 모집에 지원해 독일행 비행기에 몸을 실었던 것이다(정성화 엮음, 2014: 146).

당시 파독 광부로 지원한 사람들은 대부분 그 이전에 광부로 일했던 경험이 전혀 없었음에도 불구하고 '광부 경력 1년 이상'이라는 파독 광부 모집에 적합한 지원자가 되기 위해 광부 경력 서류를 꾸미는 일은 물론이고, 심지어 손에 연탄을 묻혀 광부 흉내를 내며 독일 광부 취업에 지원하기도 했다. 이를 통해 당시 우리 국민의 해외이주에 대한 열망이 얼마나 강했는지를 충분히 짐작해 볼 수 있다.

당시 부산시청이 파독 광부에 관한 공고를 내자 지원하여 3년 동안 탄광에서 일하고, 이후에는 독일에서 학업과 결혼 등으로 정착하여 18년 동안 거주하다가 한국에 들어온 양동양[19]은 당시 공고를 통해 독일 광산에서 광부로 일하는 것을 알았음에도 대외적으로는 '서독기술연수생 파견'이라는 명칭으로 독일에 갔다고 증언한다. 한국에서는 결코 자원해서 광부로는 지원하지 않았을 사람들도 '해외'라는 매력이 그들을 광부라도 괜찮다는 결정을

---

19) 1963년 파독 광부. (사)한국파독광부총연합회 2017년 회장.

하게 했다는 것이다. 그럼에도 불구하고 광부라는 명칭 대신 대외적으로는 굳이 서독기술연수생이라고 했던 것은 드러내놓고 광부라고 말하기가 그만큼 껄끄러웠던 것이 사실이었다고 말했다(양동양 인터뷰, 2017). 그 당시 독일 광부로 지원했던 대다수는 그저 국내를 벗어나 해외에 나갈 수 있다는 그 이유 하나만으로 광부라는 직업이 문제가 되지 않았던 것이다.

> "젊었으니까⋯ 6·25사변 이후 모든 것이 정비가 안 되었고, 어려운 사정이고, 특히 젊은 사람들은 직장도 어려웠고, 학교도 뜻대로 안 되기도 하고⋯ 젊은 사람들이 해외를 갈망하는 것은 그때나 지금이나 마찬가지죠. 나는 어릴 때부터 꿈을 꾸었기 때문에 그 기회를 바로 포착해서 실행으로 옮겼죠. 해외에 가는 것이 꿈이었어요. 내가 서울에서 고등학교를 다녔는데, 아무튼 마포 산을 오르락내리락하면서 고등학교를 다녔어요. 그때 여의도에 비행장이 있었어요. 비행기 뜨고 내리는 것을 자꾸 봤고, 부산 가서 배가 외국으로 출항하는 것도 많이 보고. 또 이제 내 꿈을 찾았죠. 기회를 얻은 거죠. 그때는 유학이라는 것을 감히 생각지도 못하고, 유학이 있는지도 구별이 안 되고⋯"(양동양 인터뷰, 2017).

1966년에 파독 간호사로 갔다가 정착하여 현재 베를린에 거주하고 있는 최영숙[20]은 파독 간호사로 지원하게 된 이유에 대해 경제적인 면과 이국에 대한 동경이 중요한 요소였다고 말했다.

> "사실 저는 대학병원에서 아주 좋은 자리에 있어서 갈까 말까 망설였는데, 제가 독일에 가면 어머니 생계도 도와드릴 수 있고, 동생 공부도 시

---

20) 1966년 파독 간호사. 한민족유럽연대 대표.

킬 수 있고, 그 당시 독일에서의 임금이 국내보다 3.5배가 높았기 때문에 … 그래서 신문광고를 보고 신청을 했어요. 그리고 사실 이유는 반반이었어요. 생계를 도와야겠다는 것과 또 하나는 그림엽서에서만 보던 독일의 꿈이 이곳에 오게 된 이유에요."(최영숙 인터뷰, 2016)

1974년에 파독 광부로 갔다가 현재 베를린에 거주하고 있는 김영태[21]는 당시 독일에서의 광산 노동과 생활이 어떠한지 잘 모른 채 그저 외국에 대한 동경으로 지원했다고 말한다.

"독일에 대해서는 경제적인 부분보다는 외국에 대한 동경이 있었습니다. 독일에 다녀온 사람이 교육 기간 중에 얘기해 줬는데, 여기보다 자유롭고 … 독일에 대한 좋은 점만 얘기해 줬던 거예요. 그런데 막상 광산에 들어가니까 진짜 너무 힘들더라고요. 희망과는 완전 달랐습니다. 독일에서는 루르 지역 광산에서 일했어요. 광산 기숙사에서 지냈는데, 동료가 있었으니까 이겨냈지 혼자서는 견디기 힘들었을 거예요. 지하 천 미터에 들어갔다 나오면 까맣게 돼서 … 그때는 젊었죠. 27살에 왔으니까."(김영태 인터뷰, 2016)

이렇듯 한국과 독일은 전국적인 모집 광고를 통해 광부·간호사 인력 송출을 위한 '자발적 지원' 모집을 표면적으로 성공했다. 지원자 숫자가 상당했으니 말이다. 그러나 두 정부의 파독 인력 송출 계획에는 자국의 정치적 계획이 있었으며, 이는 자연스러운 경제 이득을 위한 과정이었다. 파독 인력 송출은 독일이 한국이라는 후진 동맹국에 기술을 전수한다는 원조 정책인

---

21) 1974년 파독 광부.

동시에 사실상 부족한 노동력을 충원하는 계기가 되었다. 이는 독일이 필요한 노동력 확보라는 실리와 기술 원조라는 명분을 동시에 챙긴 것이라 하겠다(윤용선; 노명환 외, 2014: 49-50).

특히 단기 계약이라는 것은 로테이션 원칙에서 알 수 있듯이 3년 계약이 끝나면 계약 연장은 할 수 없고, 새로운 노동자로 계약을 맺게 되어 있다. 따라서 자원한 노동자로 하여금 3년 안에 경제적 성과를 높여야 한다는 생각을 충분히 갖게 했다. 그리고 단기 계약이 갖는 유용성은 이주노동자들의 고용과 해고의 용이함을 이용할 수 있는 방법이었다. 즉, 노동시장의 경기 완충장치인 셈이다(이용일 2003: 87). 또 하나 이주 수용 국가에서 볼 때 3년은 외국인 노동자들이 정착하기에는 부족한 시간이라고 본 것이다. 결국 '손님 노동자' 정책은 로테이션 원칙을 따른 독일 정착 방지 원칙이었던 것이다(나혜심; 노명환 외, 2014: 227).

이와 맞물려 모집 기준에 있어 '미혼'을 우선했다. 1965년 11월 16일 《동아일보》는 서독 간호사 모집 조건에 '18~23세의 미혼 여성'을 제시했다. 이는 독일의 사회복지 시스템 혜택 문제뿐 아니라, 결국 독일 정착의 가능성을 낮춘 것과 관련 있다(나혜심; 노명환 외, 2014: 240). 한편 역사적으로 보면 독일 간호업은 대부분 수녀들이 감당했기 때문에 수녀는 결혼하지 않는 것을 원칙으로 했던 부분이 있었다(나혜심, 2009: 279).

파독 광부 또한 미혼, 기혼이어도 가족 동반이 불가해서 불만이 있었을 법도 하지만, 한편으로는 '단기간 노동'을 목적으로 했기 때문에 가족이 있어도 단독 진출을 자진해서 결정했을 가능성도 높다. '3년 조건'의 이면에 있는 노동의 최대치를 높이기 위한 육체적 힘듦의 무게는 사실상 자원하는 노동자들로 하여금 버틸 수 있는 교환값이라고 할 수 있다.

또한 독일은 기술 원조뿐 아니라 한국 경제의 앞으로의 개발을 위해 재정적 지원을 한다는 '재정 개발원조'[22]를 확약했다. 독일이 한국에 재정적 지원을 공여할 준비가 되어 있음을 선언한 것인데, 이는 원조 명분이지만 사실상 차관을 통한 서독 기업 수출로 신흥시장을 찾은 셈이다(윤용선; 노명환 외, 2014: 60). 즉, 서독 정부가 헤르메스 보험공사를 통해 지급 보증하에 서독 기업의 제품을 수출하는 형태로 이루어진 것으로 원조라기보다는 이윤과 자금 회수로 이루어지는 '투자'이며 노동시장의 경제 이익을 추구하는 과정이라고 할 수 있다.

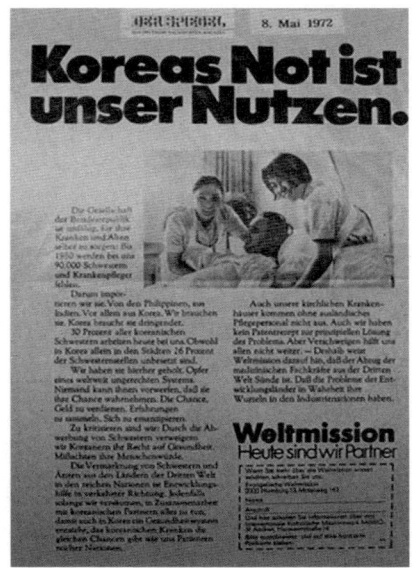

한국의 필요는 우리의 이익입니다.
1972년 5월 8일 독일 주간 뉴스 잡지 《슈피겔 *Der Spiegel*》 (이수길, 2007: 76)

이러한 독일의 원조 형식의 한국 기술 지원에 대한 독일 취업은 다음과

---

22) 부록 – '대한민국 정부와 독일연방공화국 정부간의 경제 및 기술협조에 관한 의정서' 중, 2번 항목의 '재정 개발원조'.

같은 부작용으로 나타나기도 했다. 1972년 5월 8일자 독일의 《슈피겔 *Der Spiegel*》에 실린 기사는 1967~1968년경 한국 종교계와 독일 종교계에서 한국 환자를 간호할 간호사들이 서독에 와서 환자를 간호한다는 것은 한국을 돕기 위한 원조 행위가 아니라 인력 기술을 착취하는 행위이므로 중지해야 한다는 성명을 낸 내용이다. 이때 세계 미시온(Welt mission)에서 낸 광고문이다. "한국의 필요는 우리의 이익입니다."라는 말은, 다시 말해 "한국의 어려움으로 우리는 이익을 얻고 있습니다."라는 말이다. 즉, 개발원조라는 두 정부의 관계는 명분으로 사용되었고, 실질적으로는 노동력 확보를 위한 목적이 들어 있었음을 확인할 수 있다(나혜심, 2014b: 50).

그리고 한국과 서독이 광부·간호사 취업을 '자발적'으로 지원하도록 한 모집 의도에는 서독을 '기회의 땅'으로 보여주었다는 것이다. 여기에서 다른 예를 들어본다면, '아메리칸 드림(American Dream)' 이데올로기이다. 미국인뿐 아니라 외국인이 미국에 가면 무슨 일을 하든 행복하게 잘살 수 있으리라는 생각으로, 미국은 풍족하고 개인의 능력과 성과에 대한 합당한 보상이 이루어지는 기회의 땅으로 여겨졌다. 또 하나의 예를 들면, 역사상 가장 강력한 정치적 포스터는 세계대전에 참전하는 것을 독려하기 위해 "There is still a place in the line for you, will you fill it?" 그리고 "Join the army for home and country."라는 슬로건으로 청년들이 군대에 입대하는 것을 가정과 나라를 위한 '의무'라고 생각하도록 만든 것이다. 그리고 이것이 옳고 명예로운 일이라고 생각하면서 자발적으로 생명을 바치도록 설득했다. 이는 국민의 마음을 통제하는 정부와 관련시킨 사례라고 할 수 있다(Lasswell, 1971: 10).

이 두 가지 예를 가지고 한국과 독일 정부의 광부·간호사 모집에 적용해 본다면, 광부·간호사들이 자발적으로 서독 취업을 지원한 것은 한국의 가난과 미래에 대한 불안, 취업에 대한 심리적 부담에서 해방되고 싶었기 때문이다. 그러면서 파독이 경제적 성공과 자신의 꿈을 이룰 기회가 될 것이라고 기대했다. 두 정부는 정치·경제적 동기를 바탕으로 파독 노동자들에게 그들의 삶이 바뀌고 새로운 기회를 제공할 것이라는 '전망'을 주었다.

이렇게 '자발적' 지원에 의한 서독 취업은 한국 광부·간호사들이 견뎌야 하는 불가피한 고난에 대해 양국 정부가 감당할 책임이 적다는 것을 의미한다. 독일로 이주하고 노동하는 행위가 일명 '백의의 천사'로, '선진국에서 기술을 배우고 돈을 많이 벌어온 성공한 사람'으로 낭만화되었지만, 이들에게 간호는 간호 업무와 함께 병원 청소부터 환자를 돌보는 일까지 포함되었으며, 광부는 막장에서 사고 없이 올라오는 기적을 매일 체험해야 하는 현실이었다. 결국 두 정부의 정치적 의도에 노동의 혹독한 현실이 가려졌던 것이라고 볼 수 있다.

결과적으로 한국 정부는 독일로 이주해서 '일하는 행위'를 사전 심사와 합격 통지 등을 통해 특권처럼 여기게 했으며, 점차 조국의 경제성장에 기여한 '애국 행위(patriotism acts)'로 표현함으로써 파독 노동자들이 애국자이자 민족주의자로 느끼게 만들었다(Jung, 2018). 이는 현대에 이르러 한국 근대화와 경제성장의 산업 역군으로서 그에 합당한 예우를 요구하는 것과 맞물려 있다. 이 부분은 이후 〈파독 노동자들의 본국 송금의 의미〉에서 다시 다루기로 하겠다.

1960-
1970

KOREAN ECONOMIC DEVELOPMENT
AND THE GERMANY-DISPATCHED
MINERS AND NURSES

3장
파독 노동자의 역사

✻

2장에서 한국과 서독의 파독 인력 송출의 배경을 살펴보았다면, 3장은 구체적인 파독 간호사와 광부의 역사로서 정부의 준비 과정부터 파독 노동자들의 '이주노동' 시기를 중점적으로 살펴볼 것이다. 실제 파독 노동자들의 독일 생활에 대해서는 모집 과정에서 보였던 한국 정부의 적극적인 자세와는 달리, 한국 정부는 파독 노동자들의 처우에는 관심이 없었다. 독일에서 문제만 일으키지 않으면 별도의 조치가 필요치 않았던 것이다. 한편으로는 노동자들 스스로 자발적으로 지원했던 개인적 동기가 뚜렷한 이유에서 정부를 탓하지 않았던 때문이기도 하다.

이에 파독 노동자 '모집 기간'을 정부의 적극적 기간, 즉 지원자들과의 협력적, 보완적 관계라고 한다면 파독 노동자 '이주노동 기간'은 정부의 소극적 기간이면서 지원자들과의 충돌적 관계였다고 할 수 있다. 여기서 '충돌적'이라 함은 지원자들이 직접적으로 한국 정부와 대립한 것은 아니지만 처음 독일 취업을 지원할 때의 기대와는 달리, 노동 환경에서 느낀 어려움, 두려움, 그리고 한국 가족들과의 그리움, 외로움 때문에 느끼는 감정을 대신한 표현이다. 왜냐하면 국가와 개인의 파독에 대한 다른 이해 속에서 이주노동 기간이 시작됨으로, 결과적으로 충돌적 위기의 시기를 보냈다고 보기 때문이다. 이러한 관점으로 파독 노동자들의 역사를 살펴볼 것이다.

파독 간호사

✦ ✦ ✦

한국 간호사 파독은 통상 크게 세 시기로 구분한다. 제1시기는 1950년
대 말[1]부터 1966년 1월까지 민간 주도의 시기로, 주로 기독교 · 가톨릭 단
체들의 중재에 의해 간호학생 자격으로 간호 교육을 받기 위해 시작된 독일
진출을 말한다. 제2시기는 1966년 3월부터 1969년까지 민간과 정부가 동
시 주도한 시기로 해외개발공사와 협력하여 대규모 파독이 시작된 시기이
다. 제3시기는 1970년부터 1976년까지 간호사 고용에 관한 정식 협약인 제
1차, 2차 간호협정에 의한 정부 주도의 시기이다(나혜심, 2009: 265-266; 한국파독
광부총연합회, 2009: 63).

한국 간호사 파독은 독일과 한국 정부의 가장 적극적인 이주 정책 실행
시기라고 할 수 있다. 당시 파독 간호사를 모집하기 위해 한국 간호사에 대
한 긍정적, 호감적 이미지를 언론에 많이 게재했으며, 특히 외국 여행이 쉽

---

1) 간호(학생) 인력의 독일 진출의 시작 연도에 대하여 두 가지 기록이 있는데, 1957년 독일 상트 오틸리
엔의 수도회를 통한 이주를 시작으로 보기도 하며(나혜심, 2014b: 42), 1959년 독일 슈타일러 선교회를
통한 이주를 시작으로 보기도 한다(나혜심, 2009: 263). 나혜심은 간호 인력의 독일 진출 제1시기를 민
간 주도의 시기로 1959년을 설정하지만 그 이전에 이미 시작했다는 것을 전제로 두었고, 이수길(2014:
14)도 1957년의 기록을 초기로 보기 때문에, 본서에서는 간호 인력의 독일 진출 시기를 1957년으로 확
대한다.

지 않던 시기에 '여성'으로 해외에 취업해 외화를 벌어들이는 '성공 여성'으로 이들에게 사회의 관심을 집중시켰기 때문이다. 그리고 한국 정부는 독일에서 필요한 노동력 숫자를 채우기 위해 1960년대 중반까지도 존재하지 않았던 '간호보조원 양성학교'를 많이 세워 간호보조원(현 간호조무사)이라는 직종을 새로 만들기까지 했다(유진영; 노명환 외, 2014: 210).

파독 시기를 구분함에 있어 제1시기는 1966년 이전 시기로, 파독 광부 취업과 달리 민간 차원에서 간호학생들을 독일 간호학교에 입학시키는 과정이었다. 반면 1966년부터는 정부 주도의 파독이 본격화되었다는 것과 간호학생이 아닌 한국에서 간호 인력으로 정식 교육받은 사람들이 주로 파독되었기 때문에 이 시기를 제2시기로 본다.

사실상 1957년부터 간호학생 자격으로 독일에 진출한 것은 한국 간호사들의 독일 병원 취업을 위한 이주노동의 시기로 구분하기는 어렵다. 그럼에도 파독 제1시기로 포함하는 것에 대하여 나혜심은 이들 역시 심한 경우 파견된 다음 날부터 독일 환자들을 위해 일했던 명실상부한 간호 인력이었다는 점을 폭넓게 보고 이 시기를 독일 진출의 시작으로 보고 있으며, 간호 인력의 활동 범위를 고려할 때, 간호사의 일이라는 것이 의료적인 것이기보다는 거의 간병하는 일에 가까웠다는 점에서 간호대학을 졸업한 경우나 간호조무사, 간호학생 간에 차이가 거의 없었다는 것에 간호 인력의 범위 및 시기를 말하고 있다(나혜심, 2009: 258-259).

1966년 본격적인 대규모 파독 간호사, 간호조무사 진출 현황은 다음 표와 같다. 집계는 1981년 주독 한국대사관의 〈업무 현황〉에 기록된 독일병원협회의 집계를 기준으로 하고 있다.

연도별 파독 간호사, 간호조무사 진출 현황
(과거사정리위원회, 2008: 193; 한국파독광부총연합회, 2009: 66)

(단위: 명)

연도	독일병원협회	주독 한국대사관	베를린간호협회[2]
1960~1965	1,043	18	914
1966	1,227	1,227	1,220
1967	421	421	469
1968	91	91	35
1969	837	837	514
1970	1,717	1,717	1,756
1971	1,363	1,363	1,354
1972	1,449	1,449	1,535
1973	1,182	1,182	1,182
1974	1,206	1,206	1,206
1975	459	459	468
1976	62	62	70
계	11,057	10,032	10,723

연구 자료 중 파독 간호사의 집계는 11,057명과 10,032명, 10,723명 세 가지로 기록되는데, 첫 번째는 독일병원협회 자료에 준하여 1966년 이전까지 파독 간호 요원 1,043명의 수를 포함한 기록[3]이며, 두 번째는 주독 한국대사관이 1960~1965년까지 18명으로 집계한 간호 요원 수를 포함하여 기록된 것이다. 베를린간호협회 기록에 포함된 간호학생 수는 주독 한국대사관 자료인 〈1969년 신문보도에 대한 진상 보고〉에 의해 추가된 것이다.

---

2) 베를린간호협회에서 집계한 파독 간호 인력의 수는 간호사, 간호보조원을 모두 포함한 수이다(과거사 정리위원회, 2008: 195).

3) 1966년 이전에는 간호학생 신분으로 독일에 간 여성들이 많이 있었지만, 기록을 찾기 어렵고 경로도 다양했으며, 독일의 의료 기관에 이들에 대한 보고 의무 없이 고용된 지역 노동관청에 개별적으로 신고를 하는 방식으로 진행되었기 때문에 간호 인력의 수는 정확하지 않다(나혜심, 2009: 262; 2014: 46).

파견 시기

• 제1시기 – 1957~1966년 : 민간 주도의 독일 간호학교 입학

한국의 여성들이 독일의 간호학교로 가게 된 역사를 보면, 당시 1957
년 주한 독일 신부인 파비안 담(Fabian Damn)이 김천의 성의여자고등학교 졸
업생들과 간호학생 30여 명을 선발하여 독일 간호학교에 입학시켜 간호사
자격을 취득한 후 독일 병원에 취업하게 한 일을 최초의 기록으로 보고 있다
(나혜심, 2014b: 46; 과거사정리위원회, 2008: 192; 한국파독광부총연합회, 2009: 64). 그리고
1959년 독일 천주교 계열의 슈타일러 선교회(Steyler Mission)에 의해 간호학
생이 보내졌다.

이때부터 본격적인 대규모 파독이 이루어진 1966년까지를 민간 주도
의 파독 간호사 진출 시기라고 보고 있는데, 이러한 민간 주도의 시작을 말
하기 위해서는 독일과 한국의 개발원조 관계 속에서 이주노동에 대해 먼저
살펴볼 필요가 있다.

개발원조(Development Aid, Entwicklungshilfe)는 2차 세계대전 이후 미국이
세계에 대한 군사 · 경제적 개발 책임을 가져야 한다고 선언(마셜플랜, 1947)한
데서부터 그 개념이 형성되고 정책이 시행되었다. 지원받는 국가가 사회경
제적 발전을 위한 정책을 펴갈 때 지원하는 것을 목적으로 하는데, 독일은
2차 세계대전의 폐해를 마셜플랜의 지원을 통해 경제적 성과를 경험하고 스
스로 국제 개발 협력의 최초의 수혜자라는 인식을 갖고 있었다. 그래서 개발
협력 정책에 남다른 의미를 부여했다.

독일의 본격적인 개발원조의 시작은 독일이 1952년에 창설된 '개발도
상국 및 지역의 경제개발을 위한 UN의 확대된 지원 프로그램'에 참여하면
서 1956년 기금을 마련하여 인도를 시작으로 여러 나라를 위한 프로젝트를

기획하는 중, 1960년대에 이르러 한국에 대한 자본원조를 시작했던 것이다. 독일은 1961년에 11월 14일 기존의 외무부 및 연방경제부 담당 업무를 통합해 연방경제협력부(BMZ)[4]를 설립하여 원조 정책을 기획 · 입안 · 결정했는데, 이로 인해 독일은 개발원조의 획기적인 성장의 계기를 마련했다(김태균, 박명준, 2010: 206).

연방경제협력부의 재정원조는 수원국(受援國)들을 재정적으로 후원하여 스스로 발전할 수 있도록 돕기 위함인데, 이는 주로 '투자'의 형태로 이루어진다. 이를 실행하는 기관은 연방경제협력부 외에도 독일 내 다른 기관이나 국제기구를 통해 이루어지는데, 주로 독일개발은행(Kfw-Entwicklungsbank)에서 재정 협력 프로젝트 선정과 실행을 담당했다. 한편 연방경제협력부의 재정원조 2/3는 기술 협력을 위한 지원금으로 집행했는데, 독일개발은행 등의 직원들이나 연관된 타 기관의 직원들을 통해서 수원국에 컨설턴트나 전문가 등의 통합 전문가(Integrated Experts)를 파견하여 지원하는 것이다.

한국에 대한 독일의 개발원조로 1961년에 체결된 '대한민국 정부와 독일연방공화국 간의 경제 및 기술 협조에 관한 의정서'를 비롯한 파독 노동자 관련 양국의 협정서들은 이러한 독일의 기술 협력, 기술 지원에 대한 내용들을 포함한 재정 지원을 담고 있다. 독일의 개발원조에 대해 한독 경제교류사에서는 1960~1980년대 일방적인 원조로 규정하고 있다(이성봉, 2009: 65; 나혜심, 2014b: 40 재인용).

독일의 개발원조 사업 중 중요한 것은 연방경제협력부의 직접적 원조 외에 비정부기구(NGO)의 역할이라 하겠다. 독일은 역사적으로 사회적 역할

---

4) 1993년 연방경제협력개발부로 개칭(Federal Ministry for Economic Cooperation and Development / BMZ-Bundesministerium für wirtschaftliche Zusammenarbeit und Entwicklung, http://www. bmz.de).

과 관계해서 민간 또는 비정부기구의 역할이 큰 비중을 차지했다. 비정부기구들은 BMZ로부터 지원 수단을 제공받기는 하지만, BMZ의 오더로 진행하지는 않는다. 일정한 권한을 가지고 정부와 수평적 관계를 유지한다. 민간 기관들은 시민사회적 성격을 지니는 종교 기관, 정당 재단, 그리고 소규모 시민 단체 등이 있다. 특히 기독교 교회 등 종교 관련 기관들은 독일 개발 협력 사업에서 중요한 축을 형성하는 민간 기관으로, 아프리카, 아시아, 남미, 오세아니아, 남유럽 등 300여 개의 프로젝트와 프로그램을 지원했다(김태균, 박명준, 2010: 218-219).

한인 여성들의 독일 이주에는 독일 가톨릭의 역할이 큰 비중을 차지했는데, 독일의 개발원조가 공식적으로 시작되기 이전부터 독일 가톨릭이 간호학생 이주 중개를 시작한 것이다. 간호학생의 이주는 1920년 독일 상트오틸리엔 수도원(왜관 분도수도회 본원)이 원산에 교구를 설립한 이후 사제들의 한국 생활과 이들 간의 네트워크로부터 시작되었는데, 특히 독일 가톨릭의 한국전쟁 복구를 위한 지원 과정 활동 중, 한국에서 지내는 사제나 수도회가 간호학생 이주의 통로가 되어주었다. 물론 여기에는 독일 가톨릭 산하 사회복지사업 기관이 당면한 노동력 부족, 즉 병원이나 양로원 등의 문제를 해결하기 위한 이유도 들어 있었다.

독일 가톨릭은 1954년에 부산에 세워진 독일 적십자병원에 의료 지원을 했고, 직접적으로는 1956년 대구에 파티마의원을 세우고 의료 중심의 구호사업을 진행했다. 이들은 독일 내 가톨릭 기관들의 부족한 노동력 문제를 해결하면서 동시에 한국인의 독일 이주, 특히 간호 교육과 기술실습생을 중심으로 이주 중개를 실행했다. 물론 독립적이며 고유한 권한으로 개발원조와 교육생 이주 중개를 실행했지만, 국가기구와 전혀 연관성 없이 진행될 수는 없었다. 이주노동자들의 다양한 외교적, 행정적 과정 중 발생하는 문제에 대해 정부의 개입은 불가피한 것이기 때문이다.

이후 김천 성의여자고등학교 졸업생을 독일 간호학교에 입학시킨 파비안 담 신부 또한 처음에는 선교를 겸한 학교를 세우기 위해 가톨릭의 개발 지원 기구를 통하여 독일 외무부에 학교 건립 기금 지원 요청을 했으나, 외무부 내의 예산 책정의 문제로 몇 차례에 걸쳐 거부되자 당시 독일 연방대통령이 파비안 담 신부에게 격려 차원에서 100마르크를 지원한 사례도 있었다(나혜심, 2014b: 39-48).

한국 간호사, 간호 요원의 파독의 초기 역사에 있어 이수길 박사와 이종수 박사의 주선이 중요한 부분을 차지하는데, 독일의 민간 기구 차원에서 이종수(기독교 한국난민구제회 회장)의 중개도 위와 비슷한 경우라 할 수 있다. 1962년 뒤셀도르프 의과 단과대학을 졸업한 후 부퍼탈(Wuppertal) 지방 병원에서 인턴 과정을 밟고 있던 이종수가 라인란드팔츠주 바트크로이츠나흐 사립병원 서무과장 에서(Esser)와 같이 기독교 한국난민구제회(Diakonische Gesellschaft für Korea)를 만들어 한국 간호 요원들을 주로 노르트라인베스트팔렌, 베를린에 취업시킨 일이다. 1968년 6월 한국대사관이 집계한 간호 요원 현황에는 이종수의 초청으로 간호사 416명, 간호보조원 459명, 간호학생 106명으로 총 981명이 취업된 것으로 집계되어 있다(이수길, 2007: 72).

이수길은 민간 차원의 한국 간호사 독일 취업에 관해 자신의 회고록에 기록했다. 1957년부터 독일 신부 파비안 담이 김천 성의여자고등학교 졸업생 30여 명을 독일 간호학생으로 입학시키고, 독일 간호사 자격을 취득하여 병원에서 근무할 수 있도록 했다는 것이다. 그리고 독일인 말가리다 수녀를 통해 대구 파티마수녀원의 예비 수녀 가운데 10명의 간호학생 지망생들이 독일로 보내졌다고 기록했다. 또한 천주교 아이힝어(Franz Eichinger) 신부의 주선으로도 26명이 독일 간호학교에 입학했는데, 1960년에는 수녀학생

8명, 1962년에는 여학생 4명, 1963년에는 여학생 14명, 1967년에는 여학생 10명, 1968년에 여학생 1명이 부퍼탈의 성베드로(St. Petrus)병원 부설 간호학교에서 교육을 받고 그 가운데 일부가 독일 간호사 면허증을 취득했다고 한다.

이종수는 자신이 독일 의과대학 학생 때인 1960년에 베를린 감리교부녀선교회와 프랑크푸르트 감리교병원에 한국 간호학생 2명을 입학시켰고, 이를 계기로 1962년부터 광주시 숭의실업학교 졸업생과 사레지오(Salesio)여학교 졸업생 44명을 베를린과 프랑크푸르트 감리교병원 등의 간호학교에 입학시켰다고 기록했다(이수길, 2007: 14).

서독에 가는 간호학교 유학생들의 박정희 대통령 예방
1965년 3월 24일, 서독에 가는 간호학교 유학생들이 김익준 국회위원의 주선으로
출발 인사차 박 대통령을 예방(청와대 제공) (이수길, 2007: 15)

1960~1970년대 한국 정부는 여행 허가 이외에 다른 어떤 행정조치도 하지 않아 정확한 기록이나 규모를 제대로 파악하기가 어렵다. 그러나 독일의 기독교·가톨릭 단체들은 당시 한국 여성들을 독일의 간호학생으로 입학시켜 독일 간호사가 되는 것을 도왔으며, 개발원조의 일환으로 가난한 나라의 여성들에 대한 교육 및 직업교육을 위해 독일로 데려갔던 것이다. 한편,

간호사 교육을 명분으로 여성들을 보조 노동력과 청소 인력으로 착취했다는 비판적 보도가 1970년대 초 세계 언론을 흔들었지만(나혜심, 2014a: 34), 사실 독일 기독교 단체의 구체적인 사업으로 실행한 간호학생 선발과 이주 중개가 있었기에 한국 여성들의 파독이 이루어지게 되었다고 볼 수 있다.

정리하면, 1957년부터 1966년까지의 간호 인력 독일 이주는 간호학교 입학 혹은 간호사가 되기 위한 목적으로의 간호학생 이주였으며, 1966년부터 이수길의 주선으로 시작된 독일 이주는 정식 간호 교육을 마친 면허 간호사와 간호조무사 자격으로 이주했다는 것이 주요한 차이라고 할 수 있다(나혜심, 2009: 263, 265).

이수길은 당시 독일 간호학교에 입학했던 한국 여학생들 가운데 3년 과정을 마치고 독일 간호사 자격을 취득한 사람은 사실상 많지는 않았다고 증언한다(이수길, 2007: 12). 당시 한국에 와 있던 독일 종교단체들의 중재에 의해 한국 학생들의 간호학교 입학까지는 가능했으나, 독일 정부에서 한국 간호사들의 자격을 인정하지 않았기 때문에 취업은 사실상 불가능했다는 것이다. 그러나 슈타일러 선교회에 의해 간호학생 이주가 시작된 1959년부터 1965년까지는 이들이 독일 간호사가 되기 위해 공부했으며, 그 가운데 일부가 독일 간호사가 되었다는 것은 파독 간호사 역사에서 서론과 같은 기록이라는 의의를 찾을 수 있겠다.

한편, 민간 주도 시기부터 1965년 이수길이 한국 보사부 장관과의 면담을 통해 간호사 파독을 요청하고 처음 승인받을 때까지, 즉 파독 광부가 1963년부터 1966년까지 7차례에 걸쳐 2,521명이 취업될 때까지, 파독 간호사에 대한 정부의 주도적인 추진 절차 기록은 없다. 다만 한국 정부가 간호 인력에 관심을 보이기 시작한 것은 1964년 11월 독일을 방문한 상공부 장관 일행이 말한 의견[5]에서라고 나혜심은 말하고 있다(나혜심, 2009: 267).

그런데 한국 정부는 그간의 민간 주도로 간호 인력의 독일 파견에 대해서 알고 있으면서 해외개발공사와 같은 행정 기관을 만들어 놓고도 정식으로 노동력 파견을 지원하지 않다가 1969년에 이르러서야 간호 인력 파견에 대한 협약서를 체결했다. 그 이유는 한국이 개발원조를 받아야 하는 입장에서 독일에 간호학생으로 인력을 보내는 것을 여러 조건과 명분상 필요한 일로 여겼기 때문이다.

1966년 본격적으로 간호사 파독이 시작되자, 독일의 한국 간호 인력 수용이 오히려 개발원조의 혜택을 가로채는 격이라는 비난이 있었다. 한국의 외화벌이를 위해 간호학생을 거래한다는 것으로 한국 간호사의 독일 파견을 비판하는 시각이 일어났던 것이다. 사실상 독일에서는 낮은 교육 수준으로도 충분히 일할 수 있었기 때문에 간호학생 인력도 문제가 없었지만, 간호사 자격 면에서는 한국이 독일의 기술을 제공받을 필요가 없었다. 그러니 간호학생 자격으로 독일에 진출하는 일은 독일과 한국 정부 모두 개발원조 명분에 부합한 일이었다. 게다가 당시 민간사업으로 진행된 파독 간호사들의 송금은 계속적으로 필요했으므로 외화가 들어오는 것을 막을 이유가 없었으며, 정부가 이를 견제할 의무도 없었기 때문이다(나혜심, 2009: 269-270).

---

5) 독일 기관 내에서 논의된 문건에는 한국의 상공부 장관 일행이 "보다 많은 간호사와 도로 건설 노동자를 독일로 파견하고자 하는 의사"가 드러난다고 기록되었다. 한국이 파독을 더 추진해 가려는 시기에 오히려 1964년 유럽 국가들은 병원이나 양로원 등의 서비스 업종의 취업에 여성 인력 보내기를 꺼렸다. 젊은 여성들의 안전에 대한 우려와 역사적인 선입견이 작용했기 때문이다. 이와 관련하여 당시 독일 측 인력중개담당자는 그리스 노동부 장관에게 여성 노동자들의 취업을 정책적으로 막지 말라는 유감의 뜻을 표할 정도였다(Monika Mattes, *Gastarbeiterinnen in der Bundesrequblik*, pp.103-104; 나혜심, 2009: 267, 272 재인용).

• 제2시기 - 1966~1969년 : 정부와 민간 동시 주도

개발원조 담론 속에서 독일 종교 기관의 한국 간호학생 교육 지원과 간호 인력 부족 문제 해결을 위한 목적으로 간호학생 이주가 이루어졌던 파독 제1시기에 이어, 제2시기에는 독일로 간호학생 이주나 기독교 선교기관에 의한 중재가 여전히 진행되면서 1966년 3월부터는 한국에서 교육받은 면허 간호사와 간호조무사의 대규모 이주가 시작되었다. 제2시기는 인력 수출 유형으로 간호사의 파독이 본격화된 시기라고 할 수 있다.

한국 간호사의 파독 제2시기인 1966~1969년에는, 먼저 1965년 이수길 박사의 주선으로 독일병원협회, 한국 보사부 등의 협력 가운데 1966년 1월 첫 파독 간호사 1진이 프랑크푸르트 국제공항에 도착하게 된다. 파독 간호사 모집을 위한 독일과 한국에서의 준비부터 1진 출발과 독일에서의 정착을 검토하기 위해 이수길의 회고록《개천에서 나온 용》의 자료와 당시 신문기사를 기초로 하여 과정을 살펴보겠다.

1966년에 본격적으로 한국 간호사들이 독일 병원에 정식 간호사로 취업할 수 있게 된 동기는 당시 독일 마인츠대학병원 소아병동 병원장이었던 이수길의 중재이자 공로라고 평가할 수 있다. 이수길은 어린 시절 소아마비와 잦은 병치레로 소년기를 힘들게 보내면서도 원산의학전문학교에 편입할 정도로 공부를 잘했다고 한다. 한국전쟁 중 피난민으로 항상 가난 때문에 배고프고 대학도 갈 수 없는 형편이었지만 최선을 다해 공부에 매진해 의사검정고시에 도전했고, 최단 기간에 최고의 점수로 의사 자격증을 획득했다. 그후 그는 독일로 유학을 떠나 언어 장벽과 인종차별을 딛고 독일 의사들보다 더욱 열심히 공부하고 환자를 돌봄으로, 독일 의사들도 어렵다는 독일 소아과 전문의와 방사선과 전문의 자격증을 획득했다. 그리하여 이수길은 독일 마인츠대학병원 소아병동 병원장으로 근무할 수 있었다(이수길, 2007: 4-5).

당시 독일은 독일 간호사들이 병원 근무를 기피하면서 의료 현장에서의 간호인력 부족 현상이 두드러지게 나타났다. 이것은 곧 사회적 문제로 대두되었다. 이수길이 근무하던 독일 마인츠대학병원 소아병동에는 26명가량의 아이들에게 우유를 먹이는 데도 손이 부족해, 간호사와 간호학생, 의사들까지 그 일에 합세해야 할 정도였다는 것이다. 그래서 그는 마인츠대학병원의 행정원장인 뢰리히(Roerig) 박사에게 독일 간호 인력 상태에 대해 물었다고 한다. 이수길은 행정원장에게 당시 독일에는 약 3만 명의 간호사가 부족하며 마인츠대학병원만 해도 100여 명의 간호사가 부족한 상태라는 말을 듣게 되었다.

그럼에도 불구하고, 당시 독일의 보수 정당인 기민당(CDU)은 외국인 간호사의 취업을 허락하지 않고 있는 실정이었다. 이후 이수길은 《독일병원협회신문》과 《한국의학신문》을 통해 위 사실을 확인하고, 한국 간호사들의 파독을 주선하며 한국 간호사의 파독에 적극적으로 나서게 된다(이수길, 2007: 16).

이수길은 독일과 한국 양국의 상황을 감안해 한국 간호사의 독일 취업을 주선하는 것이 한국과 독일 양국 간에 상호 이익을 증진하고, 동시에 한국인이 직접 독일인과 접촉함으로써 양국 간의 우호 관계가 맺어지는 직접적인 민간 외교 활동이 이루어지는 계기가 될 수 있을 것이라고 생각해 이를 실천에 옮겼다고 말한다(이수길, 2007: 18).

이 일에 한국에서 정부 차원의 큰 도움을 준 인물은 당시 중앙정보부장 김형욱이었다. 이수길이 김형욱을 만나게 된 계기는 김형욱이 1962년 국가최고회의 운영기획위원장으로 독일을 방문했을 때, 김형욱의 통역과 안내를 맡았던 당시 프랑크푸르트대학에서 박사과정 중이었던 임석진의 소개 때문이었다고 한다. 김형욱의 통역과 안내를 맡게 되었던 임석진은 김형욱을 수행하기 위해 자동차가 필요했고, 이 때문에 이수길에게 연락을 했던 것이다.

이수길은 김형욱의 공식 일정 이후에 함께 주말에 프랑크푸르트 시내 관광을 하고 공항까지 바래다주는 일도 했다.

그 후에는 김형욱과 별다른 친교는 없었는데, 이수길이 1965년부터 한국에 들어와 파독 간호사를 위해 일하게 되면서 1966년 파독 간호사 인력 송출과 관련해 잡음이 생기고, 신문에 보사부와의 마찰이 대대적으로 알려지면서 어려움에 처했을 때 김형욱으로부터 연락이 온 것이다. 그래서 이수길은 남산 중앙정보부에 들어가 김형욱을 만나게 되었고, 김형욱의 소개로 청와대에 들어가 박정희를 만나 45분간 독대를 할 수 있었다. 그 자리에서 이수길은 박정희에게 파독 간호사에 대한 브리핑을 할 수 있는 기회를 가지게 되었고, 그 덕분에 정부의 도움을 받으며 파독 간호사 일을 수월하게 추진해 나갈 수 있었다고 회고한다.

그 자리에서 박정희는 이수길에게 독일에서의 파독 간호사가 받게 될 월급과 앞으로 만만치 않은 부담이 될 것이라 생각했던 항공료에 대해 질문했다고 한다. 이수길은 박정희에게 파독 간호사가 평균 170달러의 월급을 받을 수 있다는 것과 독일 측이 항공료를 부담할 수 있다는 것, 그리고 파독 간호사들이 독일에서 사회보장보험 혜택을 누릴 수 있다고 설명함으로써 박정희를 크게 만족시켰다고 한다(이수길, 2007: 31-32).

1960년대 중반 한국 보사부의 통계에 의하면, 3,000여 명의 한국 간호사들이 실업 상태에서 간호사로 일하기 위해 병원을 찾고 있었고, 보사부에 등록조차 되지 않은 간호사들 또한 상당수가 있었다. 그리고 한국의 간호사들은 힘들게 병원에 취업하게 되어도 처음 6개월은 관례적으로 월급을 받지 못하고 수습 기간을 거친 후 월급을 받을 수 있었다. 당시 한국에서 간호전문대학을 졸업한 간호사의 초봉은 7,080원으로 아동수당, 결혼수당, 기타 부수 수당은 당연히 없었다. 그리고 한국 간호사들의 주당 근무 시간은

48시간이었고, 휴가는 연 10~14일이었다. 그러나 한국 간호사가 독일 병원에 근무하게 되면, 독일 간호사들과 동등하게 결혼수당과 자녀수당은 물론, 월급으로 700마르크(4만5천 원)를 받을 수 있었다.

이수길은 한국 간호사의 파독을 위해 본격적으로 나서면서, 먼저 뢰리히 박사에게 한국 간호사의 채용을 요청해 일단 30명 정도를 채용하겠다는 약속을 받아냈다. 그리고 마인츠 지역의 3개 병원과 프랑크푸르트 지역의 11개 병원에 한국 간호사들의 독일 병원 근무를 요청하는 편지를 써 보냈다 (이수길, 2007: 16-19). 1965년 4월 9일, 이수길이 독일 각 병원에 한국 간호사들을 채용해 달라고 요청한 내용의 독일어 편지는 현재 쾰른 외국인박물관에 원본이 소장되어 있다. 그 편지의 내용은 다음과 같다.

"나는 한국인 소아과 의사로 현재 마인츠대학 소아과병원 병동장으로 근무하고 있습니다. 주서독 한국대사 최덕신 장군의 요청으로 귀하에게 혹시 한국 간호사를 채용할 용의가 있는지 묻는 바입니다. 현재까지 근 백명에 가까운 한국 간호학생들이 서독에서 교육을 받았고, 그 가운데 교육이 끝나 간호사가 된 후 서독 병원에서 근무하고 있는데 좋은 평가를 받고 있습니다. 혹시 귀 병원에서 한국 간호사를 고용할 의사가 있으면 나에게 통보해 주시기 바랍니다. 근무 기간은 3년으로, 항공료는 병원 측에서 선대하고 근무 기간 동안 월급에서 공제할 것입니다. 물론 희망자를 사전에 심사하여 귀 병원에서 근무할 자격 유무를 판정하고, 적격자일 경우 주서독 대사관과 귀 병원 그리고 당사자 간에 고용계약을 맺게될 것입니다. 귀 병원의 희망 사항을 나는 주서독 한국대사관에 즉시 보고하고 선처를 요청할 것입니다."(이수길, 2007: 18)

이수길은 편지를 보낸 후 8곳의 병원장으로부터는 바로 답을 받았고, 답을 보내지 않은 5곳의 병원장에게는 직접 찾아가 설득하여 마침내 한국 간호사들을 채용하겠다는 답변을 받아냈다고 한다. 이수길은 독일 마인츠 지역과 프랑크푸르트 지역의 병원들로부터 한국 간호사들의 취업을 허락받고, 210명의 한국 간호사들을 독일 병원에 채용하겠다는 각서까지 받아냈다.

그러나 한국 간호사들의 독일 병원 취업을 위해서는 헤센주 사회노동부 장관의 허락과 연방정부 사회노동부 장관의 허락을 필요로 했는데, 마침 병원 교섭 중에 만난 슐타이스(Schultheis—독일 프랑크푸르트와 주변 병원연합회 회장이면서 노르트베스트(Nordwest) 병원장)와 좋은 관계를 맺게 되었고, 슐타이스 원장과 절친한 사이였던 프랑크푸르트의 브루네르트(Brunnert) 시장을 통해 헤센주 사회노동부 장관의 허락까지 받아냈다. 헤센주 사회노동부는 그때까지만 해도 외국 간호사들에게 취업 허가를 내준 적이 없었기 때문에 헤센주정부 수상 친(Zinn) 박사의 승인을 받아 결국 연방정부 사회노동부 장관 허락까지 해결함으로써 프랑크푸르트와 근교 병원 취업의 길을 열게 되었다(이수길, 2007: 18-20).

그 후 이수길은 독일에서 본격적인 서류 작업을 준비해야 했다. 이수길은 슐타이스 원장과 고용계약서(근무계약서)를 작성해, 독일 병원 대 간호사 각자가 서명하게 했다(이수길, 2007: 35-36).

독일 병원과 파독 간호사 간의 근무계약서

(이수길, 2007: 35-36)

○○병원과 간호원 ○○○(생년월일 ○○.○○.○○)은 다음과 같은 계약을 맺는다.

1. 간호원은 3년간 고용주에게 근무할 의무가 있다. 근무계약은 196○년 ○월 ○일부터 196○년 ○월 ○일까지 효력을 발생한다. 계약 기간 이후 간호원이 계속 근무하기를 원하면 독일 관청의 허가를 받아 1년씩 연장할 수 있다.

2. 간호원은 맡은 의무를 성공적으로 달성하기 위하여 독일어를 배우는 데 노력하여야 한다. 고용주는 독일어 강습에 있어서 협조를 한다.

3. 고용주의 대우는 독일연방 고용인 대우규정(1961년 2월 23일)에 따르며, 앞으로의 봉급인상은 그리고 또한 특별수당도 위의 규정에 따른다. 최초의 6개월은 시험기간으로 봉급 인상이 해당되지 않음. 간호원은 맡은 바 의무를 이행함에 있어 독일의 사무규정 및 근무규정을 이행하여 임무를 수행하여야 함. 기타 자세한 세칙은 일반적인 독일의 노동, 사회보험법에 따른다.

4. 간호원의 월급은 별도와 같다.

미혼자의 봉급

근무 연수	월급 액수
1-2	627 마르크 (157달러)
3-4	648 마르크 (162달러)
5-6	669 마르크 (167달러)
7-8	690 마르크 (172달러)
9-10	711 마르크 (178달러)
11-12	732 마르크 (183달러)

★기혼자는 본봉에 53마르크가 더 계산 된다.

5. 숙박에 대하여서는 독일 고용자 계약에 따라 그 숙박료를 월급에서 제함. 간호원은 계약이 해제됨과 동시에 살던 방을 비워주어야 할 의무가 있다.

6. 고용주는 간호원의 항공수송료(서울-프랑크푸르트 왕복)를 부담할 의무가 있다.

7. 간호원은 수송비를 고용주 측에서 부담함에 있어 고용인의 보험비와 부수 보조비를 이용하였다는 것을 이해하고 그의 처리를 고용주 측에 일임한다는 것을 승인하여야 한다. 간호원들이 받는 순수입은 항공료를 삭제하지 않음으로 독일 간호원과 똑같다.

8. 이 계약은 독일민법 제 626조에 의거해 쌍방 간에 언제든지 해약될 수가 있다. 이런 경우에는 쌍방 간에 미해결된 비용을 계산하여야 한다.

9. 이 계약의 변화나 보충은 문장으로 수정한다. 구두나 언약은 효력을 상실한다.

10. 이 계약서는 한국어, 독일어 2장을 만든다. 구두나 언약은 효력을 상실한다. 불확실한 점에 있어서는 독일어로 된 계약서에 따른다.

프랑크푸르트. ○○년 ○월 ○일

고용주 서명 / 간호원 서명

고용계약서(근무계약서) 작업까지 끝나자, 이수길은 210명의 한국 간호사를 채용하겠다는 독일 병원의 각서와 고용계약서 초본, 그리고 초청장을 준비해 주독 한국대사관에 보내 공식적으로 대사관에서 파독 간호사 업무를 맡아주기를 요청했다. 동시에 슐타이스 원장도 주독 한국대사관에 한국 간호사 고용에 대한 공문을 보내 협력을 요청했다. 그러나 한국 측 이춘수 참사관(영사 담당)과 김태경 서기관(경제기획원)과 이효석 노무관은 몇 가지 반대 이유를 들어 "대사관은 간호사 취업 주선을 할 수 없다."라는 통고를 각 병원에 보냈다. 주독 한국대사관의 파독 간호사에 관한 부정적인 통보로 인해 독일의 병원들이 동요하기 시작했고, 심지어 일부 병원들은 이수길에게 속았다고 불평하기까지 하는 사태가 벌어졌다고 한다. 이에 이수길은 직접 한국에 가서 파독 간호사 업무를 추진하기로 했다(이수길, 2007: 20-21).

　　1965년 10월 한국에 입국한 이수길은 6대 국회의원 이만섭 의원(전 국회의장)과 김효칠 의원을 만나 귀국 목적을 설명하고, 보사부 장관과의 면담을 부탁해 오원선 보사부 장관을 만나게 된다. 이수길과의 면담을 통해 파독 간호사에 대해 알게 된 보사부 장관은 그 즉석에서 파독 간호사 선정을 보사부가 주관하기로 승인했다. 그때 결정된 사항으로 파독 간호사의 원서 교부는 보사부 간호과에서 11월 20일부터 12월 4일까지, 원서 접수는 12월 1일부터 4일까지, 면접시험은 12월 7일, 8일에 보되 필기시험은 시간이 촉박함으로 생략하기로 했다. 그리고 시험관은 보사부 간호과장과 간호협회회장, 그리고 이수길로 결정이 되었다.

　　이후 언론들은 한국 간호사들이 독일 병원에 취업할 수 있게 되었다는 내용과 한국 간호사들이 독일에서 독일 간호사들과 동등한 혜택과 급여를 받을 수 있다는 것, 그리고 계약 기간은 3년이고 본인들이 원하면 계약 기간을 연장할 수 있다는 내용들을 기사화했다(이수길, 2007: 23-24).

서독에 백의의 천사 한국에 1백28명 초청

서독에서 한국 간호원 1백28명을 초청했다. 이러한 사실은 주독 한국대사관에서 13일 보사부에 알려왔는데 서독 〈마인츠〉시 시립병원에서 일하게 된다. 또한 이의 구체적인 협의를 위해 동 병원에 근무 중인 이수길 박사가 13일 하오 내한했다. 자격은 21세 이상의 간호원 자격증 소지자인데 3년간 현지에서 근무하며 보수는 초봉 4백30 마르크(약 3만 원)이다. 왕복 여비는 병원 측에서 부담한다. 보사부는 13일 서부 〈베를린〉시에 보낼 간호원 20명도 선발했다(경향신문, 1965.11.13.).

손 모자라는 서독 · 간호원 128명 원정

서독 마인츠대학 소아과 병원 병동장으로 근무 중인 이수길(35) 박사가 서독의 여러 병원에서 근무할 한국 간호원과 간호학생 선발을 위해 14일 귀국했다. 최덕신 주서독 대사의 권고로 이 박사가 한국 정부 보사부와 서독 헤센주정부 노동청 사이의 교섭을 완결시킨 이 계획은 간호원 1백28명과 간호학생 40명을 선발, 연말, 늦으면 내년 정원 초순 중에 서독으로 떠나게 하려는 것이다. 간호원의 경우는 40세 미만의 면허증 소유자, 미기혼 불문으로 왕복 여비는 서독 정부 부담으로 숙박비, 보험료를 제하고도 월 1백10달러 정도의 보수를 받게 된다. 근무 연한은 3년, 이후 본인의 희망에 따라 연장할 수 있다. 간호학생은 고교를 마친 18~23세의 미혼여성, 3년간의 간호학교 재학 중 40~50달러의 보수를 받으며 졸업 후 간호원으로 근무하게 된다. 이 같은 대우는 모두 독일 간호원, 간호학생과 꼭같은 것이다. 이들 간호원, 간호학생은 현지에서 어학 훈련을 받을 예정이어서 독어 실력은 묻지 않는다. 선발 절차는 22일까지 보사부간호사업과에서 응모자의 원서와 서류(호적초본, 학력증명서, 면허증

등)를 접수하며 24일 면접과 신체검사(학력고사 없음)를 거쳐 전형한다. 마감을 앞두고 이수길 박사는 "이번에 좋은 성과를 얻으면 손이 모자라는 서독의 형편으로 보아 계속적인 요청이 있을 것 같다."고 말하고 있다(동아일보, 1965.11.16.).

그러자 파독 간호사 128명 모집에 593명이 응시하여 5:1의 치열한 경쟁을 벌이게 되었다. 당시 파독 간호사의 임상 문답은 각 간호전문학교와 간호대학의 교수들이 했고, 파독 간호사의 선발 기준은 이수길의 요청에 따라 다음과 같았다(이수길, 2007: 24).

1. 고등학교를 졸업한 후 간호전문학교나 전문대학을 졸업한 자
2. 종합병원에 근무한 경험이 있는 자
3. 30세 미만의 미혼자
4. 용무가 단정한 자
5. 현대 시설을 갖춘 종합병원에서 근무한 자

위 기준에 의거해 당시 응모자들 가운데 최고 점수를 받은 간호사는 황정자(연세대 부속병원), 강규숙(연세대 부속병원), 양영자(서울대 부속병원) 순이었다고 한다. 선발된 간호사들의 환송식도 진행되었다.

서독 파견 간호원 1백28명에 환송식

서독으로 가는 간호원 1백28명의 환송식이 5일 하오 YMCA 강당에서 있었다. 5백93명 중에서 뽑힌 이들 간호원들은 이달 말경 서독에서 보내주는 전세기 편으로 떠나게 되는데 이들은 마인츠, 프랑크푸르트 등지의

8개 공·사립병원에서 3년간 일하게 된다. 월수입은 초봉이 4백40마르크(2만 8천 원)이며 독일어를 습득한 후부터는 6백20마르크(약 4만 원)를 받게 된다(경향신문, 1966.1.6.).

간호사들을 선발했으나 여행사를 통한 출국 준비를 하게 되면 비용에 큰 부담이 생기므로, 이수길은 직접 파독 간호사들의 여권 수속을 맡아 비용을 절감했고, 보사부 간호과 김복순(전, 15육군병원 간호장교이자 1차 파독 간호사)의 남편 김득원과 노상여행사를 차려 독일 행을 진두지휘했다. 당시 파독 간호사들이 노상여행사에 지급한 비용은 아래 표와 같다(이수길, 2007: 26).

파독 간호사들이 노상여행사에 지급한 비용
(이수길, 2007: 26)

항목	비용(원)	비고
여권 수속비	400	
여권 인지대	3,000	
독어 및 일반상식 교육비(3회)	600	
신체 검사료	800	독일에서 서울대학병원에 X-Ray필름을 주기로 약속하고 싼 가격에 합의
검역비	300	
공항 사용료	250	
합계	5,350	

당시 한국 사회에서 여권은 극소수 층만 받을 수 있는 것으로서 여권 수속도 까다로웠다. 당시 여권을 위해 총 24개의 도장을 찍어주었던 4개 부처는 다음과 같다(이수길, 2007: 26).

1. 내무부 : 신원 조회, 친계의 사상 조사
2. 보사부 : 직능 검사와 신체 검사에 합격하면 추천장을 발급

3. 재무부 : 여비를 독일에서 부담하는가의 여부, 그리고 세금 납부 여부

4. 외무부 : 상기 증빙서류가 구비되었으면 여권을 발급

　이수길은 독일 출발 3일 전인 1966년 1월 28일에 파독 간호사들의 모든 여권 작업을 완료하고, 독일대사관에 가서 비자 발급까지 모두 받아 파독 간호사들의 파독에 문제가 발생하지 않게 했다. 한국 간호사들을 독일로 파견하는 역사적인 파독 간호사 첫 출발로 128명의 한국 간호사들이 독일행 비행기에 몸은 싣게 되었다. 이들은 한국을 대표한다는 표현의 일환으로 한복을 곱게 차려입고 독일행 비행기에 탑승했으며, 그 모습은 당시 독일 사회에 큰 관심을 불러일으켰다고 한다(김학선 외, 2009: 179). 그리고 마침내 1966년 1월 30일(일) 14시 40분에 일본항공 전세기 편으로 김포공항을 출발, 일본 도쿄 하네다 공항을 경유해 앙카라지에서 기름을 공급받고 독일 현지 시간으로 1966년 1월 31일(월) 오전 9시 파독 간호사 제1진 128명이 프랑크푸르트 공항에 도착하게 된다.

파독 간호사 제1진 프랑크푸르트 국제공항 도착
왼쪽부터 박창기 고대 교수(프랑크푸르트 시장 통역), 최덕신 주독 대사 부인, 최덕신 주독 대사,
형용숙(서울대 간호대학) 간호사 대표, 이수길 박사, 이수길 박사 부인 (이수길, 2007: 25)

독일 프랑크푸르트 공항에는 최덕신 대사, 프랑크푸르트시 블룸(Blum) 부시장, 그리고 독일(서독) 전 보도진들이 나와 있었다. 그리고 일본항공에서 준비한 "잘 오십시요. 서독 후랑꾸후루도에"라고 쓰인 대형 플래카드가 항공기 앞에 펼쳐져 있었다. 이렇게 프랑크푸르트에 도착한 128명의 한국 간호사들 1진은 곧바로 시내 10개 병원과 6개 양로원에 배치되었다(이수길, 2007: 27-28).

《동아일보》1966년 2월 1일자

한국 간호원 128명 서독 착

서독 〈프랑크푸르트〉시의 병원들에서 일할 한국인 간호원 128명이 31일 현지 공항에 도착하여 최덕신 대사(왼쪽에 모자를 쓰고 있음)를 비롯한 한국인들의 대대적인 환영을 받았다.

이렇게 간호사 1차 파독이 시작되었고, 2차 파독부터는 이수길과 한국해외개발공사가 '간호사 서독 취업 알선 계약서'[6)를 합의하여 진행했다. 해외개발공사에서 선발한 2차 파독 간호사 128명은 1966년 4월 28일 프랑크푸르트로 출발했다.

《경향신문》1966년 4월 28일자

일(日) 전세기로 서독 떠나, 우아한 한복의 나이팅게일

27일 하오 색동저고리 등 우아한 한복을 차려 입은 일단의 아가씨들이 일장기가 그려 있는 일본항공 소속 비행기를 전세 내어 타고 가 이색적 풍경을 보여주었다. 이들은 서독 프랑크푸르트 병원 내과과장 이수길 박사의 주선으로 서독으로 떠나는 1백28명의 간호원. 이들 중에는 박응분(34. 서울 길음동 533) 응연(應蓮) 형제 간호원이 있어 더욱 화제. 두 형제는 예비역 대위의 간호 장교로 군에서 10여 년간씩 봉사한 베테랑들인데 "서구 사람들 앞에서 한국의 나이팅게일의 정신을 십분 발휘해 보겠다"고 희망이 대단했다. (하략)

1, 2차 파독 간호사들에 대한 서독 여론의 평가가 좋아지고 한국 간호사들의 필요성이 인정되면서 고용 신청이 많이 들어왔으나, 당시 이수길은 헤센주와 라인란트팔츠주에만 국한하여 주선하고 더 확대하지는 못했다. 프랑크푸르트 시청에서 타 주 간호사 취업 주선 예산까지 허락하지 않았기 때

---

6) 1966년 1월 29일 체결. 대한민국 간호사를 서독에 취업 알선함에 있어 현지 병원의 취업 알선자 이수길(이하 갑이라 칭함)과 취업 대상자 선발 기관인 한국해외개발공사(이하 을이라고 칭함) 간에 다음과 같은 조항에 합의한다(제1조~제9조까지 내용은 부록 참조).

문이다. 서독의 파독 간호사 인기가 높아지자 동시에 한국 여론도 파독을 권장하는 기사를 냈으며, 박정희는 파독 권장에 대한 지시를 관계 부처에 전달하기도 했다.

서독의 한국 간호원 근황 상냥하고 부지런한 '백의의 궁지'

근면 제1주의, 서독인도 감탄

하루 10시간 근무 기꺼이 치러, 미소와 눈치로 보살피는 병상

향수는 한국 인형으로 달래고 …

독일 사람들은 이젠 주사를 맞을 일이 있으면 한국 간호원을 찾는다. 그리고 입원 환자들도 우리 간호원의 간호를 받으려 한다. 그것은 첫째 주사 바늘이 언제 들어가는지 모르게 엉덩이를 찰싹 때리면서 재빨리 놔주는 솜씨 때문. 그리고 만나면 우선 상냥한 웃음을 던지기 때문이라고. 〈훽스트(Hoechst)〉 시립병원에서 일하는 김은채 양은 "말을 못하니 우선 나쁜 인상을 주지 않기 위해서라도 미소를 지을 수밖에요"라고 말한다. 독일의 신문 방송 텔레비죤은 한국 간호원이 싹싹하고 부지런하고 믿음 직스럽다고 기회 있을 때마다 PR이 대단하다(동아일보, 1966.5.12.).

그런데 1966년 3차 파독까지 진행을 마치고, 4차 파독을 준비하는 중에 여러 문제로 인해 1966년 하반기부터 1967년에는 파독에 어려움이 생겼다. 그 이유는 첫째, 한국 간호사들이 프랑크푸르트에 온 지 8개월도 채 안되어 계약을 어기고 미국, 캐나다 등으로 빠져나가는 일이 생기면서 한국 간호사를 채용하지 않겠다는 병원들이 생겼기 때문이다.

한국 간호사들이 서독에서 실력으로 대대적인 인기를 얻고 매스컴을 통해 미국에 알려지자 뉴욕과 일부 주에서 한국 간호사들의 이민을 받아들

이기로 한 것이다. 그러자 미국에 있는 한국인 직업 알선 회사 소장이 프랑크푸르트에 상주하며 간호사들에게 미국 병원 취업을 주선하기 시작한 것이다. 미국으로 가기 위해 간호사들은 한국대사관에 가서 미화 5달러를 주고 미 대사관의 비자를 받아야 했다. 그리고 독일 병원과의 계약을 중도해약하려면 한국에서 타고 왔던 항공료 1,214마르크를 병원 측에 지불해야 했다. 그리고 미국에 가서도 다시 간호사 면허시험을 봐야 하고, 미국 이민 브로커에게 수수료를 지불해야 하는 등 경제적인 부담까지 감수해야 했다. 그럼에도 불구하고 이들은 미국과 캐나다로 이민을 떠났다(이수길, 2007: 59-60).

이렇게 1백여 명이 취업 이민을 진행한 것을 두고, 당시 서독의 전국 신문인 빌트(Bild), 프랑크푸르트 알게마이네 차이퉁(Frankfurter Allgemeine Zeitung), 프랑크푸르트 룬트샤우(Frankfurter Rundschau) 등 언론은 "골치 아픈 한국 간호사들"이란 제목으로, 계약을 어기고 제3국으로 빠져나가는 한국 간호사들을 비난하기도 했다. 지속적인 제3국으로의 이주가 늘어나자 한국 신문들도 관련 기사를 내보냈다(한국일보, 1969.3.20.).

《한국일보》 1969년 3월 20일자
(이수길, 2007: 61)

이 때문에 한국 간호사들을 받아들인 병원 책임자들은 더는 채용을 않겠다는 통보를 하기도 했다. 이 과정에 프랑크푸르트시 인사과장 핑어후트(Fingerhut)는 어떤 논의도 없이 주 노동청 담당관과 협의해, 헤센주에서는 더 이상 한국 간호사 고용을 받지 않기로 한 것이다.

둘째 이유는 한국이 전후 복구 지원과 개발원조를 받은 나라로서, 교육받은 인력을 개발 지원하는 국가가 다시 데려다 쓰는 것은 정당하지 못한 행위라는 이유로 대내외적인 비판이 일어나기 시작한 것이다. 그래서 서독 내에서도 개발원조를 명분으로 인력 기술을 착취하는 행위가 되어서는 안 된다는 운동이 일어날 정도였다. 특히 한국이 의료적인 부분에서 취약한 상황임에도 독일로 간호 인력을 파견하는 것은 옳지 않다는, 당시 유니세프 대표였던 영국인 앨런 맥베인(Alan E. Mcbain)의 비판이 있었다. 이 주장이 《코리아 타임스》에서 보도되면서 한국의 부족한 간호 인력에 대해 인식을 갖게 했으며, 이 문제는 마침내 독일에서 인력 수입을 중단한다는 기사가 보도되기에 이르렀다.

이즈음 한국에서도 파독 간호 인력에 대한 비판이 일어났는데, 한국 자체도 간호 인력 부족으로 국민 보건에 지장을 초래하고 있다는 한국의 기독교 계통의 파독 반대 운동이었다. 대구의 파티마병원에서는 간호 인력의 부족 상황을 자세한 수치로 정리해 1966년 8월 22일 독일 외무부에 보내기도 했다(나혜심, 2012: 115-116). 이 부분에 대해서는 1967년 5월 서독간호협회장 엘스터가 독일 보건성, 노동성, 직업안정청에 제출한 보고서에 "한국 같은 개발도상국에서 대량의 간호사들을 서독으로 들여온다는 것은 큰 잘못이며 서독 국민들은 양심의 가책을 받아야 한다."라고 보고할 정도였다. 서독 대사 페링(Ferring)도 한국의 간호 인력이 절대적으로 부족하다는 것과 이로 인해 서독 파견을 둘러싼 한국 종교 단체들의 간호사 파독 중지 운동 등에 대해 파악하고 있었던 것이다. 그래서 페링이 연방정부 노동청에 한국 간호사 취업 허가를 보류해 달라는 요청을 하게 된 것이다.

이러한 대내외적 비판이 일어나자 서독 정부는 국내 수급이 미달 상태인 한국 간호사는 더는 받지 않겠다는 정책 변경으로 간호 인력의 파독은 제동이 걸리기 시작했다(이수길, 2007: 43-45). 이러한 사태에 대해 한국에서도 기사가 다뤄졌다.

간호원 파독 보류

서독서 통보 선발한 3백52명 난관에

해외개발공사는 서독 병원 측의 초청에 따라 16일 현재 모두 3백52명의 파독 간호원과 간호보조원의 선발을 마쳤으나 한국 간호원을 더 이상 받아들이지 않겠다는 서독 정부의 갑작스런 태도 표변으로 당분간은 그 파견이 어렵게 됐다. 해외개발공사는 현재 이수길 씨가 주선한 간호원 1백30명, 이종수 씨가 주선한 간호원과 간호보조원 2백5명, 노동청이 의뢰한 간호원 17명 등 모두 3백52명의 파독 간호원을 선발, 출국 수속을 서둘러 왔으나 지난번 서독 정부 측이 갑자기 "국내 수급이 미달 상태인 한국 간호원은 더 이상 받아들이지 않겠다"는 통보를 해옴으로써 서독 측의 정책 변경이 없는 한 당분간은 그 파견이 어렵게 된 것이다. 그런데 16일 관계관은 서독 측의 정책 변경이 한국의 실정을 제대로 알지 못한 오해에서 이뤄진 것이므로 정부 대 정부 간의 교섭으로 이 문제를 수습, 이미 선발해 놓은 간호원은 보내도록 하겠다고 말했다(동아일보, 1966.12.16.).

이수길은 이 문제를 수습하기 위해 마인츠대학병원 행정원장 겸 라인란트팔츠주 병원협회 회장인 뢰리히 박사와 해결책을 모색해, 결국 독일과 한국의 담당자들을 설득하고 뢰리히 박사의 개인 재산을 담보로 파독을 위한 전세기 계약을 체결해 4차 간호사 143명은 1967년 2월 2일 프랑크푸르트로 출발할 수 있게 되었다(이수길, 2007: 46).

어제 서독 향발

간호원 1백43명

한국해외개발공사가 모집한 간호원 1백43명이 2일 오후 1시40분 이탈리아항공회사 전세기 편으로 서독으로 떠났다(조선일보, 1967.2.3.).

그런데 한국 간호 요원들이 부족하다는 것과 일부 한·독 종교 단체들이 돈 때문에 한국 간호사들을 독일로 보내고 있다는 비인도적 문제로 인해 서독 정부는 상황 파악을 위해 1967년 여름 독일간호협회장 엘스터와 수행원들을 한국으로 보내 현지 조사를 하게 했다. 그리고 이들은 돌아와서 서독의 부족한 간호 인력을 위해 한국 간호사들을 서독에 취업시키고 있는 부분에 대해 서독이 비난을 받는 것은 당연하다고 1967년 9월에 간호협회 신문에 발표했다. 그러자 이를 근거로 서독 정부는 한국 간호사 서독 취업을 전면 금지시켰다(이수길, 2007: 81).

한국 간호사를 독일에 보내는 문제에 대하여, 파독 여성들의 교육을 담당하던 코보이(Corvoy)는 '인력 부족'이 아닌 '구조적인 문제'로 파악했다. 그는 한국 간호사 부족 사태는 지방이나 소도시에서 대도시인 서울로 몰려가는 이유 때문에 간호 인력 부족은 사실상 지방에 집중되어 있다는 것이다. 따라서 이는 한국 사회의 구조적인 문제이지 파독과는 직접적인 연관이 없다고 주장했다. 그리고 파독은 한국 정부의 경제 발전과 외화 획득이라는 이해관계와 독일의 개발 지원 의도가 만나 이루어진 일이라고 주장했고, 이것은 한·독 관계자들에 의해 공유되었다. 그럼에도 이 비판적 상황을 지나칠 수 없었고, 한국과 독일은 '간호보조원' 파견으로 의견을 모았다. 이때부터 독일 병원의 인력 부족에 대한 해결책으로 간호보조원 제도가 이용되었다(나혜심, 2012: 118-119).

그러는 사이 1966년 취업했던 간호사들이 1969년이 되면서 3년 계약이 끝나게 되고, 추가로 파견되는 간호사가 없게 되자, 서독의 많은 병원이 다시 인력난을 겪게 되었다. 한국개발공사도 서독에 간호 인력을 취업시킬 수 없게 되자 이수길에게 한국 간호사들의 재취업을 도와주라는 요청을 하게 되었다. 그래서 이수길은 김일수 노무관과 뢰리히 박사와 교체취업[7]에 대한 문제를 논의해 3년 계약이 끝난 간호사들의 체류 연장 문제와 교체취업 문제에 대해 합의를 보게 되었다.

이를 성사시키기 위해 노르트라인베스트팔렌주 병원협회, 라인란트팔츠주 병원협회, 헤센주 병원협회 등을 찾아가 협상을 했는데, 헤센주는 한국 간호사를 고용하면서 그간의 어려운 일들을 겪었던 이유로 교체취업에 참여하지 않았으며, 그 외 지역은 합의를 보았다. 합의한 독일 병원 중 한국 간호요원들을 제일 많이 고용한 노르트라인베스트팔렌주 병원협회(독일병원협회)에서 교체취업을 주관했다. 그리하여 다시 성사된 파독 간호사에 대하여 1969년 한국해외개발공사를 통해 한국 언론에 보도됨으로써 다시 한국 간호사 모집[8]을 진행하게 되었다(이수길, 2007: 81-84).

---

7) 교체(Rotation)취업은 이주노동자들의 정착을 막기 위한 방식의 하나로, 계약 기간이 지나면 원칙적으로 다시 채용 연장을 할 수 없고 다른 사람을 채용하는 방식이다. 그러나 현실적으로 이 정책은 새로운 노동자를 받아 적응시키기 위해 언어와 업무 교육에 들어가는 시간과 재정 지출이 동반되기 때문에 실제 고용 현장에서는 적용되기는 어려웠다(나혜심, 2009: 133).

8) 1969년 6월에 발표한 독일병원협회의 한국 간호사 교체취업에 대한 공문 - 부록 게재.

간호원 800명 파독

해외개발공사, 연내 실현 추진

한국해외개발공사는 올해 안에 팔백 명의 간호보조원을 서독에 보낼 계획을 세우고 관계 기관을 통해 서독 정부와 교섭 중이다(하략) (동아일보, 1969.1.10.).

간호원 팔백 명 파독 9월까지

우리나라 간호원 팔백여 명이 오는 구월까지 서독에 진출하게 된다.

삼십일일 노동청에 의하면 현재 서독에서 근무 중인 우리나라 간호원 일천칠백삼십구 명 중 일천삼백 명이 오는 칠월 말로 고용계약이 만료, 이 중 약 삼십%가 현지에서 계약을 연장하고 나머지 칠십%인 구백여 명의 대부분이 제삼국에로의 진출을 희망하고 있어 이에 따라 노동청은 일차적으로 유월에 일백사십오 명, 이차로 구월까지 육백오십여 명을 내보내기로 했다. 현지 노무관의 보고에 의하면 우리나라 간호원들에 대해 서독 측에선 더 근무해줄 것을 바라고 있으나 일부가 결혼 등 가정형편으로 귀국을 희망하고 대부분은 현재의 임금 월 이백 달라가 미국 캐나다의 사백~오백 달라보다 훨씬 낮기 때문에 대부분 미국과 캐나다에로의 진출을 희망하고 있다는 것이다(동아일보, 1969.5.31.).

이수길의 중재로 교체취업을 전제로 파독은 다시 진행되었다. 그리고 1969년 8월 한국해외개발공사와 독일병원협회 간에 '한·독 정부 간 간호원 진출에 관한 협정'을 체결하는 성과를 거두었다. 이를 두고 대한간호협회의 일부 인사들은 한국해외개발공사와 독일병원협회 간의 '한·독 간호요원 협정'이 체결됨으로써 정부 차원의 파독으로 전환됐다고 주장했는데, 이수길은 이에 대하여 사실과 다르다고 말한다. 이수길은 이 시기의 재취업 합의는 간호사들의 3년 계약을 끝내고 귀국하게 된 것을 계기로 본인이 독일병원협회와 계속적인 간호요원 교체취업을 해외개발공사를 통해 수행했을 뿐이라는 것이다(이수길, 2007: 83).

과거사정리위원회는 간호사 파독 경과에서 1969년 8월, 한국해외개발공사와 독일병원협회는 '한·독 정부 간의 간호원 협정'을 체결하여 본격적인 파독 사업을 진행했다고 밝히고 있다. 1969년의 이 협정을 기초로 동년 9월 22일 독일병원협회와 주독 대사관은 한국 간호요원의 독일 내 병원 취업에 관한 절차를 합의하여 다음 해인 1970년 6월 26일 한·독 정부는 '유자격 한국 간호원 및 간호보조원 독일 병원 취업에 관한 협정 – 제1차 협정'을 체결하고 지속적인 간호요원 송출을 시작했다고 기록하고 있다(과거사정리위원회, 2008: 189).

• 제3시기 – 1970~1976년 : 1, 2차 간호협정에 의한 정부 주도

1969년 8월을 기점으로 한국 간호사들의 파독은 분수령을 맞게 된다. 1969년 한국과 독일 사이에 1차 '한·독 간호협정'이 체결되면서 한국 간호사들의 파독은 1966년부터 1969년까지의 민간과 정부 공동 주도의 파독 간호사의 형태를 뛰어넘어 본격적으로 정부가 주도하는 정부 차원으로 전환된다(대한간호협회, 2008: 12).

1970년 7월에는 해외개발공사가 앞장서서 1970년에 1,717명, 1971년에는 1,363명, 1972년에는 1,449명, 1973년에는 1,182명의 한국 간호사들이 독일에 진출하게 된다. 1974년 10월 22일에는 1970년의 협정을 수정, 보강하여 제2차 협정을 맺음으로써 지속적인 취업의 계기를 마련했다. 한편 제2차 협정에서는 간호요원 파독 수를 독일의 수요와 한국의 공급에 따라 결정되도록 규정했다. 이 규정에 따라 1975년부터 1976년까지는 오히려 파견 수가 1차 협정에 비해 현저히 줄어들었다. 1974년의 1,206명에 비해 1975년과 1976년까지 총 521명에 불과했다. 그럼에도 파독 간호사 제3시기인 1970년대는 그 수가 자그마치 7,438명에 이르게 된다(과거사정리위원회, 2008: 193).

파독 간호사 제2시기(1966년~1969년)의 고용계약서(근무계약서)는 민간 주도로 이수길이 깊이 관여해 작성한 계약서라면, 파독 간호사 제3시기(1970년~1976년까지)는 정부 주도의 파독 간호사 시기로 이때에는 '한·독간호협정'의 표준 고용계약서에 의해 파독 간호사의 임금이 다시 체결된다. 예를 들면 파독 간호사의 월 최저 임금은 761마르크(인구 10만 이하의 도시 근무), 792마르크(인구 10만 이상 대도시 근무. 베를린은 지역적 특성으로 지역수당이 100마르크)였으며, 결혼수당 60마르크, 자녀수당이 1인당 88마르크였다(대한간호협회, 2008: 14). 1969년 한국 간호사들이 대규모로 독일로 파견된 이 협정은 양국이 간호사 고용 문제에 관한 정식 협약이었다. 이는 1955년 독일이 주변 몇몇 국가들과 정식 협약을 통해 해외 노동력을 받아들였던 형식과 같은 것으로 독일의 '외국인 고용 정책'을 공식적으로 적용한 셈이다(나혜심, 2009: 266).

그러나 독일은 한국과의 이러한 형태의 해외 노동력을 유입하는 정책을 1976년까지만 실행했기 때문에, 그 후 더 이상 공식적으로 양국이 합의하에 한국의 근로자들을 독일로 취업시키는 일은 발생하지 않게 되었다. 그리고 1977년부터는 서독 정부의 '외국 신규 근로자 고용 전면 금지 조치'로 파독은 더 이상 진행되지 않았다. 대신 개인 차원에서의 한국 국민의 독일 취업은 간간히 실행되기는 했다. 결과적으로 1966년부터 시작된 한국 간호사들의 파독은 1976년까지 약 1만여 명을 상회할 정도로 대단했다. 1960~1970년대 한국의 국가적 최대 관심이 경제개발이었다면, 한국 젊은 이들의 관심은 빈곤과 가난한 조국으로부터 벗어나는 일이었기에 파독 간호사는 한국의 젊은 여성들에게 폭발적인 관심을 받을 수 있었다. 이 때문에 파독 간호사는 국가와 개인 모두에게 좋은 기회였던 것이다.

파견 생활

파독 광부도 마찬가지이지만 파독 간호사도 자신들의 이주노동에 대해 긍정적인 기억과 피해자로서의 기억이 공존한다. 독일에서는 한국에서의 노동자들에 대한 처우에 비해 우대를 받기도 했으며, 존재를 인정받고 높은 월급을 받음으로써 파독 간호사들에게 독일은 '기회의 땅'이었다. 그럼에도 현실에서 육체적·정신적 '어려운 일'들을 버텨야 하는 것에는 다름이 없었다.

생계를 도와야겠다는 생각과 독일에서의 꿈을 가지고 파독을 지원했던 최영숙(1966년 파독 간호사)은 처음 베를린으로 왔을 때를 회고했다.

> "처음에 와서는 힘들었죠. 독일어도 안 되고, 우리 병원에는 정식 통역도 없었고, 그냥 독일 목사님의 부인이 한국 분이었는데 그분이 가끔 통역해 주곤 했죠. 사실은 언어 때문에 힘들었어요. … 많은 간호사가 언어 때문에 청소도 하고, 저는 결핵 병원에서 근무했는데 처치실 간호사니까 주사 놓는 처치실에 배치되고, 간호조무사는 몇 주간 교육을 받고 왔기 때문에 밖에 검사실 간다든지, 힘든 일이 많았죠."(최영숙 인터뷰, 2016)

독일에 도착해서 초기에는 많은 간호사가 의사소통이 안 되어 청소와 궂은일로 힘들었다는 회고들이 많았다. 이 부분에 대하여 최영숙은 독일 의료 시스템, 즉 간호학에 대한 시스템이 한국과 다르다는 것을 지적했다.

> "한국에서의 간호사들은 의료를 거의 의사와 비슷하게 일을 했기 때문에 의료 전문 지식이 많아서 문제가 없었는데, 간호학이 힘들었어요. 독일 간호학은 총체 간호학, 한국에서 하는 의사 어시스턴트가 아니에요. 한국은 가족이 입원하면 자기 가족이 와서 힘들지만 돌봐야 하는데 독일은 오히려 시스템이 좋을 수도 있죠. 독일은 총체 간호학, 이게 기초 간호학이기 때문이죠. 그런데 한국은 이걸 아예 빼먹고 병원에서도 시키지 않으니까, 간호사들이 기초 간호학은 없는 것으로 취급하는 거예요[9]. 기초 간호학이 간호학에서 중요한 부분을 차지하는데, 한국에서는 안 했는데 여기서 기초 간호학을 하니까 꼭 우리를 무시해서 그런 일을 시키는구나 생각했던 거죠. 그러한 우리의 무지로 인해 많이 힘들었죠. 그리고 한국 간호사들은 언어 때문에 자기가 원하는 곳에 배치되기가 어려웠죠. 그래서 한국 간호사들이 맡은 임무는 청소하거나, 청소부 수준의 일이었기에 불만이 많았죠. 우리가 왜 청소하러 독일에 왔나 하는 생각들."(최영숙 인터뷰, 2016)

최영숙은 해외개발공사에서 6주간 사전 교육을 하면서 독일어와 소양 교육, 반공 교육만 하고, 독일에 대한 사회 문화적 정보나 간호 시스템에 대한 정보가 없었음을 지적하며 한국 정부의 준비에 대한 불만도 곁들였다. 한

---

9) 최영숙은 당시 한국 병원 노조에서 와서 1년 인턴으로 지내던 사람을 통해 한국도 보호자 없는 병원을 시작하기 위해 준비하며, 모범 케이스 시작도 하고 있다고 기억한다. 실제 보호자 없는 병원에 대한 기고가 있었는데, 천성혜 간호사(서울대병원 응급실 근무)는 1991년 9월 4일 《한겨레신문》에 '보호자를 대신할 병원 인력이 절실'하다며, 병원마다 간호 인력을 충분히 확보해 환자 보호자는 환자에게 정서적인 위안을 주는 역할 정도만을 맡고, 치료와 관련한 일들은 병원에서 도맡아야 한다는 논설을 게재했다.

국 간호사들이 독일에 와서는 간호 교육을 정식으로 받은 간호사나 속성 코스로 된 간호보조원이나 학생이나, 한국에서 '간호일'로 여겨지는 일과는 다른 일을 했다는 것이다.

그 '다른 일'이란 병원 내 청소, 환자 용변 처리 도와주기, 씻기기, 이동 도와주기, 식사 나르기, 약 먹이기 등의 소위 간병인의 역할에서부터 검사 돕기, 수치 관리하기, 주사 놓기, 의사 회진 동행 등 전문적인 일까지 포함되었다. 게다가 식사 준비를 돕기위해 병원에서 일하는 수녀를 거드는 일까지 맡아야 했다. 언어 소통이 어려운 간호사는 1년 넘게 청소만 했다는 증언도 있다. 이렇게 병원 이외에 요양원, 양로원, 호스피스에서 일을 했는데, 독특한 경우는 공동체간호사(Gemeindeschwester)[10]의 일도 했다(나혜심, 2009: 122-124). 실제로 이들의 육체노동서비스는 오해하기 쉬운 부분이 있으며, 그런데도 실질적인 어려움은 분명했다.

1970년 3월에 파독 간호사로 27년간 일하다가 은퇴하고, 그때부터 지금까지 독일 보훔에서만 46년을 정착해 살아온 자칭 '보훔 원로 시민'이라고 부르는 김미순은 병원 근무할 때를 다음과 같이 회고했다.

> "나는 중환자실에서 일을 해서 그런지 노인을 보면 어머니 생각부터 났어요. 남자 노인을 보면 아버지 생각이 났고요. 내가 우리 부모께 그렇게 효도했으면 효녀상을 받았을 거예요. 그 정도로 감정 다 누그리고, 어떤 때는 정말 약이 올랐을 정도예요. 외국인이라고 놀릴 때도 있었어요. 심난하게 만드는 사람도 많았습니다."(김미순 인터뷰, 2016)

---

10) 독일에서 전통적으로 종교 기관에 소속되어 공동체 내의 환자들이나 노인들을 돌보는 일을 하는 사람들로, 병원에 있지 않지만 의료상의 도움이 필요하거나 돌볼 사람이 없는 사람들을 위해 순회하는 간호 인력이다.

아래 표는 산부인과 수술 환자 병동 간호사의 일과와 외과 수술 환자 입원실 간호사의 일과이다.

파독 간호사 일일 근무 일정
(이수길, 2007: 53-54 내용으로 표 재구성)

산부인과, 산욕기 및 가벼운 수술 환자 병동 간호사		외과 수술 환자 입원실 간호사	
시간	업무	시간	업무
07:00-07:30	침상 정리 및 국부처치	07:00-08:00	침상 정리
07:30-07:45	얼음찜질 및 시험용 배뇨	08:00-08:30	시험실에 보낼 혈액채취, 혈침
07:45-08:00	아침 처방약 투약	08:30-09:30	간호사 아침식사
08:00-08:15	환자 아침식사 준비	09:30-10:30	정맥주사 준비 및 근육주사 처치 얼음찜질 주머니 마련
08:20-09:20	간호사 아침식사	10:30-12:00	수술환자 회복기에 전신욕, 좌욕 국부처치 및 주사 부위&다리 마사지
09:30-10:20	주사 및 다리 마사지 (알코올,연고)	12:00-12:30	환자 점심식사 준비
10:20-11:10	혈압 측정 및 기록	13:00	점심 체온 측정
11:40-12:00	낮 처방약 투약	13:00-16:00	휴식
12:00-16:00	휴식	16:00	침상 정리, 수술 환자 시 침상 정리 대신 환자의 일반상태 확인
16:00-18:00	재 얼음찜질 및 알코올 마사지 오후 주사처리 및 밤 처방약 투약	17:00	수술 환자 일반상태 및 정맥주사 준비 맥박과 체온 측정
18:00-18:30	환자 저녁 준비	17:30	저녁 식사 마련
19:00-20:00	국부처리 등 마무리, 퇴근	18:00	의사의 회진과 진찰에 조력
		19:00-20:00	변비약과 수면제를 원하는 환자에게 약품 투여
		20:00	퇴근
휴일	주1회 - 하루 반	휴일	주1회 - 하루 반 월 2주 일요일에 한해서 휴일
월급	본봉 820 마르크 순수입 602 마르크 - 25세 미혼	월급	본봉 1,020 마르크 순수입 708 마르크 - 32세, 13년 경력 - 기혼, 한국에 딸 있음
기숙사	1층 전체 한국 간호사 전용(20명)	기숙사	한층 전체 한국 간호사 전용(15명)
		어학	주 2회 (2일 4시간) 독어공부

빽빽한 일정의 근무 시간표이다. 이런 일과는 다른 파독 간호사들도 크게 다르지 않았다. 약간의 시간적 차이는 있지만 침상 정리, 채혈, 식

사 준비, 체온 측정, 약품 투여 등 일과의 연속이었다. 근무 시간은 1969년 제1차 간호협정 개정에는 주 46시간이었으나, 이후 1974년까지는 주 42시간, 1975년부터는 주 40시간으로 줄었다. 1주에 7일 근무하면 2주째는 5일 근무하며, 격주제로 주말에 2일 휴일을 가졌다(과거사정리위원회, 2008: 210). 그리고 〈파독 간호사 일일 근무 일정〉 표에서 보듯이 아침 7시에 시작하여 밤 8시까지 휴식 시간을 제하고 약 9시간 근무를 했다. 이때 점심시간을 기점으로 약 3~4시간에 걸친 긴 휴식 시간을 가지게 되는데, 이에 대해 신길순[11]은 이 휴식 시간을 독일에서는 미탁파우제(Mittags-pause)라고 하여 낮잠을 자든 무엇을 하든 꼭 쉬어야 하는 시간이었다고 회고했다(김원 2011: 160).

파독 간호사(이주여성들)를 위한 '사회복지사 제도'는 독일 고용주 측이나 한국 정부, 어떤 기구에서도 이주자들의 적응과 발생하는 문제를 해결할 수 있는 제도가 갖춰지지 않은 상황에서 1960년대 후반에 시작된 민간 제도 중 하나이다. 이 제도는 종교 단체나, 재독한인회 조직, 한독친목회 등에서 이주자들의 문제를 고민하는 모임과 활동이 진행될 때 종교적 기반 위에서 만들어졌다(나혜심, 2014b: 56-57).

노동자들은 근무처에서 불만과 요구가 있어도 언어의 장벽 때문에 정확하게 전달하지 못하거나, 중개자나 지인들을 거쳐 개별적으로 표출해야 하는 방법이 대부분이었다. 이런 상황에서 법적 저촉 문제를 감독하는 종교 기관들을 통해 그래도 이들 노동자들의 문제를 해결할 수 있었다(나혜심, 2016: 196).

1969년 파독 간호사였던 강정희는 당시 200명의 간호사들과 함께 난생처음 김포공항에서 비행기를 타고 독일에 가서, 독일 병원에 파견되어 가장 처음 발견한 것은 독일 병원에 너무나도 많은 장애인을 보고 당황했다고

---

11) 1968년 12월 파독 간호사 파견(서독 슈투트가르트 뵈브링엔).

한다. 당시 독일은 1960년대 탈리도마이드(Thalidomide)[12] 약물 부작용으로 인해 기형아들이 많이 태어났기 때문이라고 한다.

또한 강정희가 증언하는 파독 간호사로서 독일 병원에서 처음 근무했던 형태는 한국에서 정식 간호사로서 자존심을 가지고 당당하게 일했던 것과는 달리, 독일 병원에서는 보조 간호사나 정식 간호사의 차이가 크지 않았다는 것이다. 또한 독일 간호학은 일찍이 미국의 영향을 받은 한국 간호학에 비해 훨씬 뒤떨어져 있었음에도 불구하고, 독일 사회는 한국 간호사들이 일자리가 없어 독일로 와 일하는 줄로 알고 있었다는 것이다. 강정희는 한국 병원에서 간호사로 일할 때 정식 간호사가 하지 않았던 병원의 청소까지 해야 하는 상황을 처음에는 받아들이기 쉽지 않았다고 말한다. 더 나아가 독일어의 어려움과 텃세 또한 감당하기 쉽지 않았다고 토로한다(강정희, 2013: 37-38). 이것이 파독 간호사들이 독일에서 처음 겪었던 생생한 증언이다.

> "내가 청소부인지 간호사인지 헷갈렸다. 내가 의료 기구를 들고 돌아다녔던 한국 병원 생활을 생각한다. 내가 독일 병원에 지원했을 때, 나는 발전한 의료 기술을 생각했고 내 지식을 심화시킬 것을 기대했다. 그것이 헛구상이었음이 증명되었다."(Yoo do-Jin; 나혜심, 2009: 270 재인용)

이처럼 당시 초기 파독 간호사들이 맡은 독일 현지 병원에서의 일은 마치 간병인을 연상시키는 단순한 업무였다(윤용선, 2014: 435).

파독 간호사들의 독일 병원 업무에 대한 논란이 없었던 것은 아니다.

---

12) 탈리도마이드(Thalidomide)는 진정 수면제 약품으로, 독일에서 '콘테간(contergan)'이라는 제품명으로 판매되었다. 1950년대 말부터 1960년대 초 유럽을 중심으로 탈리도마이드를 복용한 임산부들에게서 팔과 다리가 기형인 아이들이 많이 태어났는데, 팔다리가 아주 없는 경우부터 형성 장애 등 아주 다양한 장애 유형이 나타났다.

이는 한국과 독일 양국 사이에 간호사에 대한 생각이 달랐던 점에 기인한다. 미국의 영향으로 당시 한국 간호사는 한국 사회에서 나름대로 인정받는 여성의 직업군에 속했다. 그러나 독일을 비롯한 유럽에서의 간호사는 역사적으로 종교적인 선행과 빈곤 구제와 관련되어 있었고, 19세기 말에 이르기까지 간호사는 전문직업인이라기보다는 하인 계층의 일이었다는 점이 문제였다. 그래서 파독 간호사들이 독일 병원에서 시체 닦는 일을 했다는 소문[13]으로 인해 이후까지도 한국 사회에서 이를 해명해야 하는 어려움을 겪었다고 증언하는 간호사들이 있다. 이러한 소문은 파독 간호사들의 일이 그만큼 고된 일이었다는 것이며, 보다 정확하게 말하자면 파독 간호사들의 업무가 실상 간병 일에 가까웠기 때문이다(정성화 엮음, 2014: 21).

그럼에도 불구하고 파독 간호사들이 독일에서 처음부터 만족했던 것은 그들이 받게 된 월급 때문이었다고 한다. 독일에서의 생활은 모든 면에서 쉽지 않았지만, 그럼에도 불구하고 월급을 받는 날은 모든 파독 간호사가 한 달 동안 겪었던 수모와 어려움을 씻어낼 수 있을 정도였다. 그들이 당시 한국의 장관들이 받는 정도의 월급을 독일에서 받았기 때문이다. 강정희를 비롯한 대부분의 파독 간호사들은 빠듯한 생활비만 남기고 대체로 대부분의 돈을 한국으로 송금했다고 한다(강정희, 2013: 47).

1966년 초창기 독일에 들어온 간호사들의 고충은 병원 근무뿐만 아니라 생활 전반에 적응하기 쉽지 않았다는 점이다. 그러나 독일 지역별 병원마다 한국 간호사들이 많아지면서 독일 도착 후 도움을 받기도 했으며, 1970년대 파독 간호사들은 한국에서 해외개발공사 교육을 받을 때부터 귀국한

---

13) 재독한국여성모임에서 발간한 《독일이주여성의 삶, 그 현대사의 기록》의 저자들 중 박-포르나콘 정자(Park-Fornacon, Jung-Ja)는 자신의 파독 생활 중 실제 시신을 씻는 일을 기록했는데, 이 부분이 크게 확대된 것이 아닌가 생각된다.

간호사들의 도움을 받기도 했다. 1974년 8월 도르트문트(Dortmund) 시립병원에서 근무했던 조선희의 말이다.

> "해외개발공사에 신청하고 교육받는 동안에 독일에 다녀오신 간호사 출신 분들이 독일어를 아주 잘 가르쳐주셨어요. 실제 병원 생활, 독일 생활까지 전반적으로 많은 것을 배웠죠. 저는 8월에 도르트문트 시립병원에 왔는데, 와서 보니까 1966년도부터 와 계신 분들이 60여 명 가까이 있었던 것 같아요. 상당히 많이 있었거든요. 그 병원에 한국 간호사 인식이 좋았고 그래서 호응도 좋았고 … 성실하게 잘했으니까요."(조선희 인터뷰, 2016)

체류권 투쟁 – 노동자 '되기'와 여성 '되기'

국제적 고용 관계에서 이주노동자들이 공동의 연대 행동을 만들어 가기에는 쉽지 않았다. 유도진의 연구에 따르면 1975년 당시 독일에 근무하던 간호 여성들을 대상으로 하는 설문조사에서 근무 여건에 대한 만족도를 조사한 중에, 1~3년 사이의 파독 간호사들은 병원의 일, 근무 조건 등에 대해 불만족을 표현했다(나혜심, 2016: 196). 그럼에도 불구하고 한국 이주 여성들이 초기에는 불만 표출이나 권리 찾기를 하지 못했다. 여러 가지 불만과 어려움에 대한 호소가 아주 없었던 것은 아니다. 대부분 개인적으로 일을 멈추고 운다거나, 소수의 인원이지만 병원 근무를 하지 않는 등, 일종의 파업 정도였다. 그러나 무엇보다 이들이 개인적 고통을 견딜 수 있었던 것은 3년이라는 계약 기간과 그 뒤에 귀국할 수 있다는 희망 때문이었다.

그러다가 시간이 지나면서 파독 간호사들은 간호 여성들의 상황에 대한 정확한 판단과 여성 노동자로서의 자각 과정을 거치면서 달라지기 시작했다. 이들이 의식을 공유하고 문제 해결 의지를 가지며 노동자로서 권리를 주장하는 행동을 했던 것이 바로 '체류권 투쟁'이었다. 독일병원협회와 해외개발공사가 1차 협정을 맺을 때 취업 기한은 1974년까지였고, 독일의 경기침체와 실업률 상승으로 1973년 외국인 노동자 모집이 중지되고 외국인 간호사 모집 또한 중단되는 위기에 있었다. 그러나 독일은 지역에 따라 여전히 간호 인력이 부족하자 독일병원협회 사무총장 뮐러 박사는 연방노동부 장관에게 외국인 간호 인력 고용 프로그램이 몇 년 더 지속되어야 한다는 전보를 보냈다. 그래서 1976년까지 한국 여성들의 고용은 더 지속되었다.

그러나 1977년 독일 고용 정책이 변화하면서 한국 간호사들 중 남부 독일에 고용된 이들 중에서 일부가 부당 해고되어 귀국해야 하는 사태가 벌어졌다. 그러자 한국 여성들은 베를린의 한인교회와 연대하고 '인권문제연구회'를 결성하여 베를린대학 내에 있는 한국인 개신교 모임과 협력해 설문조사와 서명을 받았다. 이때 약 11,000건의 서명을 받았고, 독일 언론이 이들의 문제에 대해 보도하기 시작했다. 결국 이 문제는 독일연방의회 회의 안건으로 상정되었다(나혜심, 2016: 198-199). 당시 체류권 투쟁에 앞장섰던 한독문화협회 회장 최영숙의 말이다.

"오일 쇼크로 경제 불황이 다가오니까 취직할 자리가 부족해지는 거예요. 그러니까 독일 간호사들을 취업시켜야 하니까 제일 먼저 걸리는 게 외국인 간호사들이었어요. 그래서 외국인 간호사들을 송환시키기 시작한 거예요. 그 전까지만 해도 '무기한 체류 허가' 연장도 받고 했는데 … 그때 뮌헨에서 17명의 한국 간호사들이 재계약이 안 된 거예요. 그래서 제가 속해 있던 재독한국여성모임(창립 전 임시모임)에서 '우리는 상품이 아니다. 당신들이 필요할 때 데리고 와서 필요 없으면 보내는 상품이 아니다. 우리는 인간이다'라고 서명 운동을 했어요. 독일 한인교회와 재독여성모임이 시작을 한 거예요. 여기 독일 법이 1만 명의 서명이 모이면 의회 안건으로 채택이 돼요. 그래서 11,700명인가? 서명을 받았어요. 병원 앞에 가서 서명을 받으면 무조건 다 서명을 해주는 거예요. '한국 간호사들 돌아가길 바라냐?'라고 하면 아니라고 하고… 그리고 1978년에 종교단체, 언론 단체 후원을 받아서 세미나를 개최해서 요구 사항을 발표했어요. '5년 이상 일한 사람은 무기한 체류 허가증을 달라. 그리고 8년 이상 된 사람은 영주권을 달라.' … 그때 간호사를 배우자로 둔 광부도 체류 허가가 나온 거예요. 그게 통과되니까 우리가 진짜 뭉쳐서 뭔가 하면 성공할 수 있다는 하나의 교훈을 얻었고, 그다음은 우리가 한국에 있으면 '백의의 천사'라고 해서 환상을 불러일으키잖아요. 우리는 노동자가 아니고 백의의 천사라는 의식, 또는 무의식… 그런데 이런 걸 하다 보니까 제 자신은 어떤 인식을 갖게 되냐면, '나도 노동자다'라는 인식을 갖게 되었어요. 굉장히 귀중한 의식을 갖게 된 거죠."(최영숙 인터뷰, 2016)

마침내 1978년 3월 주정부는 비공식적으로 한인 여성들의 재계약을 보장하고 독일 거주 허가증을 발급하기로 했다. 이렇게 강제 귀국 조치는 철회되고 간호사들이 요구한 5년 이상 근무한 간호사는 무기한 체류 허가를, 8년 이상 근무한 사람에게는 영주권이 주어지게 되었다. 이후 외국인법 시행령 개정으로 5년 이상 계속 체류하고 세금을 충실하게 납부한 경우 무기한 체류 연장이 가능했는데, 무기한 체류 연장을 받은 상태에서 다시 5년에서 10년이 지나면 독일 시민권을 취득할 수 있도록 했다.

같은 해 4월 독일 가톨릭 소속의 카리타스 중앙회는 외국인 고용 여성들이 처한 법적 상황의 불리함에 대해 비판했다. 즉 독일의 노동력 부족에 인해 환영받던 이들은 이제 귀국을 종용받는 상황이며 현재 단기 체류 허가로 연명하는 상황에 대해 문제 제기를 한 것이다. 외국인 노동력이 그동안 독일 사회에 끼친 기여도에 대한 언론의 이 같은 지지는 결국 한국 여성들의 권리 찾기 운동의 성공을 가져온 것이라 하겠다. 따라서 체류권 투쟁은 한국 여성 노동자들이 스스로 진로를 결정한 의미 있는 운동으로 평가받고 있다(나혜심, 2016: 199-200). 체류 연장에 대한 결과를 한국 언론에서도 다루었다.

파독 간호원 고용 기간 만료 후 취업, 체류 연장 가능

서독, 특별 고려 약속

보사부는 29일 독일연방정부 및 주(州) 정부로부터 재독 한국 간호원들의 고용 계약 기간 만료 후에도 계속 취업하거나, 또는 타 업종으로 전환하기 위하여 독일 체류 연장 신청을 낼 경우 호의적으로 특별 고려해 주기로 약속받았다고 밝혔다. 이날 보사부는 그동안 한국 정부의 요청에 따라 독일병원협회 측이 인도적 견지에서 꾸준하게 독일 정부 측과 협의 · 교섭한 결과, 이 같은 확약을 받았다고 밝혔는데, 현재 독일에는 간호원 3천5백 명, 간호보조원 1백 명 등 5천6백 명이 파견되어 있다(매일경제, 1978.8.29.).

체류권 투쟁을 비롯해 이주노동 기간에는 심리적인 어려움 외에도 독일 사회에서 안정성을 확보하는 일은 쉽지 않았다. 그런데 당시 파독 간호사들의 어려움을 해결해 줄 한국 정부의 어떤 제도적 방안은 없었다. 한 · 독간호협정은 1969년에 맺었다 하더라도, 광부협정은 이미 처음부터 공적인 이주었다. 그럼에도 파독 노동자들의 파견 생활의 어려움에 대해서 한국 정부는 무관심한 채, 체류로 인해 줄어드는 외화 송금액 대책을 세우는 일에 집중한 것이다. 광부들의 경우에는 노무관이 파견되기는 했지만, 실제 노무관들은 광부들의 불만과 쟁의를 진정시키기 위한 역할일 뿐 문제를 해결해 주는 역할은 아니었던 것이다. 노무관이 중재자로 나설 만큼의 독일 노동자들의 문제에 대해 한국 정부가 모를 리가 없었다(나혜심; 노명환 외, 2014: 281-282). 그러나 독일에서의 이주와 정착 과정에서의 관리는 없었고, 오히려 파독 노동자들 개인들이 나서서 서로 도울 수밖에 없었다.

'이주자'이면서 '노동자' 그리고 '여성'으로서 파독 간호사들은 한국의 전통적 가족제도에서 시작된 '누구의 부인', '누구의 엄마'로 불렸던 사회적 지위가 체류권 투쟁을 계기로 자율성이 확보된 '여성-되기'의 지위를 찾았다. 즉, 끊임없이 새로운 집합체를 구성하는 투쟁의 과정을 통해 파독 간호사들은 한인 공동체의 형성과 민주적 조직화에 주도권을 가질 수 있는 기초가 되었던 것이다. 이주 여성 노동자로서 권리 투쟁의 승리를 얻어낸 한인 여성들은 독일 사회에서 이주노동자로서의 권리를 스스로 실현할 주체자임을 자각하게 되었다. 체류권 투쟁과 서명 운동 참여는 재독 한인 여성의 집단성을 공유하게 되었으며 '스스로를 정치화하고 해방시키는 의식화 과정'으로 평가되었다.

파독 간호사를 비롯한 재독 한인 여성들의 체류권 투쟁의 과정에서 다음의 의미를 찾을 수 있다.

첫째, 유학생과 노동자들이 결합하여 사회문제에 대한 이해와 토론, 여성주의적 실천을 주 활동으로 했다는 데 의미가 있다. 이는 이주 여성들의 친목 모임의 틀을 넘어선 것이다. 어느 특정 계급의 '위계'로 생기는 관행을 넘어선 '정치의 장'이 되었다. 둘째, 다양한 차원의 연대 투쟁이었다는 데 의미가 있다. 재독 한인 여성 모임들의 자발적 연대를 시작으로 각 지역의 한인 단체, 종교 단체, 인권 단체 등이 연대하면서 독일 시민들의 참여까지 이끌어냈다. 셋째, 체류권 투쟁을 위한 서명 운동은 전국적 차원에서 진행된 것으로 재독 여성 모임의 서명 활동에 선례를 제공했다는 데 의미가 있다. 넷째, 이주 여성들의 불안정한 신분에서 벗어나 정착민이라는 독일 시민사회 일원으로서 제도적 개선과 토대를 마련했다. 다섯째, 체류권 투쟁은 특정한 사건이었으나 이를 바탕으로 재독한국여성모임은 지속적인 단체 행동과 광범위한 의식화와 연대를 통해 정치적 공간을 마련했다. 여섯째, 재독 1세대 한인 여성들의 공감, 즉 같은 세대의 생애과정으로서 스스로 환경을 변화시킨 것에 대한 압축적 경험이 새로운 정착민의 삶을 만들어가는 데 동력이 되었다. 일곱째, 재독 여성들의 체류권 투쟁과 사회 참여 활동은 국경을 넘어 연대하는 정치적 잠재력을 보여주었다. 독일 사회의 소수자로서 '이주민', '노동자', '여성'의 위치는 한국 사회의 전통적 여성의 지위로서 정치의 대상이 아닌 '주체자'의 가능성을 시사했다(이희영, 2018: 277-281).

이러한 측면에서 재독 한인 여성들의 활동은 기존의 고정관념과 같은 가부장제적 '여성의 삶'으로부터 벗어나 주체적인 여성으로 성장해 가는 과정이었으며, 특히 독일과 한국의 여성 운동, 사회 운동의 연대 활동은 소외된 이방인의 삶이 아닌 두 세계를 구성해 나가는 과정이었다. 또한 이주국이라는 다수자의 기준에 의한 적응 담론, 예를 들어 통합·동화 등의 요구는 재성찰되어야 함도 재고할 필요가 있다(양영자, 2016: 157-158, 162).

파독 광부

* * *

파독 준비 시기부터 1963년 한·독 '제1차 광부협정'까지

한국에서 독일로 광부를 보내기 시작한 것은 1963년 12월이지만, 이미 1950년대 후반부터 준비 작업을 해오고 있었다. 당시 한국 국민의 독일 진출은 소수의 유학생들과 독일이 필요로 하는 고급 인력인 의사나 과학자들 몇 명 정도에 불과했으며, 한국과 독일 양국 간의 교역은 미미한 상태였다.

그런데 한국 정부가 미국대외원조단(USOM)[14]을 통해 1957년부터 일본 광부들이 2년 조건으로 독일에 파견되어 교육받으면서 광부로 일했다는 사실을 알게 되면서, 우리 정부도 독일 파견을 적극적으로 추진하기 시작했던 것이다. 이에 한국 정부는 광부 파견에 앞서 먼저 독일 측과 민간 자본 도입을 위한 정부 차원의 작업을 시작했고, 그 결과 1958년 독일 루드비히 에르하르트 서독 경제상이 방한하면서 기술 원조 및 장기 차관에 대한 협의가 이

---

14) 미국대외원조단(USOM)은 1950년대 말 경제위기에 처하면서 제3세계 관리에 어려움을 당한 미국 정부를 위해 중요한 역할을 담당했다. 즉 USOM은 아시아에서 동맹을 강화하면서도 한국의 지원 문제를 해결할 방법으로 일본과 서독이 일정 역할을 떠맡아 줄 것을 타진하게 된다(정흥모, 2013: 45).

루어지게 되었다.

민간자본도입협의 23일 〈에〉 서독 경제상 내한

루드비히 에르하르트 서독 경제상을 수반으로 하고 공식 수행원 팔명과 비공식 수행원 십팔명으로 구성된 서독 경제사절단 일행은 금 이십삼일 상오 열시 반 김포공항 착 공로 한국 내한할 예정에 있는데, 정부에서는 동 사절단의 내한에 앞서 이와 협의할 각종 자료를 작성 중에 있는데 정부는 에르하르트 씨와 협상을 통하여 앞으로 삼년 내지 오년간에 걸친 약 육백만불의 기술 원조를 요청하는 동시에 장기 차관에 대한 한국 측 희망 및 외자도입법에 의한 서독 민간자본의 도입 등을 협의할 예정이라고 한다. 이십이일 관계소식통이 전하는 바에 의하면 이러한 한국 측 요청은 이십사일 상오 열시부터 중앙청회의실에서 개최되는 조외무, 구상공, 김재무, 정농림 등 각 장관과 〈에르하르트〉 경제상과의 회합에서 협의될 것이라고 하는데 부흥부·상공부 등 관계부에서 작성한 자료에 의하면 한국 측이 희망하는 기술 원조 및 수출 희망 품목 등은 다음과 같다.
일. 기술원조 = 앞으로 3~5개년 간에 걸쳐 595만불, 중앙기술원 430만 불, 기계장비 300만불, 기술자초청 80만불, 훈련을 위한 기술자파견 50 만불, 기술교환교수 85만불, 초청 50만불, 파견 35만불, 종합기술 80만 불, 이. 장기 차관 계획에 대한 검토, 삼. 외자도입법에 의한 서독 민간자 본의 도입에 대한 협의, 사. 한국 측의 수출 희망 품목 연간 엽연초 50만 불, 한천 12만불, 과실 30만불, 견직물 28만불, 면직물 30만불, 중석 30 만불, 창연 40만불, 전기동 15만불, 유기 20만불, 나전칠기 5만불, 수공 품 20만불, 무환수출 10만불, 계 290만불 … (하략) (동아일보, 1958.10.23.).

그리고 2년 후, 1960년에는 한국 사절단이 독일을 방문하여 1,500만 불의 차관을 얻는 합의를 도출시키기까지 했다.

천오백만불 차관 얻고

서독 원조교섭사절단 27일 귀국

지난 십칠일 원조교섭의 임무를 띠고 〈본〉으로 향발하였던 서독 원조교섭사절단 일행은 이십칠일 하오 삼시 CAT 항공편으로 귀국하였다. 동사절단의 수석대표인 태완선 부흥부 정무차관은 이날 공항에서 서독 정부의 고위 관리들과의 합의에 의해 천오백만불의 화력발전소 건설을 위한 차관 획득과 오백만불의 석탄 발굴기 도입에 성공하였다고 말하였다(동아일보, 1960.12.28.).

위에서 언급한 서독과의 두 번의 합의는 이승만 정부 후반부터 장면 정부인 민주당 정부의 성과로 볼 수 있는데, 당시 미국의 경제원조가 없는 상황에서도 서독과의 교류를 추진한 원동력은 한국 정부의 경제개발 목표 때문이라고 볼 수 있다. 1950년대 후반 한국 정부는 경제개발이 최고 목표였기 때문에 이를 뒷받침할 행정체계 기구로 1958년 산업개발위원회[15]를 설립하여 1959년 3월 '경제개발3개년계획(1960~1962)'을 작성했다. 장면 정부를 대변하는 민주당 정부는 정부 차원의 경제개발 체제가 민간에 의해 체계화될 수 있도록 추진했다. 일례로 당시 국토 건설 사업이 바로 민간 협조 경

---

15) 1950년대 후반 장기적인 경제개발계획 수립을 위하여 경제계획기구에 대한 논의 중 한미합동경제위원회는 원조예산을 재원으로 하는 산업개발위원회 설치를 논했고, 1958년 4월 대통령령 제1349호로 '산업개발위원회규정'을 공포하여 산업개발위원회가 발족하게 되었다. 그러나 1961년 5·16쿠데타 이후 정부기구개편에 따라 건설부 종합계획국으로 개편되었으며 건설부 폐지 이후에는 경제기획원으로 변경 설립되었다(한국학중앙연구원 한국민족문화대백과).

제개발 사업이었다.

그러나 5·16 쿠데타 이후 박정희 정부는 국가 재건을 위한 경제개발을 목표로 국가·주도적 경제개발 계획을 세우게 된다. 따라서 국가 재건에 합하는 경제성장을 위한 모든 행정 체계는 국가 동원 체제로 바뀔 수밖에 없었던 것이다.[16] 이때 박정희 정부는 경제개발 계획 기구인 '경제기획원'을 1961년 7월 설립하고 '경제개발5개년계획'을 세웠다. 경제기획원은 '외자도입법'을 시작으로 1998년 정부조직법 개편 이후 폐지되기까지 경제개발과 국가 성장 전략에 따라 수많은 업무 조정 및 개편, 종합 조정을 담당했다.

한편 미국대외원조단은 일본이 1963년 8월 계약 만료와 함께 더는 광부 파독이 불가능하다는 사실을 알고, 한국 광부의 고용을 독일 정부에 적극 추천하게 되었다. 그러자 당시 장면 정부는 이를 기회 삼아 파독 광부를 추진하기로 한다. 장면 정부는 서둘러 대한석탄공사 사장을 독일에 파견해 1961년 4월 14일 세계 광산업자 회의에 참석하게 했다. 독일로 간 대한석탄공사 관계자들은 독일연방석탄산업회사와의 협의를 통해 독일 지멘스(Simens)사와 루르 탄광 지역에 한국 광부들을 파견한다는 각서를 체결하는 성과를 내게 된다. 그러나 박정희의 5·16 군사쿠데타로 인해 잠시 중단되고 만다.

그러나 박정희 정부는 독일과의 관계를 지속하면서 1961년 12월 13일 '대한민국 정부와 독일연방공화국 정부 간의 경제 및 기술 협조에 관한 의정서'를 독일 본에서 서명했다. 한국의 경제개발5개년계획(1962~1966)에 대한 독일의 기술 원조 및 재정 개발원조에 관한 사항이 주요 내용[17]이며 이에 대해 한국 정부는 1962년 3월 21일 국가재건최고회의의 동의를 얻어 조

---

16) 1950~1960년대 국가 행정 체계에 관해서는 이영남(서강대 박사논문, 2005)을 참조.
17) 부록 참조.

약 제94호로 공포[18]했다. 이 의정서에 의거하여 '독일 탄광기술자의 대우에 관한 협정'(1962.3.22. 발효, 조약 제95호)과 '독일 지질기술자의 대우에 관한 협정'(1962.4.27. 발효), '독일 경제고문단 설치에 관한 협정'(1963.2.14. 발효, 조약 제106호)[19]이 후속 협정으로 이루어졌다.

같은 해 1962년 5월 24일 독일 뉘른베르크(Nürnberg)의 M.A.N. 회사가 주독 한국대사관을 통해 한국 광부 500~1,000명을 고용할 의사를 밝혀오면서 한국 정부는 광부 파독을 추진하게 되었다. 또 1963년 2월 4일 서독 민간기업들이 3,000~4,000명의 한국 근로자를 고용할 의사를 전해왔으며, 같은 해 5월에는 독일 노동성에서 한국 광부 250명을 고용하겠다는 의사를 전해옴으로써 한국 정부는 1963년 6월 10일 경제기획원 주관으로 보건사회부를 주무관청으로 세우고, 광부 파독에 대한 선발과 시행을 추진하도록 종합계획을 수립하게 된다.

박정희 정부가 1963년 8월 9일 보건사회부를 통해 서울특별시장 및 각 도지사에게 파견 대상 광부 모집과 선발을 지시함으로써 광부 파견 사업이 본격화되었다. 이어 1963년 8월 13일 '독일파독광부선출위원회'를 구성하여 전국적으로 광부 모집을 하게 된다. 같은 해 12월 16일에는 한국의 노동청(한국 정부)과 독일탄광협회가 '제1차 광부협정'(한국 광부의 임시 고용계획에 관한 한·독 정부 간의 협정)을 체결함으로써 '한국 광부의 탄광 지식을 향상시켜 한국 산업에 기여'하는 것으로, 연간 1,000명의 파견 광부 수의 상한선을 정했다(과거사정리위원회, 2008: 184).

박정희 정부가 한국 광부들을 독일로 파견할 당시 한국의 상황이 박정희의 5·16쿠데타 때문에 미국과의 관계가 악화되어 있는 데다가, 국제수

18) 대한민국 외교부 외교 문서 (등록번호 1196, 생산년도 1961~1963, 조약·국제법규).
19) 위와 동일.

지 악화 및 달러의 해외 유출 등으로 미국의 국내 사정까지 어려워지자 미국은 한국에 대한 원조를 무상원조에서 유상원조로 전환했다. 1960년대 초반까지만 해도 미국은 냉전이라는 국제정치 체제하에 한국 및 제3세계 국가들의 경제적 자립을 돕기 위해 무상원조를 실시해 왔는데 그것이 중단되자, 한국을 비롯한 제3세계 대부분의 나라들은 경제적 위기에 봉착할 수밖에 없었다. 그래서 박정희 정부는 다방면으로 원조 공여자를 찾아야 했고, 그 과정을 통해 파독 광부가 진행되었던 것이다(한국파독광부총연합회, 2009: 35).

독일은 자국의 부족한 광부 노동력 확충을 위해 한국 광부들을 노동자로 받아들이는 데 별다른 거부감이 없었다. 독일은 이미 1955년부터 독일 내의 부족한 노동력을 위해 '취업협정(Gastarbeiter)'을 맺은 노동자들을 받아들여 왔다. 그 연장선에서 한국 정부와는 이런 협정을 체결하지 않은 채, 일시적으로 독일 광부 노동자로 받아들였던 것이다(이수길, 2007: 13).

파독 간호사는 초기에 민간 주도로 시작하여 차츰 정부 주도로 이관되었던 것과 달리, 광부 파독은 이렇게 처음부터 정부 주도로 이루어졌다. 1963년부터 시작된 광부 파독은 '제1차 광부협정'에 따라 1963년 12월 21일부터 1966년 7월 30일까지 2,521명이 이주했다.

그런데 1967년부터 1969년까지는 서독 석탄 산업의 내부 사정과 한국의 '동백림 사건' 영향, 그리고 광부 265명의 계약 기간 내에 무단 이탈 등의 이유로 감소, 중단되었다. 다만 한국파독광부총연합회와 재독한인글뤽아우프회의 기록에 따르면 20여 명의 소수 파독이 있었으나 정확한 경위는 알 수 없다. 그러다가 '제2차 광부협정'에 의해 1970년 2월 19일 2차 1진 253명을 시작으로 1977년까지 총 5,323명의 한국 광부들이 독일로 파견되었다. 이로써 제1차 광부협정과 제2차 광부협정을 통해 총 7,864명의 한국 광부들이 독일 광산에 취업하게 되었다.

파견 시기

• 제1시기 - 1963년 12월~1966년 7월

1957년부터 시작되었던 일본 광부들의 파독 계약 기간이 만료되어 가고, 일본 국내 사정으로 더 이상 일본 광부들의 파독이 이루어지지 않을 것이라는 사실이 알려지자 주독 한국대사관은 한국 광부들의 파독 가능성을 독일 정부에 타진하기 시작했다. 그러던 중 1962년 5월 24일 독일 뉘른베르크(Nürnberg) 소재 M.A.N 회사가 주독 한국대사관에 한국 광부 500~1,000명을 고용할 의사를 밝혀왔다. 그러자 한국 정부는 주독 한국대사관으로 하여금 1963년 2월 1일 1차로 독일연방보건성 제2국장 게테르비츠 박사와 이 문제를 토의하게 하여 광부 파독을 추진했다. 이후 한국 정부는 10여 차례에 걸쳐 독일 정부 관계자와의 논의를 거쳐 독일 노동성을 비롯해 독일 경제성, 경제협력성, 독일 외무성과의 합의에 도달하게 된다. 그리고 1963년 12월 16일 합의된 한국과 독일 양국 간의 파독 광부에 대한 협정이 '제1차 광부협정─한국 광부의 임시 고용계약에 관한 한·독 정부 간의 협정'이다(한국파독광부총연합회, 2009: 98-100).

이때 합의된 파독 광부의 취업 기간은 3년이었고, 광부 선발 조건은 20~35세인 자, 그리고 1년 이상 탄광의 갱내에서 작업한 경력이 있는 자, 그리고 독일로 출발 전 3년 기간 중 한국 탄광 직에서 휴직 상태에 있지 아니한 자가 조건이었다. 또한 파독 광부 수의 상한선은 1,000명으로 정했으며, 광부의 왕복 여비는 이 협정 제16장에 의해 특별회계 적립금으로 불입된 금액으로 충당하기로 했다. 단, 선불액은 후에 협정 제15장에 의해 특별회계에 불입된 기여금으로 충당하기로 했다. 그리고 협정 제14조에 의거해 독일 광산에 취업하는 한국 광부는 임금 및 근로 조건과 노동 보호 등에 있어서 동급의 독일 취업자와 동등한 대우를 받기로 했다(한국파독광부총연합회, 2009: 90).

이렇게 한국과 독일 정부 사이에 합의가 진행되는 중에 1963년 2월 4일에는 독일의 민간 기업들까지도 한국의 광부 3,000~4,000명을 고용하겠다는 의사를 전해왔다. 그리고 마침내 1963년 5월 11일 독일 노동성이 정식으로 한국 광부 250명을 고용하겠다는 의사를 표시해 오자 한국 정부가 파독 광부에 대한 실무에 착수했다. 1963년 6월 10일, 경제기획원 주관으로 파독 광부에 관한 실무 협의 결과, 수립되었던 당시의 종합계획은 다음과 같았다(한국파독광부총연합회, 2009: 87).

1. 보건사회부 주관의 파견 대상자 선발 계획 및 시행
2. 경제기획원 주관의 협정안 작성 및 협정의 협약 추진
3. 경제기획원 주관의 소요 예산 확보

한국 정부는 1963년 8월 13일 파독 준비를 위한 '독일파독광부선출위원회'를 구성하고 전국적으로 파독 광부를 모집하기 시작했다. 파독 지원은 급물살을 탔다.

1963년 8월 당시 《경향신문》에 서독 탄광으로 보내는 근로자 모집 공고가 실렸다.

《경향신문》 1963년 8월 12일자

330명이 지원, 서독 가는 광부 첫날에

서독 탄광으로 보내는 근로자(5백 명) 모집이 12일부터 각 시·도별로 시작, 서울시에는 이날 정오 현재 3백 30여 명이 지원해 왔다. ○ … 이 근로자 모집 기간은 12일부터 이달 말일까지이며 지원자는 보건소에서 실시하는 신체검사표와 주민등록증을 낸 후 심사위원회에 의해 서류 심사를 받게 된다. 서류 심사가 끝나면 제2차로 학술시험을 치르게 된다.

《경향신문》 1963년 8월 30일자

서독 가는 광부 5백 명, 월 50달러 이상 저축

관계 부처와 5개 채광업자 간 합의

경제기획원은 서독에 파견하는 광부 5백 명에 대하여 최소한 월50달러 이상의 강제 저축 방안을 강구 중이다. 이 조치는 29일 경제기획원 및 보사부와 석공을 비롯한 5개 채광업자들과의 연석 간담회에서 원칙적인 합의를 보았다. 이 자리에서는 또한 서독의 석탄 채굴이 한국과 달라 광부의 체력이 아주 좋아야 하며 상당 기간의 갱내 작업 경험이 있어야 한다는 등 파견 광부의 선정 기준 등을 광범위하게 논의했는데 이에 대한 구체적인 절차는 보사부에서 금명간 발표될 것으로 보인다. 그런데 내년도부터 2,3차에 걸쳐 파견될 광부들은 석공에서 최소한 1,2년간의 채광 훈련을 쌓도록 정부는 조치할 계획이라 한다. 서독 파견 광부의 보수는 월 1백62달러50센트(2만1천1백25원 상당)라고 발표되고 있지만 월급제가 아닌 도급제라고 경제기획원에서 밝히고 전기 보수는 서독 광부들의 평균 노임을 기준한 것이라고 말했다.

파독 광부 최초 모집에 전국적으로 2,895명이 지원했고, 서류 심사에 통과된 1,174명을 대상으로 학과 필기시험과 적성시험을 실시하여 375명을 선발했으며, 신체검사를 통해 최종 194명을 선발했다. 그런데 모집 인원이 독일 측이 요구하는 260~280명 선에 못 미치는 인원이어서 추가로 91명을 더 보충했고, 이들이 독일 현지에서 적응할 수 있도록 어학교육을 시키고 장성광업소에서 지하 작업 훈련을 받게 했다. 그리고 해외이주심사위원회의 심사를 거쳐 출국 수속까지 밟게 했다.

마침내 1963년 12월 21일 제1진 1차 123명, 12월 27일 2차 124명이 독일행 비행기 에어프랑스에 몸을 실었다. 파독 광부 제1진의 출발은 한국 정부의 경제기획원 행정사무관이 직접 파독 광부들을 인솔했고, 동아일보 기자가 함께 동승했으며, 이들이 최초로 도착한 곳은 독일 노르드라인-베스트팔렌(Nordrhein-Westfalen)주 정부 관할하의 루르 탄광 지대였다(한국파독광부총연합회, 2009: 88).

《파독광부 백서》는 위에서 언급한 대로 처음 파독 광부 모집에 전국적으로 2,895명이 지원해 최종 194명이 선발되었다고 기록하고 있다. 그런데 그 당시 직접 서독과의 차관 교섭을 위한 최초의 사절단이면서 상공부 장관의 특별보좌관의 신분으로 갔던 백영훈은 그의 회고록 《아우토반에 뿌린 눈물》에서 당시 파독 광부 모집에 관해 "광원 5천 명 모집에 약 4만 명이 응시해 경쟁률이 8대1이었으며 서독 파견 간호사도 2천 명 모집에 약 2만 명이 몰렸다."(백영훈, 1997: 34)라고 과장된 내용으로 기록했지만, 당시의 한국이 얼마나 일자리를 구하기 어려웠는지에 초점을 두고자 했던 것으로 보인다.

이 내용 외에도 백영훈은 그의 회고록에서 임금담보설 등을 포함해 다소 지나치거나 확인되지 않은 당시 광부들 사이에서 전해진 내용들을 여과 없이 그의 책에 기록해 파독 광부 역사에 다소 혼선을 주었는데, 이 부분은 〈독일 차관과 임금담보설 논쟁〉에서 다시 다룰 것이다.

파독 광부로 선발되려면 여러 가지 까다로운 취업 조건을 갖춰야 했다. 그래서 중간 브로커까지 개입되기도 했다. 지원자들의 신상도 다양했는데 진짜 광부부터 대학 졸업자, 퇴직 고등학교 교사, 실패한 사업가, 예비역 중령 등 고학력 신청자들이 많았다(김원, 2011: 95). 1960년대 초에는 해외 위장 취업이 이슈가 되면서 해외 취업이 전면 금지되던 시기였기 때문에 파독 광부 모집 공고는 한국에서의 경제 형편 때문에 이민을 생각하는 사람들에게 기회였다. 그러니 어떤 방법을 써서라도 합격해야 했던 것이다. 1977년 광부 김영식은 면접 때를 회상하며 "독일 면접관이 내 손을 앞뒤로 살피더니 탄가루 박힌 자국도 없는 깨끗한 손을 의심"했다고 한다. 그래서 "나는 탄광이 아니라 활석광산에서 선산부로 근무했다."라고 둘러댔다고 한다(권이종 엮음, 2013: 16).

서독 파견 광부를 지원하기 위해서는 광산에서 1년 이상 일한 경력증명서가 필요했다. 1964년 광부 김태우는 당시 대학생이었지만 서독 광부로 지원하기 위해 작은 광산에 가서 옷을 입고 "일하러, 취직하러 왔습니다." 하고 위장까지 해서 얼마간 일하다가 항장과 이야기가 잘 되어 1년 경력증명을 받아 접수했다고 한다. 1년 경력증명에 가짜가 많았다는 증언이다. 시험에 합격하면 아이큐 검사, 역사 시험, 체력 검사 등을 거치는데 어떤 경우에는 양복을 입고 오라는 요구도 있었다(정성화 엮음, 2014: 59, 146).

파독 광부 제1진 247명이 파견된 후, 1964년 6월 10일 독일은 1964
년 내에 800명의 한국 광부들을 더 파견해 달라는 요청을 해왔다. 이에 한
국 노동청은 9월 15일까지 400명, 11월 25일까지 400명 등을 파견할 수 있
다고 답했고, 1964년 10월 7일 JAL 기편으로 제1차 2진 429명의 광부를 파
견했다. 그리고 제1차 3진으로 377명을 파견했다. 당시 한국과 독일 사이
에 파독 광부에 관한 협의를 담당했던 외무부와 노동청 간의 긴밀한 연락과
국내에서의 광부 선발 업무가 잘 진행되면서 1964년에 독일이 요구한 800
명보다 많은 수인 806명을 독일 광부로 파견하게 되었다(한국파독광부총연합회,
2009: 88-89).

1964년 한국 광부들의 파독이 기대 이상으로 원활하게 이루어진 과정
에 대해 당시 한국 주재 서독의 칼 빙어(Karl Bünger) 대사는 독일 본(Bonn) 외
무부에 아래와 같이 편지(1964.10.14.)를 써 보내기도 했다(유진영, 2014: 357).

> 한국 정부는 서독으로 보내는 한국인 광부의 수를 계속 늘리려고 애쓰고
> 있다. 이 프로그램이 전체 국민에게 매우 인기가 있다.[20]

1964년 한국 광부들의 성공적인 독일 파견에 힘입어 파독 광부 제1차
4진부터는 정부가 '1965년도 독일 노동력 협력에 관한 탄광 노동자 출국 계
획'을 수립하고 세부 방침을 마련하기도 했다. 모집 인원은 1,000명으로 정

---

20) 국편/독일 코블렌츠 연방문서보관소(BA-Koblenz), Bestand 85 Band 1404.
   Beschäftigung koreanischer Bergarbeiter im westdeutschen Steinkohlenbergbau (1963~1964).
   서부 독일 탄광에서의 한국인 광산 노동자들의 고용문제에 관한 서류. pp.86-89: 독일 베를린 외무
   성 문서보관소(AA/Politisches Archiv), V6-80-55-92,93. Bd. 1510. pp.26-27 참고. (유진영, 2014:
   357 재인용).

하고 모집 방법은 공개 경쟁 모집으로 했으며, 응모 자격은 5항으로 나누어 다음과 같이 명시했다(한국파독광부총연합회, 2009: 88-89).

1. 연령 20~30세 이상의 병역을 필한 대한민국 남자
2. 중학교 1년 이상 수료자
3. 탄광 종사 경력 1년 이상인 자로 이직 후 3년이 경과하지 아니한 자
4. 해외여행에 결격 사유가 없는 자
5. 탄광 노동에 적합한 체격 기준에 달한 자

위 과정을 통해 1965년 파독 광부 인원은 1,180명으로 그 수가 상당했다. 파독이 시작된 1963년 12월부터 1965년 11월까지 2년 동안만 보아도 총 6진 2,233명이 출국하여 독일의 4개 탄광회사에 취업한 것이다. 주독 한국대사관과 독일탄광협회가 합의한 제1차 광부 송출 계획, 즉 1965년 6월 말까지 2,000명이 고용 완료되면 이후 1966년까지 제2차 광부 송출 계획으로 2,000명을 고용하기로 한 부분의 1차 추진이 완료된 것이었다. 이에 1965년 7월 8일자 《경향신문》은 다음과 같이 당시의 파독 광부 현황과 전망을 진단했다.

서독에 광부 2천 명

서독 정부의 요청에 따라 우리나라 광부 2,000명이 또 서독에서 일하게 되어 그중 1,000명이 연내에 서독으로 떠난다. 앞서 맺은 1차 고용 계약에 의한 137명의 광부가 서독으로 떠나 현재 서독 탄광에는 우리나라 광부 2,090명이 일하고 있다. 서독에는 이탈리아, 터키, 일본, 스페인 등 각국 광부 등 100만 명이 일하고 있는데 자국 경제가 성장해지자 귀국하고

있어 서독의 노동력 부족은 여전하여 우리나라 광부의 파독 전망은 낙관된다고 노동청 관계관은 말하고 있다(경향신문, 1965.7.8.).

제1시기 파독 광부(1963년 12월~1966년 7월)의 규모는 아래와 같다.

제1시기 파독 광부 수 (1963~1966년)
(한국파독광부총연합회, 2009: 101; 재독한인글뤽아우프회, 2009: 53)

진	연도	인원(명)
1	1963. 12.	247
2	1964. 10.	429
3	1964. 11.	377
4	1965. 3.	541
5	1965. ?	503
6	1965. 11	136
7	1966. 7	288
계		2,521

1차 광부협정에 따라 1963년 12월부터 시작된 한국 광부의 파독 제1시기는 대규모 해외이주노동이면서 집단 취업으로서 '해외인력진출의 개척기'(한국파독광부총연합회, 2009: 60)라고 표현하기도 한다. 한국 정부는 1965년 5월 서독에 노무관 1명을 최초로 파견하여 광부에 대한 노무 관리와 근로자 보호에 힘쓰도록 했으며, 같은 해 11월에는 '재단법인 한국해외개발공사'를 설립하여 광부 및 해외 인력 송출을 전담시킬 정도로 확장된 시기였다.

- **중단 시기 − 1967년 7월~1969년**

파독 광부 제1시기(1963년 12월~1966년 7월)와 제2시기(1970년 2월~1977년 10월) 사이인 1967년부터 1969년까지 약 2년간에 걸쳐 파독이 잠시 중단되었다. 이 시기의 파독 광부 수는 다른 시기와 현격히 차이 나는 소수 인원에 불과하다.

중단 시기 파독 광부 수 (1967~1969년)
(한국파독광부총연합회, 2009: 66 참고하여 표 재구성)

진	연도	인원(명)	소계(명)
1	1963	247	
2, 3	1964	806	2,521
4, 5, 6	1965	1,180	
7	1966	288	
8	1967	7	
9	1968	3	20
10	1969	10	

이 시기에 공식적인 파독이 중단된 이유에 대해서는 '동백림 사건'을 주요 원인으로 기록하고 있다(한국파독광부총연합회, 2009: 61; 과거사정리위원회, 2008: 185). 그러나 동백림 사건이 파독 중단의 '공식적인 이유'라고 명명하기는 어렵다. 왜냐하면 동백림 사건에 연루된 사람들이 광부·간호사를 포함하여 베를린 유학생들까지 강제 연행한 사안에 대해 한국과 서독의 정치·외교 관계에 영향은 있었으나, 양국에서 동백림 사건 때문에 직접적으로 한국 광부·간호사 파독을 일시 중단한다는 외교 보고서는 찾아보기 어렵기 때문이다.

그러나 당시 동백림 사건으로 파독 간호사들이 독일 공항까지 왔다가 되돌아갔다거나, 파독 노동자들 사이에서의 이념적 인식과 감시 등 독일 내 한인 사회 분위기에 적지 않은 영향을 미친 것은 사실이다. 1967~1969년 파독 중단에 '영향'을 미친 사안으로서 동백림 사건을 포함한 세 가지를 다음과 같이 살펴보고자 한다.

첫째는 독일연방정부의 에너지 정책 변동과 석탄 산업 내부 조절에 의한 결과가 가져온 영향이다. 1948년 시작된 서독 석탄 채광업은 1952년 석탄 채굴이 123.3백만 톤으로 증가하여 유럽 광산 국가 중에서 최고의 채굴업 국가가 되었다. 2차 세계대전 후 이 루르 광산을 보고 서독의 경제 재건의 토대가 루르 지역에 있다고 할 정도였다. 석탄 채굴은 1957년까지 지속적으로 성장했다. 그러나 그동안 철에 대한 수요의 급증과 미국의 저가 석탄을 대규모로 수입하면서 서독의 석탄 매매업자들도 미국의 석탄업자들과 장기 수입 계약을 체결하게 된다. 또한 유럽의 철강업자들이 서독의 석탄과 코크스가 아닌 제3세계로부터 수입을 증가하면서 서독의 석탄은 위기에 봉착하게 된다(정흥모, 2013: 58).

이를 해결하기 위해 서독은 1959년 제3국의 석탄에 대한 석탄 관세 부가와 수입 규모를 책정하면서 석탄의 수요와 공급을 조절하고 운영을 일원화했다. 그리고 외국 석탄과의 시장 경쟁에서 자국의 석탄 산업을 보호하고자 광산 통폐합을 시도하게 된다(과거사정리위원회, 2008: 185).

니더작센(Niedersachsen)주에서는 이미 1957년에 2개의 석탄 수직갱도를 폐쇄시켰으며, 1959년 루르와 자르(Saar) 지역의 탄광을 폐쇄하기 시작했다. 그렇게 1959년부터 1964년 사이 서독의 석탄 생산은 1억4천만 톤이 감량되었으며, 10개의 수직갱도가 문을 닫았다. 그리고 40개의 개별 광산이 20개의 대규모 광산으로 통합되었으며, 광산 개수도 1956년 175개에서 1962년 140개, 1966년 95개로 줄게 되었다. 따라서 광산의 통폐합은 광산인력의 감축으로 이어질 수밖에 없었다. 더욱이 1966~1967년에는 경기 침체로 루르 지역의 상태가 더욱 악화되면서 광산 노동자들의 인원 조절이 불가피해지자 광부들은 일자리 박탈의 두려움으로 소규모 광산 폐쇄에 대한 저항과 시위가 연속되었으며 외국인 광부의 입국을 반대하기도 했다.

이러는 사이 석유, 가스, 수입 석탄이 계속해서 들어오게 되자, 독일연방정부는 새로운 에너지 정책으로 1967년 5월 '독일 석탄 채굴의 조절과 회복에 관한 법'을 제안하면서 1968년 6월 루르 광산 지역의 통합 주식회사를 건립하여 기존의 24개 광산 협동체를 통합했다. 그러면서 서독 석탄 채굴의 75%를 담당하게 된다(정흥모, 2013: 59-60). 이러한 서독 석탄 산업의 정책 변동과 광부 인원 구조 조정이 한국 광부들의 고용에도 영향을 미치게 된 것이다.

해외 인력 진출 부진

목표에 11%나 미달, 8월 말 현재 5117명, 월 고용 통제, 서독은 탄광업 쇠퇴

올해의 해외 인력 진출이 8월말 현재 계획보다 11%나 미달이 되어 정부는 그 원인을 파악하고 앞으로의 대책을 숙의하고 있다. 30일 알려진 바에 의하면 올해의 인력 진출 목표는 9천3백명이고, 그중 8월 말까지 66%를 해외에 진출시킬 목표였는데 8월 말 현재의 실적은 5천1백17명으로 55%에 지나지 않았다. (중략) 서독은 석탄 광업의 쇠퇴로 광부 진출이 끊어졌으며 … (하략) (매일경제, 1967.9.30).

둘째는 1967년에 발생한 '동백림 사건'이다. 이 사건은 한국 정부와 서독 정부의 외교 관계에 긴장을 발생시켰다. 독일 내부에서는 동백림 사건의 파장으로 인도네시아, 그리스, 공산 국가들로부터 온 망명 인사들의 실종 사건들이 다시 부각되면서 비판 여론이 고조되었다. 게다가 서독은 주권 문제에 민감했다. 그래서 한국 정부의 '강제 연행'을 '자진 귀국'이라고 대응한 것에 대해서도 서독의 여론은 좋지 않은 반응이었다. 한국 정부가 서독과의 외교적 마찰 위험성을 감수하면서까지 연행을 진행시켰던 것에 대하여 서독은 연행당했던 한인들의 '서독 귀환'을 비롯하여 '영남화전 차관' 승인을 보류하는 등 압박 외교(김명섭, 양준석, 2013: 6, 20)로 대응했다. 서독 유학생 및 일부 파독 광부·간호사와 파독 간호사를 주선한 이수길이 연행되면서 베를린으로

파견되던 간호사들까지 되돌아가야 하는 상황이 초래되었다.

'동백림 사건'의 경위는 다음과 같다. 1967년 7월 8일 박정희 정부는 중앙정보부장 김형욱을 통해 '동백림을 거점으로 한, 북괴 대남 적화 공작단 사건'을 발표하면서 중앙정보부는 임석진의 자수와 진술을 바탕으로 작성된 서독과 프랑스 중심의 사건 관계자들을 수사, 재판하기 시작했다. 임석진이 1967년 5월 17일 홍세표[21]를 통해 박정희 대통령을 만나고, 5월 22일 김형욱 부장을 만나면서 진술하게 된 것은 앞서 국내 신문에 보도된 서독 주재 조선일보 이기양 기자의 실종 사건으로 시작되었다.

이기양 기자가 체코 프라하에서 개최된 '제5회 세계여자농구선수권대회' 취재차 입국하면서 실종된 사실을 확인하고 추적하는 가운데 행적이 확인되지 않자, 임석진은 이(李) 기자를 북한이 납치한 것으로 확신하고, 자신에게도 납치 등 위해가 가해질 것을 염려하여 불안감에 자수하게 된 것이었다. 이후 김형욱이 '동백림 사건'을 발표하기까지 국내외 관련자 40여 명을 대상으로 수사 계획을 세우고, 이어 해외 관련자 체포 연행을 위한 'GK-6717 공작 계획'을 수립하고 소환을 시작했다.

중앙정보부에서 임석진의 정보를 가지고 만든 초기 혐의자 수는 적었으나, 검찰, 경찰, 군방첩대까지 참여하는 합동수사본부가 발족하면서 사건 수사가 확대되었고, 관련자들을 소환하여 수사하는 과정에서 구타와 고문 등 가혹 행위를 가하면서 추가 명단을 확대하여, 입건자(66명), 혐의자(61명), 포섭대상자(76명) 등 무려 203명에 이르게 되었다. 한편 김형욱이 동백림 사건을 발표하면서 대규모 간첩 사건을 적발, 수사 중이라고 발표한 수는 194명이었다.

'동백림 사건'과 관련하여 서독에서 연행된 사람들[22]은 16명이었는데,

---

21) 박정희 대통령의 처조카이며, 프랑크푸르트 한국은행 주재원 시절 임석진과 개인적 친분을 쌓은 관계.

이들은 프랑스, 미국, 영국 등에서 연행된 사람들과 함께 '동백림 사건'으로 1967년 11월 9일부터 1969년 3월 31일까지 약 1년 6개월간 재판을 받았다. 이때 '민족주의비교연구회(민비연) 사건23)'도 동백림 사건을 발표하면서 민비연을 반국가단체로 규정하고, 황정모 교수를 비롯한 관련자들은 1967년 11월 16일부터 1968년 11월 26일까지 약 1년간 재판을 받았다24).

동백림 사건이 발생하면서 서독 정부와 프랑스 정부는 당국의 사전 승인 없이 진행한 한국 정부의 활동을 주권 침해 및 국제법 위반, 외교 관계에 대한 침해로 간주하고, 이에 대한 한국의 공식 해명과 비밀 기관원 즉시 소환 및 한국인 전원의 원상 회복(귀환)을 요구했다. 이에 대해 한국 정부는 독일과 프랑스 측에 사건 관계자들은 설득에 의한 자유 의사로 귀국한 것이며 정당한 경로와 수속을 취했음을 공통으로 통보했다. 또한 독일에 파견되었던 대사관원 3명(양두원 참사관, 이효석 노무관25), 최철호 대사관원26)), 프랑스로 파견된 대사관원 2명은 출국 조치하고, 7월 21일 무혐의로 이수길, 박성

---

22) 동백림 사건으로 중앙정보부에 의해 해외 혐의자로 연행된 이들은 외교부 존안문서(재판 관계 전문철-GK사건 서독 귀국자 명단)에 귀국 경위를 모두 '자진 귀국'했다고 기록되었다. 윤이상(작곡가)과 처(妻) 이수자, 최정길(기센대학), 정규명(프라크푸르트대학 연구원)과 처(妻) 강혜순, 박성옥, 김성칠, 김진택(파독 광부 3명-가스트롭 루셀탄광), 김종대(하이델베르크대학 강사), 임석훈(서백림공대), 이수길(마인츠대학병원 의사), 박성조(백림자유대학 박사), 김웅(본대학 박사과정), 피추자(파독 간호사-오펜바흐시립병원), 김택환(뮌헨대학 박사), 배준상(쾰른대학 박사과정)이다.

23) 민족주의비교연구회는 1963년 서울대 황성모 교수와 서울대 학생들을 중심으로 설립된 학술 단체로, 중앙정보부가 1965년 민비연을 간첩 단체로 몰아 처벌한 조작 사건이다.

24) 동백림 사건 최종심(재상고심) 판결은 사형 2명, 무기징역 1명, 유기징역으로 15년 2명, 10년 4명, 7년 이하 6명, 집행유예 7명, 선고유예 1명, 면제 3명이었으며, 민비연 사건 최종심(재항소심) 판결은 유기징역 2년 2명, 1년6개월 1명, 무죄 4명을 선고되었다. 그러나 1970년 광복절을 기해 사건 관계자 모두를 석방했다.

25) 이효석 노무관(주독 대사관 재임 기간 1965년 2월~1967년 7월)은 광부 2진과 함께 들어왔다. 1966년 프랑크푸르트한인회 결성 문제로 인해 이수길이 조정해 주기를 요청하면서 한인회 결성 문제를 조정해 주기도 했다. 또한 북한 선전물이 간호사들에게 전달될 때, 이수길은 이효석을 찾아가 상의한 바 있다. 그러나 동백림 사건 연루자로 이수길이 고문당할 때 모르는 척을 해서 고문이 가중되었다. 이후 이종수의 간호사 취업 알선 허락으로 이수길의 취업 알선에 오해를 사게 했다. 이효석은 동백림 사건 책임으로 노무관 자리에서 추방당했으나 귀국 이후에도 재독한인글뤽아우프회 창립 수석 고문으로 있으며, 파독 광부 기념행사에 초청받기도 했다.

조, 피추자, 김웅, 김택환은 서독으로, 한철수, 심상필, 성두영, 김석연, 윤재온은 프랑스로 출국시킴으로써 한국 정부의 외교 갈등에 문제가 없을 것을 보여주었다. 그리고 9월, 주독 대사 최덕신을 김영주(5대 주독 대사, 재임 기간 1967.9.9.~1974.3)로 교체했다.

그러나 한국 정부가 1967년 12월 13일 1심 선고 공판에서 사형, 무기 징역 등 중형을 선고하자, 서독 정부는 그간의 한국 정부의 정치적 민감성을 인식하고 이를 공감한다는 것을 전제로 '인권적 차원'에서 피고인들의 감형과 사형 선고자들의 특사를 요청했다. 이에 한국 정부는 양국 간 우애를 강조하면서도 한국의 '사법 주권'을 내세우는 전략을 취했다. 이러한 양국의 대립 축이 형성되자 서독은 동백림 사건이 발표되기 전에 맺었던 1967년 1월 '한독 투자 증진 및 상호 보호 협정' 이후부터 1969년 8월 광복절에 동백림 사건 관련자 모두를 특별 감형하기로 한 때까지 경제 부문의 교류를 진행하지 않았다. 즉 서독이 영남화전 차관[27] 승인을 연기하고 대한국제경제협의체[28]를 보이콧하며 대사 소환 조치 등 외교 관계를 전면 재고하자, 한국 정부는 영남화전 건설 5개년 계획에 차질이 생기게 되었다. 이 때문에 한국 정

---

[26] 한국대사관은 16명의 한국인 실종 사건에 관련, 지난 주서독 정부로부터 소환 요청을 받은 3명의 한국인 외교관들은 오는 19일 〈본〉을 떠나 귀국할 예정이라고 한국대사관 대변인이 16일 발표했다. 이 대변인은 귀국하는 3명의 한국인 외교관의 신원을 참사관 양두원 씨와 노무담당관 이효석 씨 및 최철호 씨라고 밝혔다(경향신문, 1967.7.17.).

[27] '1966년도 추가지불보증연차계획안(제2차분) 및 재정차관(영남화전) 협정체결에 대한 동의안'이 국회의안(제060947호)으로 6대 국회 기간인 1966년 7월 14일 제안하고 1966년 8월 26일 의결되었다가 1967년 6월 30일 임기 만료되었다(국회의안정보시스템). 동백림 사건으로 한국과 독일의 개발 프로젝트(영남화전과 낙농사업) 집행에 문제가 생기면서 동백림 사건 피고인들에 대한 한국 정부의 판결 결과 여하에 따라 프로젝트 실행 여부를 결정하겠다는 독일 정부와 긴박한 면담이 진행됐다. 독일은 독일 내 여론이 격앙되었기 때문에 집행이 어려운 사정일 뿐이라고 말했지만 실제로 1968년 4월 3일 영남화전에 관한 협정에 서명하기로 했으나, 독일 정부는 서명을 갑자기 연기했다(김명섭, 양준석, 2013: 20-22).

[28] International Economic Consultative Organization for Korea – 한국의 경제 발전을 지원하기 위하여 1966년에 설립한 국제 협의체. 총회원국은 11개국이며, 1984년에 해체되었다(Daum 어학사전).

부는 독일 차관 협정 문제로 인해 동백림 사건의 피고인들에 대한 처벌을 쉽게 결정할 수 없었던 것이다.

1968년 5월 11일 김영주 대사는 박정희 대통령과의 면담에서 "사건이 악화될 경우 독일 정부는 외교 관계까지 단절하지 않겠다고 하지만, 사실상 외교 관계는 형태적인 것으로만 남게 될 가능성"이 있는 것으로 보고했다(김명섭, 양준석, 2013: 23).

결국 한국 정부는 1969년 8월 5일 광복절을 맞아 동백림 사건 관련자 31명을 특별 감형키로 하고, 1970년 광복절에는 서독과 프랑스와의 외교 분쟁 해소 차원에서 잔형 집행까지 면제했다. 1969년 경제기획원 박충훈 장관이 독일을 방문하면서 양국 외교 관계는 정상화되기 시작하여, 서독 정부는 8천만 마르크의 재정 차관을 1970년에 지원하기로 승인하고, 1969년 6월 23일 한·독 간 경협이 재개되면서 1,750만 달러에 달하는 서독 재정 차관 조인식을 하면서 양국 관계의 정상화를 도모했다(김명섭, 양준석, 2013: 31).

《매일경제》1969년 6월 23일자

서독 재정 차관 조인, 탄전개발 등 7천만 마르크

지난 67년 동백림 간첩 사건 이래 사실상 중단 상태에 있던 한독 간의 경협이 재개되어 23일 상오 9시 7천만 마르크(1천7백50만 달러)에 달하는 서독 재정 차관 조인식이 경제기획원 회의실에서 있었다. 이날 김학렬 부총리와 〈겔〉 주한 서독 대리대사 간에 서명된 7천만 마르크의 재정 차관은 탄전 개발, 중소기업육성, 상수도 사업 및 통신망 확장을 위해 서독 정부가 지금까지 제공한 1억4천2백 마르크에 추가하여 제공되는 것이며 그 차관조건은 정부와 서독 재건은행 간의 협정에 따라 결정된다.

'동백림 사건'과 파독 광부들이 연관된 사안으로는, 중앙정보부 주관 특수공작팀(총책임자 양두원 참사관)이 혐의자들을 검거할 수 있도록 주독 대사관의 협조하에 광부 7명이 동원되었다. 태권도 유단자들도 정보 요원들을 도왔는데, 이들은 운전사 일을 전담했다. 이들은 한인 연행 과정에 가담해 도와준 것으로 독일 형무소에 구속되어 있었으며, 대사관 담당관들의 요청에 의해 협력했던 파독 광부 박민영, 안보양은 독일 수사 기관의 체포를 피해 주벨기에 한국대사관에 신변 보호를 요청하기도 했다. 이 당시 파독 간호사 신길순은 병원을 베를린으로 배치받았는데, 동백림 사건이 나서 공항까지 갔다가 되돌아왔다고 회고했다. 파독 노동자들은 독일에 가기 전 한국에서의 교육은 전부 반공 교육, 간첩에 대한 정보들이었다고 한다(김원, 2011: 168).

셋째는 파독 광부 제1시기 동안 독일에 파견되었던 한국 광부들이 독일에서 큰 물의를 일으켰던 사건이 있었다. 1967년 10월 말경에 파독 광부 265명이 집단으로 제3국으로 무단 이탈을 한 사건이다. 그들은 체류 허가가 끝나기 전에 이민을 시도해야 성공 가능성이 높다는 얘기를 듣고, 차라리 힘든 지하 채탄 작업을 그만두고 빨리 자신의 길을 가는 게 낫다고 판단했던 것이다. 이들은 브라질이나 아르헨티나, 프랑스, 노르웨이 등 남미나 유럽의 제3국으로 떠났다. 사실 파독 광부들이 3년 계약 기간을 마친 뒤에 가장 많이 선택한 진로도 제3국으로의 이민이었다.

서독 광부들 제3국으로 탈출, 10월 현재 265명, 실직 방황

16일 노동청에 의하면 지난 63년 처음으로 서독에 파견된 한국 광부들이 최근 서독의 광산 불경기와 고된 채광 작업에 못 견뎌 계약 기간(3년)도 끝나기 전에 제3국으로 잇따라 탈출, 최근 서독광산협회는 우리 정부에 강력한 항의를 제기해 온 것으로 알려졌다. … 이들의 이탈 동기는 당초 선발과정에서 광산에 전혀 경험이 없는 무자격자를 정부가 마구 파견, 고된 채광 작업에 견뎌내지 못한 탓으로 지적되고 있다. … 현재 서독에는 지난 63년 이래 파견된 2천5백19명의 광부 가운데 제3국으로 무단 이탈한 자 2백65명, 계약 만료 또는 계약 기간을 못 마치고 귀국한 자 6백33명, 사고로 인한 사망자 16명으로 현재 1천6백5명의 광부가 남아 있다(동아일보, 1967.11.16.).

파독 광부 집단 이탈

우리나라 인력 수출의 첫 케이스로 각광받았던 서독 광부들이 최근 소정의 계약 기간도 끝나기 전 제3국인 캐나다, 남미 등으로 무단 이탈하고 있다는 달갑지 않은 소식이 전해지고 있다. 이들 이탈자의 수효는 자그마치 10월 31일 현재 265명에 달하고 있으며, 그중 6명은 소재조차 확인하지 못하고 있다는 서글픈 사연이다(경향신문, 1967.11.17.).

이러는 사이 3년간의 계약을 모두 마친 파독 광부들이 귀국하기 시작했다.[29]

---

29) "파독 광부 92명 계약 끝나 귀국"(조선일보, 1966.12.16.).

3년 만에 귀국 파독 광부 138명

파독 광부 유종화 씨 등 138명은 3년간의 계약을 마치고 3일 하오 5시 40분 에어프랑스 전세기편으로 귀국했다(매일경제, 1968.4.4.).

• 제2시기 – 1970년 2월~1977년 10월

약 2년간의 공백 후, 파독 광부가 1970년에 다시 재개되었다. 제2시기는 1970년부터 1977년까지로, 이 시기에 한국은 47차례에 걸쳐 총 5,323명의 한국 광부들을 독일에 파견했다. 제1시기에는 2,521명이었고, 중단 시기에 20명, 제2시기에는 5,323명으로 전체 파독 광부는 7,864명으로 계수된다. 그러나 공식적으로 계수된 파독 광부 7,864명 외에 1977년 이후 개별적으로 독일에 광부로 간 124명이 또 있다. 이들의 숫자까지 합하면, 한국 광부들의 파독은 총 7,988명이라 할 수 있다. 제2시기 파독 광부의 자세한 규모는 다음과 같다(한국파독광부총연합회, 2009: 102).

제2시기 파독 광부 수 (1970~1977년)[30]
(한국파독광부총연합회, 2009: 102)

진	날짜	인원	진	날짜	인원
1	1970년 2월	253	25	1973년 11월	68
2	1970년 6월	743	26	1974년 3월	61
3	1970년 11월	139	27	1974년 4월	86
4	1970년 12월	142	28	1974년 5월	116
5	1971년 2월	30	29	1974년 6월	134
6	1971년 4월	140	30	1974년 7월	151

---

30) 자료 문서마다 파독 광부 인원이 다르게 나타나는 것은 재독한인글뤽아우프회에서 1997년에 발간한 《파독광부 30년사》에 기록된 인원수를 대부분 인용했기 때문이다. 그러나 이후 2009년에 발간한 《파독광부 45년사》(53-54쪽)에는 1966년 파견 인원 286명이 288명으로, 1970년 1,305명이 1,277명으로, 1971년 982명이 892명으로 수정되었다. 이는 한국파독광부총연합회에서 2009년에 발간한 《파독광부 백서》(101-102쪽)와 동일한 인원수이다. 다만, 2차 파독 총인원 5,323명은 같으나, 진별 파견된

7	1971년 4월	173	31	1974년 8월	190
8	1971년 5월	200	32	1974년 9월	103
9	1971년 6월	137	33	1974년 10월	52
10	1971년 9월	140	34	1974년 11월	100
11	1971년 11월	72	35	1974년 12월	144
12	1972년 12월	71	36	1976년 3월	86
13	1973년 1월	14	37	1976년 4월	51
14	1973년 1월	99	38	1976년 7월	71
15	1973년 2월	30	39	1976년 11월	101
16	1973년 2월	71	40	1977년 3월	96
17	1973년 3월	25	41	1977년 4월	87
18	1973년 3월	69	42	1977년 5월	129
19	1973년 4월	75	43	1977년 6월	71
20	1973년 4월	60	44	1977년 7월	100
21	1973년 5월	140	45	1977년 8월	136
22	1973년 6월	55	46	1977년 9월	38
23	1973년 8월	68	47	1977년 10월	138
24	1973년 10월	68	합계		5,323

1969년 초반부터 서독의 광산업이 다시 호전되고 광부 인력의 수요가 증가하면서, 한국 정부는 주독 한국대사관을 통해 광부 파독 재개를 위한 협상을 시도했다. 1969년 4월 15일, 한국의 노동청장 초청으로 독일 함본 및 티센 광산 사장인 테오도르 테르호스트(Theodor Terhorst) 일행이 방문하면서

날짜에 차이가 있다. 그리고 2009년 이전 기록에는 1975년 파견 기록이 없었는데, 재독한인글뤽아우프회는 1975년 86명이라고 기록하고 있다. 표를 기입하는 중에 1976년 진 회차를 1975년으로 잘못 기입된 것으로 여겨진다. 그런데 여기에 진실·화해를 위한 과거사정리위원회에서 발표한 〈파독 광부·간호사의 한국 경제 발전에 대한 기여의 건〉 187쪽의 표에는 2차 파독 총인원이 5,415명으로 되어 있으면서 1967~1969년 파독 광부 인원에 대한 기록을 빼고도 1~2차 총 인원이 7,936명이다. 종합해 보면 재독한인글뤽아우프회, 한국파독광부총연합회, 진실·화해를 위한 과거사정리위원회 세 곳 모두 파독 광부 총인원은 7,936명이다. 각각의 문서 자체에서도 인원 수 기록에 통일이 안 되어 있음을 보여준다. 본 연구는 2009년 재독한인글뤽아우프회와 한국파독광부총연합회 2009년 문서를 종합하여 파독 인원은 1차(1963~1966년) 2,521명, 중단 시기(1967~1969년)는 20명, 2차(1970~1977년)는 5,323명으로 총 7,864명으로 기록한다. 한국파독광부총연합회에서 파악한 1977년 이후 개별적으로 독일 광산에 간 124명은 추가 기록으로 한다.

광부 파독 재개의 계기가 마련되었다. 그간의 한국 광부들의 근면성과 우수성에 높은 평가를 하면서 다시 서독이 한국 광부를 받아들일 수 있는 제반 여건 문제, 그리고 곧 고용 기간이 만료되어 독일 광산을 떠나는 한국 광부의 공백에 대한 부분도 광부 파독 재개의 주요한 요인이 되었다.

이에 1969년 11월 27일 한·독 정부는 제1차 광부협정을 개정하고, 1970년 2월 18일 '한·독 정부 간 제2차 광부 파독을 위한 협정'을 체결했다. 제2차 광부협정, 일명 '신광부협정'은 1차 광부협정을 기반으로 양국 간에 파견 광부의 체류 기간, 고용 조건, 선발 방법 등에 관한 보다 구체적인 내용으로 이루어졌다.

광부협정 변경사항
(한국파독광부총연합회, 2009: 93 참고로 표 구성)

	1차 협정	2차 협정
제1조 1항	1,000명 선까지 허가할 용의	연간 1,000명 선까지 허가할 용의
제2조 2항	(나) 1년 이상 탄광의 지하 작업에 종사한 경력이 있는 자	6개월 이상 탄광의 지하 작업에 종사한 경력이 있는 자
	(다) 독일로 출발 전 3년 중 아국 탄광직에서 휴직 상태에 있지 아니한 자	독일로 출발 전 1년 중 아국 탄광직에서 휴직 상태에 있지 아니한 자

신광부협정을 체결하면서 한국 광부의 파독은 다시 활발해졌다. 〈제2시기 파독 광부 수〉 표에서 보듯 파독 광부를 재개한 해인 1970년만 해도 한국 광부는 2월 253명, 6월 743명, 11월 139명, 12월 142명, 4차에 걸쳐 1,277명이 출국했다(한국파독광부총연합회, 2009: 62). 1972년에는 다른 해에 비해 출국 횟수가 주춤했는데 1972년 9월 30일자 《매일경제신문》을 통해 1973년부터 파독 광부가 다시 활발하게 재기될 것이라는 사실을 보도한 바 있다.

광부, 파독을 재개

금년 들어 진출이 막혔던 서독 광부 파견이 오는 12월부터 재개, 내년 3
월까지 1차로 580명의 광부를 파견하게 됐다. 30일 노동청에 의하면 노
동청과 한국해외개발공사의 초청으로 내한한 서독 〈루르〉 광산 인사 담
당인 〈알폰스·폰·브론크〉 씨는 광부에 대한 양해 각서에 서명, 파견
내용은 금년 12월에 제1진 100명, 내년 1월에 150명, 3월까지 도합 580
명을 파독하기로 한 것이다. 이에 대해 노동청은 서독 정부의 추인을 받
기 위해 주독 한국대사관에 전문을 보내고 서독 정부의 추인을 얻도록
30일 지시하고, 추인이 나는 대로 한독 간의 협정으로 오는 10월부터 서
독 파견 광부를 모집하기로 했다(매일경제, 1972.9.30.).

연이어 1972년 11월에 《매일경제신문》은 1973년 4월 말까지 한국 광
부 550명이 파견될 것이라는 사실도 보도했다.

광부 550명을 파독

석탄공사는 광부의 인력 수출 계획에 따라 73년 4월 말까지 4차에 걸쳐
광부 도합 550명을 서독에 파견할 계획이다(매일경제, 1972.11.9.).

이처럼 파독 광부는 한국 사회에서 해외 인력 수출로 크게 각광을 받았
지만, 파독 광부의 인기가 시들해졌다는 단신의 기사를 송출하기도 했다.

파독 광부 인기 퇴조, 해외개발공사 100명 모집에 40명 응모(매일경제,
1973.4.16.).

그러나 《매일경제신문》의 단신 기사에도 불구하고, 실상 파독 광부는 1977년까지 꾸준히 이어졌으며, 1973년 4월 기사와 달리 1973년 11월의 파독 광부 기사를 보면 여전히 한국사회에서 매우 큰 관심과 반향을 일으키고 있었음을 확인할 수 있다.

광부 180명 연내 파독 해외개발공사 이달 안에 시험 선발

한국해외개발공사는 2일 파독 광부 180명을 이달 안에 선정, 연내로 서독 〈루르〉 탄광에 파견할 계획이라고 밝혔다. 파독 광부 자격은 광부 경력 1년, 이직한 지 2년 이내인 자도 필기시험 없이 면접과 신체검사만을 거쳐 선발하게 된다. 이들의 월급은 1천 3백 마르크(약 20만 원 정도)이며 계약 기간은 2년으로 되어 있다. 금년 들어 10월 말까지 서독의 각 광산에 파견된 광부는 모두 777명인데, 오는 7일 이미 선발된 100명이 출국하고, 내년에 180명이 추가되면 총 1,057명의 광부가 서독에 진출하게 된다(매일경제, 1973.11.2.).

한국 정부가 독일에 광부를 파견하기 시작한 후 공식적으로 종료한 것은 1977년 10월, 138명을 파견한 이후이다. 한국 광부의 파독은 위에서도 언급했듯이 제1시기와 제2시기, 그리고 추가 파견 등을 합해 총 7,988명이었다. 그들 가운데 대부분은 귀국했으나 일부는 독일에 잔류했고, 제3국으로 유학이나 이민을 떠난 경우도 많았다. 그런데 파독 간호사들과 달리 파독 광부들이 한국으로 귀국한 경우 이들이 한국에서 광부로 일한 경우는 거의 없다. 이는 먼 이국땅에서 광부라는 직업을 통해서라도 가난한 한국을 벗어나 선진국으로 가려 했던 시대적 배경과 개인의 가치관적 선택임을 반증하는 것이라 하겠다. 또한 파독 광부 모집 당시 독일에서 한국 광부들에게 기술 교육의 기회를 제공하겠다고 한 것은, 그때는 후진 동맹국에게 기술을 전수한다는 원조 정책으로 보였을지 모르나, 결과적으로는 독일에 노동력을 주고 온 것으로, 파독 노동자를 모집하기 위한 선전이었다고밖에 볼 수 없다.

한편 파독 광부들이 한국으로의 귀국을 선택하지 않았던 이유는 대체로 귀국 후에도 경제적 기반이 부재하거나 일자리가 불투명한 경우, 탄광 노동이 힘들거나 적성에 맞지 않아 애당초 다른 직업으로 취업을 모색한 경우, 또는 광부 취업은 서독으로 오기 위한 단계였고 유학이 목적이었던 경우, 이와 비슷하게 제3국을 목적으로 서독은 거쳐 가는 단계였던 경우에서다(윤해동 엮음 2017: 174). 제3국으로 삼각이민을 떠난 이들을 제외하고는 파독 노동자들의 절반 정도가 독일에 거주하게 됨으로 독일에서의 한인 사회가 형성되기 시작했다.

파견 생활

아래 표는 독일에서 한국 광부가 근무했던 광산이다.

독일 광산 (RAG-루르탄광, EBV-에슈바일러탄광)
(한국파독광부총연합회, 2009: 126-127; 김용출, 2015: 19-20)

도시 또는 지역	광산	소속
겔젠키르헨(Gelsenkirchen)	샬케(Schalke)	RAG
겔젠키르헨	콘스탄틴(Constantien)	RAG
겔젠키르헨	비스마르크(Graf-Bismarck)	
도르트문트(Dortmund)	그나이제나우(Gneisenau)	RAG
뒤스부르크(Duisburg)	함본(Hamborn Friedrich-Thyssen)	RAG
뒤스부르크	발줌(Walsum)	RAG
딘스라켄(Dinslaken)	로베르크(Lohberg)	RAG

레클링하우젠(Reckinghausern)	레클링하우젠(Reckinghausern)	RAG
레클링하우젠	에발드(Ewald)	RAG
뤼넨(Lunen)	빅토리아(Victoria)	
보쿰(Bochum)	보쿰 로트링겐(Bochum Lothringen)	EBV
보트롭(Bottrop)	프란츠 하니엘(Franz Haniel)	RAG
아헨(Aachen)	에밀마이리쉬(Emil-Mayrisch)	EBV
아헨	알스도프(Alsdorf)	EBV
아헨	굴라이(Gulay)	EBV
알렌(Ahlen)	베스트팔렌(Westfalen)	EBV
에센(Essen)	하인리히(F.Heinrich)	EBV
오버하우젠(Oberhausen)	스테어크라데(Sterkrade)	
오버하우젠	오스터펠드(Osterfeld)	RAG
카스트롭라욱셀(Castrop-Rauxel)	빅토 이칸(Victor-Ickan)	RAG
카스트롭라욱셀	시어도르프에밀마이리쉬(SiersdorfEmilMayrisch)	EBV
카스트롭라욱셀	에린(Erin)	EBV
캄프린트포트(Kamp-Lintfort)	프리드리히 하인리히(Friedrich-Heinrich)	RAG
헤어네(Herne)	플루토(Pluto)	RAG
헤어네	쾨닉스그루베(Konigsgrube)	

독일에서 유명한 석탄광산회사 중 하나인 루르탄광주식회사(RAG)는 서 RAG(에센 서쪽 니더라인)과 중앙RAG(보훔에 가까운 레클링하우젠), 동RAG(베스트팔렌)로 나뉘어 있다. 광부협정 제14장 제1조에 의하면 독일 광산에 취업하는 한국 광부는 임금 및 근로 조건, 노동 보호 등에 있어서 동급의 독일 취업자와 동등한 대우를 받도록 되었다. 그래서 재해 보상 문제나 사회보험의 모든 분야에서 독일 광부와 동등한 보상을 받게 되어 있다.

그러나 협정 제15장 제2조에는 한국이 국제노동기구(ILO) 가입국이 아니었으므로 한국 광부는 직업병에 대한 보상 규정(국제노동협약 제18호 및 제42호)과 공상(公傷)에 대한 보상에 있어서 자국 및 외국 근로자 동등 취급 규정(국제노동협약 제19호)에 의한 보상 혜택을 받지 못했다. 따라서 한국 광부의 보상 문제에 관해서는 독일 국내법이 적용되었다. 근로 계약 기간은 3년 완료 후 연장 기간은 6개월에서 1년이었다(한국파독광부총연합회, 2009: 90). 당시 한국 광부들의 고용 신분은 '광산기술 훈련교육생'이었으나 독일의 정식 노동자와 유사하게 대우를 받았다.

한국 광부들이 가입하는 보험에는 질병보험과 연금보험이 있는데, 모든 광부는 연방광부공제조합(Knappschaft)에 의한 개인질병보험과 탄광직업협동조합에 의한 공산산재보험에 자동으로 가입된다. 산재보험은 독일의 국민보험법에 따라 시행되며 근로자는 강제 가입 의무가 있었지만 부담은 고용주에만 한했다. 고용주는 광부의 기본 임금의 2.3%에 해당하는 금액을 매월 적립했고, 이것은 작업 중의 사고나 작업에 관련된 취업병 등 제반 질병을 망라하고 노동력의 상실 혹은 사망에 이르기까지 혜택 범위가 넓었다. 임금계속지불법에 의해 의사가 인정하는 병, 결근에 대해서는 이전 2개월 평균 임금이 지급되었다.

한국 광부에게는 후생 복지로 특별 회계 계정에 의한 혜택이 주어지기도 했다. 광부협정 제15장에 의하면 한국 광부는 독일탄광노동자보험법에서 면제되었다. 대신 제1차 광부협정 때는 고용주가 13%, 광부가 7%, 제2차 광부협정 때는 고용주가 15%, 광부가 8.5% 매월 불입함으로써 기여금이 적립되었는데, 고용주는 광부의 임금에서 이를 공제했다. 이 제도는 한국 광부들의 신분이 '광부훈련생'이어서 공식적인 고용계약 체결이 불가능했기 때문에 한국 정부가 독일탄광협회와 협의해서 결정한 사회보장 제도의 일환이었다(한국파독광부총연합회, 2009: 91).

또한 한국 광부는 독일 광산종업원 규정에 의거하여 사고를 방지하기 위해 독일어를 사용할 수 있어야 했는데, 상급자나 동료의 말을 충분히 이해하고 반복할 수 있는 사람에 한해서 지하 작업이 허용되었다. 그래서 독일어를 충분히 사용할 수 있도록 서독 도착 후 통상 6주 동안 무료로 서독 광산회사로부터 독일어 강습을 받도록 되어 있다. 사전 교육 후 채탄부, 굴전부, 잡부 등으로 분류되어 각각의 갱에 배치되어 일했다.

협정에는 한국 광부와 서독 탄광회사 사이에 연락관을 두도록 규정되어 있는데, 연락관은 한국 광부와 회사 간 중간 역할을 하며, 기술적 감독 또는 훈련 등에 종사하도록 했다. 연락관은 광부와 탄광회사 사이에 우호적인 관계를 지속하는 데 노력해야 한다는 조항도 있다. 한국 정부는 연락관 외에도 노무관을 파견했는데, 노무관들은 대사관에 주재하며 광산 노동자의 실질적인 광산 노무 관리를 맡았다. 그 외에도 해외 고용 기회 확대를 위한 정보 수집, 독일의 노사 관계 동향, 임금 실태, 외국인 고용 관계, 고용시장 동향, 한국 근로자 취업 동태 등을 살펴 월례 보고를 제출했다. 특히 해외 파견 근로자들의 조건 개선과 국내 노동 정책 발전에 기여할 수 있도록 연구 활동을 하고 독일의 근로자 복지 정책과 우리 근로자에게 적용되는 사회보장적 혜택에 대해서도 연구 보고하는 역할을 했다(한국파독광부총연합회, 2009: 92).

독일 광산의 고용주 권한은 협정에 기록되지 않아도 광부들에게 효력을 발휘했음을 알 수 있다.

"원칙적으로는 3년 마치고 돌아와야 했죠. 그런데 거기서 근무를 착실히 잘한 사람은 본인이 원하면 연장할 수도 있었어요. 본인이 일을 열심히 해서 고용주가 '너 일해도 된다' 하면 가능했어요. 그다음에 저는 유학생 비자를 받아서 지냈죠. 그렇지 않으면 결혼을 해서 가정이 있어야 거주할 수 있었어요."(양동양 인터뷰, 2017)

파독 광부의 탄광 작업 일과가 어떠했는지는 권이종의 이야기를 중심으로 보았다.[31]

---

31) 《파독광부 백서》 pp.105-117 '독일광산 근무 조건 및 환경'의 내용을 재구성했다.

광산의 주된 업무는 지하에서 석탄을 캐는 일이다. 막장으로 들어가야 임금도 높다. 광부의 갱내 작업은 석탄 생산과 운반이 중심이고 이를 위해 동발 나르기, 착암기 천공, 화약 발파, 갱도 보수, 수갱 굴착 등이 이루어진다. 석탄을 캐는 채탄 작업은 오전 6시~오후2시, 오후 2시~8시, 오후 8시~다음 날 오전 6시까지 3교대로 이루어진다. 광부들은 매주 아침반, 오후반, 야간반으로 교대하며 근무하는데, 만일 연장 근무를 하게 되면 16시간을 지하에서 일하고 먹고 마시고 용변을 보며 버텨야 한다. 그래서 광부들은 연장 근무를 자기 생명을 단축하며 몸을 담보로 잡는 것과 같다고 말한다.

새벽 4시에 일어나 아침밥을 먹고 점심 도시락을 준비하여 출근한다. 5시가 조금 지나 광산 지하로 들어가기 전에 옷을 갈아입을 탈의장에 도착하면 수천 명의 광부 작업복과 신발, 세면도구 등을 각자에게 부여된 고정번호(Markennummer)를 사슬에 걸어 3~4m 높이의 공중에 매달아 놓는다. 광부에게 부여되는 고정번호는 봉급카드를 포함하여 사망이나 사고 시 모든 일을 처리할 수 있는 번호이다. 탈의실에서 작업복으로 갈아입고 특수 제작된 안전 신발, 안전모, 충전된 전등, 가죽 장갑, 낮은 탄층을 기어다닐 때 필요한 무릎 대기와 앞정강이 보호대, 내리막길의 엉덩이 보호대, 4L 정도의 물통, 빵 등을 준비한다. 안전모부터 가스마스크까지 몸에 착용한 것이 몇 kg인지 알 수 없을 정도이다. 이러한 차림으로 약 120~250cm 높이의 굴로 들어가 하루 8시간씩 일한다.

샤흐트(Schacht 수직 갱)로 가서 각 막장의 감독관, 반장들과 함께 지하로 승강기를 타고 내려간다. 감독관들은 흰색 안전모, 일반 광부들은 노란색 안전모를 쓴다. 승강기에는 한 칸에 15명 정도씩 3층으로 승차하여, 한 번에 40~70명씩 탑승하여 지하로 500~1,000m를 내려간다. 탄층에 따라 지하 수백 미터까지 내려가서 또다시 사람이 탈 수 있는 갱차로 옮겨 타거나 다른 승강기로 갈아타고 막장까지 간다. 갱도는 좁지만, 막상 막장에 들어가면 지하의 열기가 후끈하다.

막장에 도착하면 반장으로부터 각자 해야 할 작업을 지시받는다. 지반은 완전히 수평으로 되어 있지 않고 경우에 따라 10~30도 정도 경사져 있어서 조심해야 한다. 이렇게 경사진 곳에서도 이 경사면에 맞추어 쇠기둥을 세우고, 천장이 무너지지 않도록 안전 작업을 해야 했다. 더러는 작업 도구가 미끄러져 잃어버리기 십상이고, 경사면에서의 사고는 다반사다. 지하 막장은 섭씨 35~40도의 고열과 석탄에서 나오는 열기, 바람에 날리는 석탄가루, 기계 굉음, 샤워하듯 쏟아지는 땀이 범벅이 된다. 이 상태로 8시간을 낯설고 날카롭고 위험한 기계 사이에서 일하게 된다. 독일인 체형에 맞게 설계된 작업 도구들이니 한국 광부들에게는 자신의 몸무게에 버금가는 쇠기둥을 옮겨야 하는 것이다.

막장에서 사용하는 기계들은 칼날처럼 날카롭게 제작되어 석탄을 자동으로 파내는 '호벨(Hobel)', 철로 만든 기둥인 '슈템펠(Stempel)', 망치 '함머(Hammer)', 쇠로 제작된 쐐기 '카일(Keil)', 나무 기둥인 '홀츠슈템펠(Holzstempel)', 물공기 수합 기둥인 '바서슈템펠(Wasserstempel)', 공기 수압기로 제작된 자동 굴착기 '픽크함머(Piekhammer)', 석탄을 실어 가는 컨베이어 벨트인 '판처(Panzer)', 그 외 삽과 톱 등이 있다. 곡갱이 대신 채탄 기계 호벨이 100~300cm 두께의 탄층을 깎아내면 가로 70cm, 길이 50~100cm의 탱크 바퀴 같은 철판 벨트가 돌아가는 컨베이어에 석탄을 싣는다. 여기에 호벨의 전진에 따라 공간이 무너지지 않도록 후속 작업을 해야 하는데 바로 40~60kg의 슈템펠을 채탄기 바로 뒷부분에 바로바로 세워야 하는 것이다. 그렇지 않으면 천장에서 바위들이 떨어져 낙

반 사고로 이어지기 때문이다. 채탄기의 속도에 맞춰 슈템펠을 끌어와 1~2m 간격으로 세워놓아야 한다. 이 슈템펠을 하루에 80개씩 옮겨야 하니, 막장에서의 모든 순간은 삶과 죽음을 좌우하게 된다.

작업은 책임제(도급제)이기 때문에 일을 많이 하면 할수록 돈을 많이 벌 수 있다. 그럼에도 지하에서 8시간 계속 일을 하면 누구나 지칠 수밖에 없다. 일하는 도중 적당한 시간에 빵과 과일을 먹는다. 석탄가루 범벅이 된 빵이지만 이 시간만이 유일한 휴식 시간이 된다.

일을 마치고 지하에서 지상으로 올라오면, 광부들의 얼굴은 눈과 입만 빼고 석탄가루로 까매져서 누가 누군지 알 수가 없다. 그래서 "비 하이센 지(Wie heissen Sie? 당신 이름은 무엇입니까?)"하고 물어보기보다는 "벨헤 마르켄눔머 하벤 지(Welche Markennummer haben Sie?, 당신의 광산 번호는 몇 번입니까?)"라고 물어본다. 탈의장에서 잠시 물을 마시거나 담배를 피우며 휴식을 취한 뒤, 몸을 씻고 작업복을 자기 번호에 다시 걸어놓는다. 기숙사로 퇴근해 돌아오면 저녁밥을 지어 먹고, 다음 날 입고 갈 땀에 젖은 양말과 내의를 세탁한다. 그리고 밤 10시경이면 내일을 위해 반드시 잠자리에 든다.

광부들의 한 달 평균 봉급은 600마르크 내외였다. 이 돈은 한국에서 쌀 10가마를 살 수 있는 금액이었고, 당시 공무원들보다 7~8배 더 많이 받는 셈이었다. 그러나 광부라면 누구나 몸속에 쌓이는 석탄가루 때문에 하루도 걱정 없이 지내는 날이 없다. 유리규산의 미립자가 섞인 공기를 장기간 들이마심으로써 증세가 발생하는 만성질환인 규폐증이나, 다른 직업병인 진폐증을 앓게 되면 대부분 오래 살지 못한다. 결국 폐에 문제가 생겨 호흡량이 적어지고 숨이 차서 걷지 못하고 목숨만 이어간다. 그래서 기침만 해도 혹시 규폐증이 아닐까 마음을 졸이기도 하며, 수많은 사고 앞에 직면하게 되었다.

한국 광부들에게 집단행동의 계기가 된 사건이 발생했다. 1970년 9월 경, 독일 광부들도 꺼리는 서독 아헨에 위치한 에밀 마이리쉬(Emil Mayrisch) 광산 지하 1,000미터 막장에 한국 광부 73명이 투입됐다. 험한 작업 환경으로 건강이 악화될 정도인데 봉급은 독일 사람들보다 적었다. 그래서 이들은 다른 작업장에 배치해 줄 것을 요구했다. 그러나 광산 측에서는 "일하기 싫으면 한국으로 가라!"라고만 할 뿐이었다. 심한 경우에는 마이스터(Meister)나 항장으로부터 욕설과 폭행까지 당했다.

당시 오후반에 나가는 12명의 한국 광부들은 이에 대항하며 "부당하게 책정된 임금을 추가 지불하고 능력에 따라 일자리를 재배치하고, 모욕적인 언사와 폭행을 중지하라!"라고 요구했다. 그러나 일주일이 지나도 광산 측으로부터 아무런 답변을 받지 못하자, 이들은 입갱하지 않고 기숙사로 돌아왔다. 이러한 상황을 알게 된 광산 소장은 늦게라도 입갱하지 않으면 즉각 해고할 것이며 당장 한국으로 돌려보낼 것이라고 통고했다. 이에 반발한 한국 광부 73명은 집단행동에 들어갔다.

사태가 확산되자 광산노동자평의회(Betriebsrat)와 한국 광부 73명이 참석한 조정위원회가 구성되어 회의가 열렸고 이들의 요구 사항이 관철될 때까지 행동을 같이하기로 결정했다. 이어 주독 한국대사관과 광산 측, 그리고 한국 광부 73명이 참석해 다시 조정 회의가 열렸다.

이때 한국 수석노무관은 광부들의 집단행동은 불법적이고 조국의 이익에도 배치된다고 하며, 오히려 이들의 협상에 부정적인 태도로 일관했다. 그럼에도 불구하고 한국 광부들의 지속적인 요구로 결국 광산 측에서 이들의 요구를 받아들여 해고된 사람들을 전원 복직시키고, 그동안 부당하게 체불

된 임금도 추가 지불받게 되었다. 이러한 광산 측의 부당성을 시정 요구하는 사안들이 또 다른 광산에서도 발생하면서 한국 광부들은 1979년 11월 17일 '재독한인광부인권협회'를 조직하여 활동하기 시작했다(한국파독광부총연합회, 2009: 123-124).

1979년 11월 17일부터 1980년 10월 중순까지 활동했던 재독한인광부인권협회는 한국 광부들에 대한 고용계약이 양국 차원에서는 문제가 없더라도, 그 내용이 인간의 존엄성과 인간의 기본권에 맞는 사항으로 수정, 보장해 줄 것을 요구했다. 재독한인광부인권협회는 아래와 같은 요구 사항으로 서명 운동에 들어갔다.

서명 운동은 레클링하우젠의 한국인 기숙사에서 시작되었다. 이 기숙사는 매 층마다 20여 명이 살고 있음에도 화장실 2개에 샤워꼭지가 3개뿐이었으며, 온수시설의 노후 등이 문제였다. 또한 근무시간이 다른 동료와 한방에서 2~3명이 공동 사용해야 했고, 기숙사 옆으로 매 2~3분마다 열차가 지나가 충분한 휴식을 갖기에 부적합했다. 이에 재독한인광부인권협회는 광산 측에 대응하며 다음의 내용을 진행했다(재독한인글뤽아우프회, 2009: 62-64).

1. 독일 광산주와 독일 행정 당국은 한국인 광부를 얽매고 있는 '3년 계약 의무 규정'을 없애고 한국인 광부에게 자유로운 취업의 기회를 보장하라.
2. 독일 당국은 한국인 광부에게도 최소한 구주 공동체 비가맹국인 유고나 터키 노동자들과 동등한 체류 허가와 노동 허가를 보장하라.
3. 독일 당국은 한국인 광부들이 원하는 직업, 기술 교육의 기회를 제공하는 데 협조하라.
4. 독일 광산주와 독일 행정 당국은 한국인 광부의 노동 재해로 인한 생

활상의 손실에 대해 독일 노동자와 똑같은 보상 대책을 세워 달라.

사실 한국에서 파독 광부 교육 시 이러한 노동 권리를 사전에 교육받지 않았다. 한국 정부는 반공이나 해외에서의 주의해야 할 사항에 대해서는 교육했으나 타국에서 노동자로서 어떤 권리를 갖고 취할 수 있는지, 어떤 권리 제도가 있는지 가르쳐주지 않았다. 게다가 노동자로서 권리를 주장할 수 있는 정식 노동자가 아니라 기술 교육생으로 갔다는 점이 오히려 어려움을 제공했던 부분이었다고 할 수 있겠다. 다만 한국 광부들이 집단행동을 할 수 있었던 것은 업종 특성상 한국 간호사와는 달리[32] 수십 명에서 수백 명이 집단으로 한 탄광에 근무했고, 기숙사나 광부들을 위한 주거 지역에 모여 살고 있었기 때문이다. 따라서 자신들이 받는 대우를 비교하거나 문제의식에 대해 동료들과 같이 불만을 드러내고 논의할 수 있는 적당한 상황 때문에 집단행동이 가능했을 것으로 보인다.

그런데 주독 한국대사관 수석노무관은 타국에서 고용관계에 있어 정당한 노동자 권리를 인지하고 도와주기보다는 파업의 불법성을 강조하면서 광부 노동자들에게 애국적인 의무감을 강조하거나, 독일을 통해 획득하려는 이익에 문제가 생길지 모른다는 수동적인 방식의 처리로 일관했다. 그럼에도 불구하고 이 사건은 한국 광부 노동자들이 집단행동을 통해 자신들의 요구 사항을 관철시켰던 사건이라고 할 수 있다(나혜심, 2016: 185-188). 즉, 노동자로서 집단적 존재와 지위를 인정받기 위한 인정투쟁으로, 노동자의 정치

---

32) 한국 간호사들의 근무는 3교대였기 때문에 서로 만나는 경우보다는 일터에서 교대하는 과정에서 만나는 경우가 일반이었고, 대학병원의 경우를 제외하고는 소규모 병원, 작은 양로원, 요양원에 1~3명 단위로 배치된 경우가 많았다. 그래서 자신의 일터에서 자신이 받는 대우에 대해 비교할 만한 상황이 되지 못했던 부분과 소수로 분산된 조건 때문에 집단적 의사를 표출할 조건이 형성되지 못했음을 지적하고 있다(나혜심, 2016: 184).

적 힘을 통해 시민적 권리, 즉 노동자도 결국 시민으로서 가지는 보편적 인권이 필요한 권리를 요구한 사건이었다고 할 수 있다.

주독 한국대사관 자료에 따르면 1963년부터 1982년까지 독일 탄광 작업 중 사망한 광부는 26명에 이른다. 독일에서 파독 광부가 교통사고나 질병, 익사, 자살 등의 이유로 숨진 사고율보다 광산 노동 도중에 숨진 비율이 가장 높았으며, 광부의 부상 비율은 독일 광산에서 일하거나 일했던 외국인 노동자 가운데 가장 높았다.[33] 이러한 목숨을 담보한 위험을 감안한다면 앞으로 더한 위험이 있을지 모른다는 두려움에 상응하는 대가를 받지 못한 파독 광부들의 투쟁은 당연한 것이었다. 이후 파독 광부들의 의식은 노동자들의 권리뿐만 아니라 인권 문제 등 직접적인 문제의 본질을 파악하고 필요한 요구를 확대하면서 발전했다(나혜심, 2016: 189).

---

33) 광산 작업장은 누구에게든 심각한 위험에 둘러싸여 있는 곳이지만, 한인 광부들은 대부분 광산에서 일한 경험이 없었고, 더러 광산 경험이 있다 하더라도 광산 작업장 구조가 한국과 달랐다. 특히 독일의 광산 구조와 기구들이 독일 노동자 체구에 맞춰져 있어서 체구가 작은 한인들에게는 버거운 일이었다.

파독 노동자들의
본국 송금의 의미

✦ ✦ ✦

송금의 규모

이주자가 본국으로 보내는 송금은 많은 저개발 국가에서 필요로 한 경제적 이득이었으며 긍정적 효과를 가져왔다. 특히나 단기 취업 이주노동은 짧은 기간의 발전을 유도했다고 할 수 있다. 경제 발전의 동력이 된 이주자의 본국 송금은 카푸르(Kapur, 2004)가 지적한 대로 새로운 '발전 주문'이 되었다. 즉, 노동자들이 자본을 제공해야 한다는 뜻을 함축하기도 한다. 그만큼 송금은 송출국의 빈곤을 감소시키는 데 직접적이었다. 그래서 개발도상국들은 이주자의 송금에 의존했다. 세계은행은 이주자들의 송금 규모에 대해 다음과 같이 분석했다(Castles and Miller, 한국이민학회 옮김, 2016: 116-119).

"미집계 금액(비공식 경로를 통한 송금)을 포함한 송금액의 실질 규모는 외국인 직접 투자 액수보다 더 크며 개발도상국이 받는 공식 원조의 두 배 이상에 달한다. 송금은 많은 개발도상국의 국외 자금 조달 부문에서 가장

큰 부분을 차지하고 있다."(World Bank, 2007)

이주자들의 본국 송금의 경제적 효용성은 송출국에만 있는 것은 아니다. 이주노동은 유입국의 경제에도 당연히 결정적인 역할을 했다. 독일을 예로 들면, 경기 침체나 경기 활황 때 이주노동자들의 출국과 입국의 유연성을 '손님 노동자'로 제도화하여 자국의 노동시장의 균형을 맞춘 것이다. 이러한 이주노동자들의 출입국 유연성을 위해 체류 허가, 취업 허가를 받게 했고, 시민권 제한, 노동 기간 제한, 부양가족의 입국 금지, 강제 출국, 독신 노동자 고용 등의 방법들을 사용했다. 이러한 이주노동의 고용 제도는 발전된 형태이면서 개발원조의 원칙에 모순되는 형태라고 할 수 있다. 어쨌든 이주노동의 경제적 효용성은 개별 국가를 넘어 국제 지역의 역동적인 관계를 형성했다고 할 수 있다.

여기에서는 파독 노동자들의 본국 송금으로 인한 경제적 성과와 어떠한 요소들이 송금액에 변화를 가져왔는지 살펴볼 것이다. 파독 인력 송출을 두고 국가와 개인이 얼마나 다른 이해 속에서 파독을 선택했는지 파악할 수 있다.

1965년부터 1967년까지 총수출 대비 파독 노동자들의 외화 송금액을 살펴보면 아래 표와 같다.

1965~1967년 총수출액 대비 파독 노동자의 외화 송금액
(과거사정리위원회, 2008: 213)

(단위: 천 달러)

연도	총수출액	송금액	총수출액 대비 송금액 비중
1965	175,082	2,734	1.6%
1966	250,334	4,779	1.9%

1967	320,229	5,791	1.8%
합계	745,645	13,304	1.78%

권혁철은 1965년부터 1967년까지의 총수출액 대비 파독 노동자들의 외화 송금액에서 주목할 점은 수출의 경우 원자재와 인건비 등 제반 비용과 보조금 지급 등의 비용을 발생시키는 반면, 파독 노동자의 송금은 이런 손실 비용이 전혀 발생하지 않은 순이익이라는 점이라는 것이다. 따라서 순수한 외화 획득으로 환산한다면, 해외 진출 인력의 송금이 이룩한 국제수지 개선 효과는 상품 수출에 의한 것보다 1.5배 내지 2배로 높게 평가되어야 한다는 것이다(권혁철, 2015: 6-8). 아래 표는 1964년부터 1975년까지 파독 노동자들의 송금액을 국민총생산(GNP)과 대비시킨 표이다.

파독 노동자 송금액
(한국파독광부총연합회, 2009: 278)

(단위: 천 달러)

연도	GNP(불변가격)	파독 노동자 송금액	GNP대비 송금액(%)	해외 총송금액
1964	2,900,000	112	0.003	-
1965	3,000,000	2,734	0.09	18,430
1966	3,700,000	4,779	0.12	57,332
1967	4,300,000	5,791	0.13	114,702
1968	5,200,000	2,417	0.04	86,502
1969	6,600,000	1,246	0.01	69,191
1970	7,800,000	3,338	0.04	48,414
1971	9,500,000	6,593	0.06	46,420
1972	10,700,000	8,311	0.07	56,849
1973	13,700,000	14,162	0.10	113,299
1974	19,200,000	24,479	0.12	144,399
1975	21,200,000	27,680	0.13	158,177
		101,642		

1964년 파독 노동자들이 국내로 송금한 44만 8,000마르크(11만 2,000달러)를 시작으로 1975년까지 파독 노동자들의 총송금액은 1억 달러가 넘는다. 물론 GNP 대비 송금액 비중이 많은 것은 아니다. 그러나 이를 상품 수출액으로 환산하기 위해 1.66을 곱한다면, 파독 노동자들의 총송금액은 1억 7,000만 달러에 달한다. 1960년 당시 한국의 외환 보유고가 2,300만 달러이고, 수출이 3,300만 달러, 그리고 수입이 3억 4,400만 달러였음을 감안한다면, 파독 근로자들이 10년간 송금한 1억 달러는 얼마나 거액인지를 충분히 가늠할 수 있다(권혁철, 2015: 6-8). 해외 송금액은 한국에서도 이슈가 되어 언론에 게재되었다. 특히 경제성장률이 높아진 이유를 베트남과 서독의 기술자, 노동자 송금에 기인한다고 분석했다.

해외서 송금 부쩍 늘어, 달러를 버네

7월 백만 불 넘어, 기술자, 교포 등 올해 들어 4백여 만 불

7월 중의 해외 교포 송금이 올해 들어 처음으로 1백만 달러 선을 넘어 1백13만4천7백10 달러가 됐다. 그동안의 송금 실적은 4월에 73만7천 불, 5월에 81만 불, 6월에 94만 불로 꾸준히 늘어나고 있었다. 한국은행은 이와 같은 해외 교포 송금이 급격히 늘어난 것은 파월 기술자들의 송금이 66만5천여 달러로 늘어나고 재일 교포 송금이 26만7천여 달러, 서독 파견 광부 송금이 20만1천 달러로 늘어난 때문이라고 밝혔다. 올해 들어 7월말까지 해외 교포 송금 총계는 이로써 4백99만6천5백30 달러로서 지난해 1년 동안의 실적의 2배 가까이 되고 있다. 그런데 7월 말 현재 서독에 파견된 광부는 2천99명, 간호원 5백12명, 파월 기술자는 5천5백41명으로 서독과 월남에 모두 9천1백52명이 가 있다. 이밖에도 영국 등 11개국에 의사 선원 등으로 1천8백76명이 가 있다(경향신문, 1966.8.17.).

해외 파견 기술자 송금액 부쩍 늘어

8일 한은(韓銀)이 집계한 8월 중 해외파견기술자들의 송금이 부쩍 늘어 파월 기술자가 1백14만$로 7월보다 48만$로 으뜸을 차지하며 서독(광부, 간호원)에서 87만6천 마르크로 7월보다 7만 마르크나 증가했다(매일경제, 1966.9.8.).

새 계열에 의한 국민총생산 실적 추이

… 기준 연도 개편에 의한 66년도의 GNP 실적 추계를 개관하면 첫째 GNP가 경상 시장 가격으로 1조3백20억원에 달함으로써 사상 이래 처음으로 GNP가 1조를 넘게 되었으며 이는 전년도보다 28.1%가 증가하였다. 66년도의 GNP 물가 등귀를 감안, 불변 시장가격으로는 9천1백38억 원이 되어 연간 경제성장률은 13.4%로 54년 이래 가장 높은 성장률을 나타냄으로써 1인당 GNP는 1백30달러 선을 넘게 되었다. 그런데 이와 같은 높은 성장률을 나타내고 있는 66년도의 경제성장 특색은 농업, 비농업의 불균형적 기여도를 시현했던 예년과는 달리 산업 간의 균형적 기여라는 것이 특색을 이루고 있다. 둘째로 1차 5개년 경제개발 기간의 최종연도를 맞아 66년도의 국내 총자본 형성률은 활발한 고정 투자에 힘입어 전례 없이 높은 21.7%를 기록하는 한편 국민 총저축률 또한 13.0%로 높아졌다. 특히 산업별로 성장 기여율을 보면 3차 산업이 37.7%, 1차 산업이 31.7%, 2차 산업이 30.4%로 균형적인 기여도를 나타내고 있는데 이중 가장 높은 성장률을 보인 산업은 해외 부문의 순요소 소득으로 71.0%의 성장이다. 해외 부분의 이와 같은 높은 성장은 월남 및 서독에 나가 있는 기술자, 노동자 등의 송금에 기인한다고 분석되고 있다 (하략) (매일경제, 1967.7.7.).

사실상 파독 노동자들의 송금 규모는 아래 표에서 보듯이 현상적으로
는 베트남이나 일본, 미주 지역에 비해 저조하다.

연도별 해외 송금액 비교

(《한국노동통계연감》, 노동청. 1976; 과거사정리위원회, 2008: 215 재인용)

(단위: 천 달러)

연도/지역	월남	서독	일본	동남아	미주	중동
1965	5	2,734	5,769	241	9,462	-
1966	13,701	4,779	12,955	498	25,054	-
1967	54,348	5,791	16,629	958	36,272	-
1968	48,483	2,417	10,086	1,055	23,990	-
1969	42,098	1,246	3,424	496	21,464	-
1970	25,152	3,338	3,654	630	15,152	-
1971	15,308	6,593	3,231	3,070	17,454	-
1972	4,247	8,311	10,217	1,857	30,642	-
1973	1,161	14,162	20,090	1,612	53,305	-
1974	357	24,479	19,250	1,942	67,492	-
1975	145	27,680	19,464	9,519	39,718	11,429
합계	205,005	101,530	124,769	21,878	340,005	11,429

그러나 당시 파독 노동자들의 송금은 손실 비용 없는 순수익으로 한국
상황에서 가계의 소비와 저축이 늘어나게 되었고, 산업 생산을 파급적으로
확대하고 투자 증대를 생성시키는 효과를 가져왔다. 한국의 해외 인력은 다
른 나라 노동자들의 가족 동반과 달리 단기간 노동을 목적으로 단독 진출의
성격을 지녔기 때문에 진출 비용이나 체류 비용이 많지 않았다. 따라서 다른
인력 진출국에 비해 1인당 송금 수준은 높은 편이었다고 말할 수 있다(과거사
정리위원회, 2008: 216). 이런 면에서 한국 정부는 파독 노동자들이 되도록 송금
을 고정적으로 늘릴 수 있도록 조치를 취하기도 했다.

《경향신문》1969년 3월 26일자

해외 취업자에 외화 송금 장려

노동청은 26일 해외 취업자 외화 송금 장려 방안을 마련했다. 이 방안은 ①신규 취업자에 대해서는 해외 취업에 앞서 적금을 가입토록 한다. ②이미 취업 중인 자가 고용 기간을 연장할 경우는 적금 가입을 전제로 연장을 시키며 ③현지 생활비를 제외하고는 본국에 송금해 줄 것을 외국 상사에 요청한다. ④해외 취업자의 송금 비율에 따라 물품 구입에 면세 조치를 취한다. ⑤외화 구좌 설치 허용과 정기예금을 할 수 있도록 한다는 내용으로 되어 있다. 노동청은 이 제도가 실시되면 1천만 달러 이상의 외화가 더 송금되어 연간 1억 달러의 해외 취업자 송금이 가능할 것으로 보고 있다.

《조선일보》1969년 5월 10일자

송금해야 해외 취업, 각의, 정기적립 등 의무화 의결

국무회의는 9일 해외 취업자가 버는 외화를 산업 자본으로 흡수하기 위해 외화를 본국에 직접 부치거나 정기적립금에 가입한다는 조건으로 모집, 취업 및 취업 연장을 허가토록 한 해외 취업자 송금 효율화 방안을 의결했다. 보건사회부가 마련, 재무부의 동의를 얻어 마련한 이 방안은 ①취업자가 버는 외화 중 최저생활비를 제외한 전액을 본국에 송금, 외화 수입을 늘리고 ②송금된 돈이 국내 가족에 의해 낭비되거나 부동산에 과중 투자되는 것을 막아 이를 내자로 동원하며 ③송금 특혜로 송금 의욕을 고취, 국내 가족의 생활 안정을 기하려는 데 목적을 두고 있다. 이 방안에 의하면 ①신규 해외 취업자는 사전에 국내은행에 구좌를 개설, 일정한 기준에 따른 송금을 해야 하고 정기적립금에 가입해야 한다. ②이미 취업하고 있는 자로서 본국에 직접 송금을 하지 않는 자는 취업 기간 갱신을 허가치 않는다. ③고용 회사의 협조를 얻어 해외 취업을 위한 모집 및 선출 허가는 임금의 본국 송금을 조건으로 한다. ④정기적금, 주택부금, 상호부금 등 각종 정기 적립금에 유리한 특전을 부여, 선택적 가입을 권유한다. ⑤이미 취업하고 있거나 송금 규제를 할 수 없는 자에 대해서는 국내 은행에 외화 구좌를 개설할 수 있도록 하고, 송금 수수료를 감면해 줌으로써 송금을 유인한다는 것이다.

기사 내용으로는 강제 송금 조치를 취한 듯하나 실제 파독 노동자들의 송금은 개인의 형편에 따라 자율적으로 송금했음을 보게 된다. 이를테면 '우표 값만 남기고 받은 월급을 거의 다 송금했다'고 할 정도로 송금한 경우, 현지에서 지출하고 남은 금액을 송금한 경우, 한국에서 요구가 있을 때마다 송금한 경우, 한편으로는 개인 여행 경비나 유흥비로 송금하지 못한 경우도 있었으며, 제3국으로 이민을 가거나 독일 거주를 선택한 경우에는 자신의 미래를 위해 송금을 줄이거나 멈추고 저축하기도 했다(한국파독광부총연합회, 2009: 277-278).

심윤종은 1972년에 라인란트–팔츠에 소재한 12개 병원에 근무 중이던 한국인 간호사 152명을 무작위로 추출해 한국으로의 송금에 관한 설문조사를 했는데, 조사 응답자의 57.2%가 한국으로 규칙적인 송금을 한다고 응답했고, 송금액은 평균 451마르크라고 답했다. 1972년 당시 파독 간호사의 월급이 평균 851마르크인 점을 감안한다면, 파독 간호사들은 그들이 받는 월급의 50% 이상을 한국으로 송금하고 있었던 것이다. 그리고 파독 간호사 가운데 17%는 특별한 일이 있을 때에만 송금을 했다고 응답했고, 25%는 전혀 송금을 하지 않았다고 응답했다. 송금을 하지 않는다고 응답한 간호사들 가운데에는 원화의 인플레율을 감안하여 독일에서 마르크로 저금을 한 경우가 있었다고 한다. 그리고 대체적으로 독일에서의 체재 기간이 길어질수록 송금액이 줄어들었고, 파독 노동자들의 계약 기간이 끝나는 3년이 지나면 거의 대부분 불규칙하게 송금을 하거나 송금을 거의 하지 않는 경우가 많았다는 조사 결과가 나왔다(한국파독광부총연합회, 2009: 277-278; 윤용선, 2013: 40).

송금 방법은 일반 국제송금과 같이 본인이 임금을 수령해서, 보내고 싶은 금액을 직접 한국은행이나 한국은행이 연계한 독일 은행을 통해 가족에게 송금했다.

파독 노동자들의 송금은 각자 선택에 의한 송금이었지만, 정부에서 보는 해외 인력 송출을 통한 송금액의 효과는 충분히 기대할 만했고, 안정적인 확보임에 틀림없었다. 따라서 정부는 노동청을 통한 송금 확보에 관심이 컸으며, 실업 문제와 외화 획득을 동시에 충족할 수 있는 방법으로 여겼던 것이다.

송금의 의미와 재해석

파독 노동자들의 본국 송금은 개인, 가정, 국가 모두에 의미가 부여된다. 국가는 국가대로 외화 획득의 기회로, 개인은 송금의 주체자로서 가족의 생계와 자신의 미래를 위한 투자 기회로 삼으면서 고된 노동의 대가에 의미를 부여했다. 이주자들의 송금은 노동 이주를 선택할 때부터 이미 시작된 목표였다고 할 수 있다. 무엇보다도 경제적인 이유가 주요한 작용인 것이다. 그래서 지금까지 송금의 경제적, 사회적 영향에 대한 주제는 매우 중요한 비중으로 다루어져왔다. 송금의 가치는 실제로 1960~1970년대 경제 발전에 있어 개발원조를 받는 금액보다 더 크다는 것에서도 볼 수 있듯이 높이 평가될 수 있겠다.

독일에 도착한 광부·간호사들에게 경제적 동기는 분리될 수 없는 것이었다. 당시 한국의 경제 사정과 정치·사회적으로 불안한 상황에서 오히려 독일은 해외 생활에 대한 기대와 취업을 통해 가족의 생계를 책임질 수 있다는, 그리고 본인의 꿈을 실현할 수 있는 경제적 상황의 개선이라는 희망에서 시작되었기에 송금은 광부·간호사들의 초기 목표이면서 후에 귀국과 정착을 고민할 때도 중요한 기준이 되었다.

대부분 파독 노동자들의 송금 1차 대상은 한국에 있는 가족이었다. 실제 파독 광부·간호사들이 독일에서 받은 임금 중 일정액을 매달 한국에 송금하는 일은 심윤종의 설문에서 살펴본 바와 같이 50% 이상이 규칙적인 송금을 할 만큼 열의가 대단했으며, 이는 파독 노동자들의 이주 선택의 목적 가운데 큰 비중을 차지했던 것으로 볼 수 있다.

당시 한국 사회의 분위기 자체가 근면하고 검약하는 것이 당연한 때이기도 했지만, 파독 노동자들은 처음부터 당연히 그들의 임금을 한국으로 송금해야 한다고 생각하고 한국을 떠났던 것이다. 그리고 강제 조건이 아니더라도 파독 노동자들은 본인의 의지로도 한국의 가족들에게 송금하는 것은 자연스러운 일이었다. 당시 파독 근로자의 60% 이상은 자신이 번 외화를 국내로 송금했다고 증언하고 있다. 심지어 수입의 80%를 송금했다고 증언하는 노동자들도 상당수였다(권혁철, 2015: 6).

사실 송금하려는 돈은 이주자의 사유 재산이다. 그들의 고된 노동의 산물이며 때로는 위험을 무릅쓰고 일한 대가이기 때문이다. 그럼에도 이주자들이 고향으로 돈을 보낸 것은 주로 가족의 생활 수준을 향상하기 위해서였다. 그 송금은 이주자의 가계에 도움을 주었고 빈곤 감소에 기여했다. 이러한 이유로 인도의 이주노동과 개발에 대해 연구한 카드리아(Khadria, B.)는 인도 같은 송출국에서는 이주자들이 '천사' 또는 '개발영웅'으로 규정되기까지 한다고 말했다(Castles and Miller, 한국이민학회 옮김, 2016: 119).

국가적으로도 이주노동자들의 송금은 유용했다. 앞서 살펴본 바와 같이 상환 부담이 없는 파독 노동자들의 송금은 한시적이고 경제개발에 필요한 규모에 비하면 적었지만, 이에 비해 손실 비용이 전혀 발생하지 않는 순이익이었기 때문에 확실히 차관과 비교해서 파독 노동자들의 송금은 효과가 있었다. 그래서 정부는 언론을 통해 적극적으로 송금을 유도하기도 했다.

그런데 송금이라는 행위를 두고 파독 노동자들의 '기억'은 가족과 국가에 대한 '희생'이라는 의미로 재해석되었다. 경제적 기여라는 부분이 부각되면 될수록, 고생한 자신에게 돌아오는 것은 없었다는 기억이 희생했다는 결과로 의미화되었다. 그리고 자신의 송금이 국가 경제 발전에 기여했다는 국가의 일방적 이미지 만들기로 인해 파독 노동자들로 하여금 '자신의 송금이 그렇게 쓰였다면 좋은 일'로 여기게 되는 자연스러운 동의와 함께 송금의 의미는 재해석되었다. 이러한 생각은 시간이 흐를수록 구체화되고 확대되었다.

일찍이 파독을 선택한 동기에는 경제적 조건 외에도 한국의 유교적이고 가부장적인 가정으로부터의 자유, 또는 공부나 취업에 대한 진로, 해외에 대한 동경 등 선택의 이유가 다양했다. 즉, 송금만을 목적으로 독일 진출을 선택한 것이 아니라는 것이다. 송금의 많은 부분을 한국에 있는 가족에게 보낸 경우라도 이는 도덕적 의무 등이 작용한 것이며, 일면 꼭 가족만을 위해서라기보다는 자신이 다시 한국에 돌아갔을 때를 계획한 저축 차원의 송금이기도 했다. 그럼에도 한국에 송금하면서 이에 대한 '보상'적 심리가 존재했으며, 가족을 대상으로 '희생'했다는 생각이 들었던 것이다. 예를 들면, 자신이 보낸 돈이 어디에 쓰였는지 잘 모르거나, 귀국했을 때 자신이 사용할 돈은 있는지 확신이 없을 때, 예전과 다르게 가정 형편이 좋아져서 자신만 고생한 것처럼 느껴질 때, 파독 노동자들은 가족에 대한 본인의 희생으로 느껴졌던 것이다. 한편, 이러한 희생에 대한 기억은 송금을 보내는 이들의 '부담'이기도 했다. 자신이 보낸 송금에도 불구하고 가정 형편이 나아지지 않자 계속해서 송금해야 한다는 부담이 컸던 것이다.

또한 파독 노동자들이 한국에 보낸 '송금'의 용도가 '나라를 위한 것'으로 의미가 확대되어 다음과 같이 표현되기도 했다.

"1960년 초반부터 1970년대까지 7천여 명의 간호사들이 국가 경제를 살리기 위해 조국을 떠났다. 우리나라 간호사들의 탁월한 간호 기술과 성실한 근무 태도는 민간사절단 역할도 톡톡히 해냈으며 세계가 한국을 새롭게 바라보게 만들었다. 이들이 고국에 송금한 봉급은 곧 우리나라 경제 발전의 밑거름이 됐고 한국 노동자들이 세계로 진출하는 물꼬를 트는 계기로 작용했다. 독일에 진출한 간호사들은 그 누구보다 성실히 일했다. 우리나라가 빈곤국에서 벗어나 오늘날의 '대한민국'을 만드는 데 큰

몫을 해냈으며, 또 재외 한인 사회 구축과 한민족의 세계화에도 기여했
다"(대한간호협회, 2008: 10).

1966년 파독 광부로 독일에 갔던 홍윤표는 자신이 독일에서 광부로 받
았던 월급이 독일 돈으로 600마르크였다고 말한다. 그의 대다수 동료들은
월급에서 약간의 생활비만 남기고 대부분의 돈을 한국으로 송금했다는 것이
다. 당시 환율은 1,600:1이었다고 한다. 광산에서 죽음과 사투하면서 받은
월급의 대부분을 한국으로 송금하면서도 한국에 있는 가족들, 더 나아가 잘
살게 될 국가를 생각하며 대한의 역군이라는 사실에 가슴 벅차하며 고됨을
참고 견뎠노라고 증언한다(홍윤표, 2011: 61).

이역만리 타국까지 가서 광부로 고된 일을 하면서도 참고 인내할 수 있
었던 힘의 원천은 그들이 번 돈을 한국에 송금하면서 느꼈던 자부심과 희열
이었을 것이다. 1964년 12월 박정희의 방독 일정 중 연설을 직접 들은 홍윤
표는 가난한 나라에 대한 설움을 더 느꼈을 수도 있다. 그때 같이 부른 애국
가는 처음 이주노동을 선택했던 다양한 목적과는 달리 모두 한마음이 된 애
국자로 느끼기에 충분했다. 홍윤표를 비롯한 많은 파독 노동자가 처음부터
독일에 가서 일을 하여 국가 경제개발에 기여를 의식하고 간 경우는 거의 없
을 것이다. 한 개인이 해외 취업을 결정하면서 가난한 조국을 생각하여 근대
화에 기여하겠다는 생각은 흔하지 않다. 만약 정부에서 파독 노동자들의 송
금을 '강제'한 것이라면 이는 국가적 강제 동원이나 또는 임금담보로 인한 국
가적 희생을 염두에 두어야 할 것이다. 그러나 파독 노동자들의 자발적 지원
동기는 가족이나 개인의 경제적 이득을 위한 것이었으며, 해외 진출을 통해
시작되는 그들 나름의 꿈의 실현을 위함이었다.

나혜심은 이러한 송금의 행위가 경제적으로는 중요한 의미를 갖지만

노동 이주를 떠난 이유이자 목적으로 유일한 것은 아님을 지적한다. 송금에 다소 과도한 의미 부여를 하는 것에 대한 지적인 것이다. 이주노동자들의 송금 목적은 가족의 생계 지원뿐만 아니라, 자신의 미래를 위한 투자와 자금 모금, 더 넓고 자유로운 삶에 대한 동경 등 더 많은 이유가 작용하고 있었다는 것이다.

또한 송금이라는 행위는 국가에 대한 의무로서가 아니라 가족들에 대하여 장남이나 장녀들, 또는 가족들로부터 권리보다는 의무를 더 많이 부여받은 여성들이 갖고 있던 가족에 대한 도덕적, 인습적인 의무들이 실행되는 방식이었다는 것이다. 그래서 그들의 송금은 이미 한국에서 그들이 감당하고 있던 역할의 연장인 경우가 많았다. 또한 귀국하지 않고 체류 기간이 길어지거나 독일에서 결혼하여 정착하게 되는 경우 이들의 송금은 줄어들고 자신에 대한 투자에 힘을 쏟는 이들이 증가했다는 사실은 주목할 만하다.

따라서 나혜심은 해외이주노동자들의 해외이주의 동기를 송금이라는 행위로 일반화하고 단정시켜서는 안 된다고 주장한다. 송금은 이주민의 개인적인 삶에서 국경을 가로지르며 나타나는 가족적 유대 안에서의 자신의 의무감, 도덕적 감성의 실현이었고, 그런 의미에서 국경을 넘어 여전히 유지되고 있는 가족적인 유대의 표현이라는 것이다(나혜심, 2013: 148-155).

또한 해외이주노동자들의 송금을 통해 한국 사회에 간접적으로 외화 획득의 효과를 주었다는 의미에서는 현대사에서 중요한 의미를 갖기도 하지만, 한편으로 송금을 외화 획득으로만 보는 것은 경제개발적 역사 관점으로 1960~1970년대 경제 발전과 조국 근대화라는 한국의 경제개발에 끼친 영향에 편중된 말이라는 지적도 고려해야 할 것이다(윤용선, 2013, 2014).

4장
독일 거주민으로의
정착과 적응

＊

　　박정희 정부의 최대 관심이 경제개발을 위한 외화 획득이었다면, 파독
노동자들의 개인적 관심은 가난에서 벗어날 수 있다는 것과 새로운 진로를
꿈꿀 수 있다는 데 있었다. 이렇게 국가와 개인의 다른 이해 속에서 파독 인
력 송출은 시작되었다. 그러나 파독 인력 송출의 초기 시기인 광부·간호사
모집 시기부터 월급을 받아 송금을 보내는 3년의 기간까지는 서로의 목적
은 달랐어도 국가와 개인은 협력 단계였다. 왜냐하면 송금을 통한 국가의 외
화 획득과 개인의 경제적 성공이 맞물렸기 때문이다. 그러나 파독 노동자들
이 3년 계약을 마치고 귀국하거나 또는 제3국으로 이주를 계획하거나 독일
정착을 결정하는 순간, 국가와 개인의 협력 관계는 중단된다(윤용선; 노명환 외,
2014: 73). 본국으로 송금하는 대신 '저축'을 선택했기 때문이다. 따라서 한국
에서는 정착으로 인한 송금액의 감소를 우려하여 송금 장려 정책을 펼치기
도 했음을 위에서 살펴보았다.[1]

　　그런데 정부는 이러한 송금을 위한 정책을 펼치기는 했어도, 이들이 한
국에 귀국했을 때나 정착하는 과정에서 국가의 정책이란 전무했다. 1964년
박정희가 방독했을 때 했던 약속, 귀국 이후의 직장 주선이나 독일 체류 기
간 연장, 강제 송환 방지, 송금 환율을 도와주겠다는 약속은 이행되지 않았
다(김원, 2011: 143). 특히 파독 노동자들이 독일에 정착한 후 현지에서 적응하

---

1) "해외 취업자에 외화"(경향신문, 1969.3.26.), "송금해야 해외 취업, 각의, 정기적립 등 의무화 의결"(조
　선일보, 1969.5.10.) 참조.

는 데 있어서는 소홀한 태도를 보였다. 애초에 독일 진출을 위한 정부의 교육은 간단한 독일어와 반공 교육뿐이었으며 독일 생활에 대한 교육과 대책이 없었다는 것이다. 이는 당연히 독일에서 원하는 노동력 숫자 채우기와 그만큼의 외화 송금 확보에 목적이 있었음이 드러나는 부분이라 하겠다.

4장에서는 이주노동 이후 귀국하지 않고 독일에 정착한 한인들의 정착 과정과 적응, 그리고 독일 이주로 인해 제2의 인생을 사는 것과 같은 의미로서 이들의 사회 활동을 살펴보고 그 속에서 재형성되는 정체성을 살펴볼 것이다.

파독 '이주노동자'에서
재독 '한인 거주민'으로

◆ ◆ ◆

파독 노동자들은 독일에서의 이주노동 계약 기간인 3년만 마치면 한국에서의 가족 경제도 어느 정도 해결될 것이고, 직업도 생길 것이라는 이전과 다른 미래를 기대하며 독일에서의 외로움, 소외감, 심리적 갈등, 육체적 피로감 등을 버티며 지냈다. 그러나 3년 계약 기간이 끝나는 시점에 이들의 목표는 쉽게 달성되지 않았으며, 결국 '어디로 갈 것인가?'에 대한 물음에 다시 직면하게 되었다.

이 물음은 다시 '왜 정착하게 되었는가?'로 이어지면서 파독 노동자들의 또 다른 적응이 필요하게 되었다. 이러한 물음은 파독 간호사들보다 광부들에게 더 많았는데, 당시 독일의 의료 사정에 의해 지속적으로 간호 인력이 필요했던 경우와는 달리, 광산업은 사양산업(斜陽産業)이었고, 고용 당시 광산 교육생 신분으로 파견되었기 때문에 고용 연장이 불가능한 상황이었다. 그러므로 귀국을 포기한다면 다른 방법, 즉 제3국으로 재이주를 하거나 독일에서 다른 회사에 취업하거나 유학생으로 진학하거나 또는 장기 체류가 가능한 여성들과 결혼하는 방법 등을 찾아야 했다(나혜심, 2012: 222).

이러한 장기적인 체류 방법을 생각할 때에도 '영구 이주', 즉 독일 정착을 결심했다고는 볼 수 없다. 한국에서 파독 모집 광고를 접하고 지원할 당시에는 해외로 나간다는 것이 쉬운 일이 아니었으므로, 독일에서의 취업 직종, 생활 여건, 또 다른 어떤 미래에 대해 구체적으로 준비할 겨를도 없이 선택한 일이었다. 일부는 파독 선택을 제3국으로의 이주를 위한 단계로 생각한 이들도 있었으나, 대부분은 한국으로 다시 돌아갈 계획이었다.

> "사실 우리는 3년간 짐을 안 풀었어. 다시 갈 생각에 … 그래서 7명이 똑같은 냉장고, 전축 하나 … 항상 똑같이 사고 살았지."(김미순 인터뷰, 2016)

그러나 시간의 흐름 속에서 자연스럽게 장기 체류를 할 수밖에 없는 상황이 되었거나 또는 어떠한 계기로 독일 거주를 결단한 상황이었을 것이다. 따라서 독일 거주민으로 정착하게 된 것은 처음부터 계획된 이민, 즉 일반적인 '이민'에서 시작된 것이 아니라, 이렇게 '단기 이주노동'에서 시작하여 점차적으로 진행된 현실 적응 과정에서 형성된 것이라고 할 수 있다.

파독 광부의 경우에는 계약이 만료된 후 귀국이 40%, 독일 체류가 40%, 제3국 이주가 20% 정도였으며, 간호사의 경우에는 약 절반 정도가 독일 정착을 선택했다. 파독 노동자들의 절반 이상이 독일 체류를 비롯한 해외 체류를 선택한 것이다. 이들은 여러 이유에서 체류를 선택했는데, 귀국 후의 생활 문제, 즉 경제적인 불안, 재취업의 불안, 귀국 후에는 다시 독일에 갈 수 없다는 불안, 한국에 대한 낯선 괴리감 등과 함께 어느 정도 독일 생활의 적응 속에서 더 나은 삶을 위한 새로운 직업과 유학에 대한 희망 등의 이유로 체류를 선택했다(윤용선; 노명환 외, 2014: 74-76).

당시 독일은 이주노동자들이 체류하지 못하도록 3년이라는 계약 기간을 두었기 때문에 개인이 원하는 대로는 체류 연장이 불가했다. 그래서 파독 노동자들은 유학이나 재취업으로 체류를 연장하는 방법보다는 독일에서 '결혼'을 선택하는 경우가 많았다. 장기 거주를 선택한 광부 중에는 파독 간호사와 결혼하여 '가족 동거권'을 이용해 체류 연장을 하기도 했다. 이로 인해 생긴 두 가지 에피소드가 문학작품으로 표현되기도 했다.[2]

하나는 광부들의 '피아노 치기'라는 것이며, 또 하나는 '유령가족'이다. 주말이 되면 한인 광부들은 무작정 간호사들의 기숙사를 찾아 현관문의 이름을 보고 피아노 치듯이 골라 찾아간다는 의미에서 '피아노 치기'라고 불렀다는 것이다(이상진, 2018: 199).

또 하나, 사회보장 제도가 잘 되어 있는 독일에서는 결혼한 사람에게는 결혼 수당, 부부가 별거할 경우 별거 수당, 부부 중 한 명이 사망하면 사망 수당, 주거 공간 확보를 위한 지원비, 자녀를 위한 자녀 수당 등 각종 혜택이 있다 보니 한국인 광부들은 서류를 위조하여 독일 기관에 제출한 경우도 있었다. 가족 수당을 받기 위해 가짜로 가족을 만들어 호적에 올리거나, 생존해 있는 부인의 허위 사망 신고 등이 그 예이다(한국파독광부총연합회, 2009: 264). 파독 간호사들 중에도 재계약이 불투명한 가운데, 아직 계약 기간이 남은 남성과 결혼하여 일시적으로 체류 연장을 받은 후에 직업을 다시 찾아간 경우도 있었다.

독일에서 장기 체류의 법적 자격을 갖출 수 있는 경우는 간호사이건 광부이건 상관없이 독일인과 결혼한 경우였다. 파독 노동자들 중에서는 한인

---

2) 파독 광부의 이주와 거주 과정을 그리고 있는 김순실의 소설 《유령가족》(2018. 꿈과비전)은 간호사를 찾아나서는 광부들과 그들을 기다리는 간호사의 모습을 그리는 청춘 남녀의 사랑과 체류 연장에 대한 기대와 행복을 묘사했다. 한편으로는 이국땅에서 돈 벌기에 급급한 나머지 유령가족까지 만들어 돈을 벌어서 결혼했지만, 결국 허위 신고로 인해 결혼을 포기해야 하는 상황을 그리며 진짜 가족을 이루고 싶은 간절한 욕망을 형상화했다(이상진, 2018: 199-200).

광부가 독일인 여성과 결혼한 경우보다 한인 간호사가 독일인 남성과 결혼한 경우가 더 많았다(나혜심, 2013: 174).

이렇게 결혼은 독일 '거주' 과정의 주요한 동기가 되었는데, 그렇다고 하여 결혼을 독일 거주를 위한 수단이나 조건으로만 결부시켜서는 안 된다는 것이 나혜심(2012: 223)의 중요한 지적이다. 장기 거주를 위해 결혼을 선택한 경우도 있었지만, 실제 결혼을 통해 독일에서의 삶이 자연적으로 이어지고 결혼 이후의 출산, 육아, 자녀 교육의 과정을 거치면서 정착 된 경우도 많았기 때문이다. 어쨌든 파독 노동자들에게 결혼은 독일 거주의 가능성에 큰 의미를 주었다.

독일에서의 삶이 지속되면서 사회적 권리를 찾고 가족 재결합의 권리가 획득되면서 영구 정착이 진행되었다. 또 다른 이유에서의 영구 정착에 대해 파독 광부 김영태는 독일에 정착하게 된 계기를 다음과 같이 말했다.

> "독일에서 혜택을 많이 받고 산 것 같아요. 광산에 있을 때, 광산에서 반장을 '슈타이거(Steiger)'라고 하는데 '슈타이거'가 추천을 해서 일정 교육을 받았어요. '하우어(Häuer)' 교육을 받은 거예요. 그랬더니 자격증이 나오고, 그 자격증을 취득한 사람들의 명단이 지방 신문에 나오게 된 거예요. 나는 3년 계약이 끝나면 한국으로 돌아갈 사람이어서 사실 해당이 되지 않았지만, 그래도 시작했다는 이유로 슈타이거 학교에 신청을 해서 광산 일을 마치고 직업 교육을 받았어요. 그랬더니 직업 교육을 받는 사람은 독일 정부에서 생활비까지 대주는 거예요. 독일에서는 직업 교육을 받아야 직장을 얻을 수 있고, 그에 준하는 월급을 받을 수 있어요. 나중에 알고 보니 저는 직장에서 동양인이고 하니까 독일인하고 똑같이 일하지만 인정을 잘 안 해주려고 하더라고요. 그래서 5년 근무하고, 또 독

일정부 보조를 받아서 '마스터슐레' 라는 자격을 받고 자격증도 땄어요. 그렇게 살면서 독일에 정착하게 되고 오늘에 이르게 됐죠."(김영태 인터뷰, 2016)

한편, 파독 간호사들이 독일에 정착하게 된 중요한 계기는 그들이 독일 인들의 서명을 통한 사회운동을 이국땅에서 해냈기 때문이다. 그래서 그들은 당당하게 독일법의 보호를 받으며, 그들이 원하면 독일에 머물면서 그들의 전문 영역에서 마음껏 일을 할 수 있게 된 것이다. 이처럼 파독 간호사들은 독일에서 전폭적인 지지를 받으며 사회 활동을 통해 독일에서 영주권을 취득했지만 파독 광부들의 상황은 그렇게 좋지 못했다.

대체적으로 독일에 계속해서 체류하게 된 파독 광부들은 파독 간호사와 결혼하여 체류 허가를 받은 사람들이었다. 1974년 파독 간호사로 영주권을 받은 조희선과 결혼한 파독 광부 박영성은 현재 독일 보훔에 거주하고 있다. 당시 광부들은 독일 체류 허가를 받으면 보훔 지역의 경우 오펠 자동차 회사에 많이 입사했다고 한다. 이와 관련해 박영성은 다음과 같이 증언했다.

"한국 광부들은 파독 광부로 3년 계약이 끝나면 대체로 한국으로 돌아가 야만 했어요. 그런데 독일 광산은 계속해서 광부들을 필요로 했기 때문에 한국 광부들 가운데 근무 성적이 좋고 일을 잘하는 사람들을 뽑아 1년을 더 연장해 줬어요. 나도 여기에 해당되어 4년 동안 광부로 일을 했어요. 그동안 일했던 광산에서는 더 이상 지낼 수 없어서 도르트문트 광산에 지원해 옮겨오게 된 것이고, 이곳에서 와이프를 만나 결혼하고 보훔으로 옮겨와 살고 있습니다."(박영성 인터뷰, 2016)

독일에서의 결혼, 가족 만들기 등의 정착 과정이 진행되면서 한국과의 유대적 관계들은 점점 축소되고, 독일 사회와 문화에 적응하기 위한 노력으로 변화하게 된다.

독일 정착 과정에서의
한·독 문화 이해와 적응

◆ ◆ ◆

한 · 독 문화 이해

파독 노동자들이 이주와 정착 과정에서 수없이 겪었던 어려움은 언어를 포함한 문화권의 차이에서 나타나는 갈등이었다. 독일에 일찍 이주한 한인들은 1960년대 한국의 사회 · 문화를 마지막으로 경험했기 때문에 전쟁 이후의 빈곤, 반공 정신, 유교 문화, 가족주의, 집단주의 등 동양적 문화를 배경으로 한 삶의 패턴이 독일의 서구 문화와 만나면서, 그들의 동양적 문화 패턴은 충돌, 변화의 현상으로 나타났다. 한 · 독 문화를 이해하는 것은 두 국가 사이에서 소통을 실현하기 위한 적응 단계에서의 충격과 변화를 재해석하게 한다.

노명환은 에드워드 홀(Edward T. Hall)의 네 가지 차원적 방법으로 한국과 독일의 문화를 비교했는데 첫째, 대화를 할 때 얼마나 '명백한 표현'으로 전달하는가에 있어 한국은 고맥락(High-context)적 기반에서 의사소통을 한다는 것이다. 즉, 이심전심과 같은 것으로 굳이 말을 안 해도 눈치와 상황 판단으로 의사소통이 가능하다는 것이다. 반면, 독일은 저맥락(Low-context)적 기반의 의사소통으로 말과 글로 명확하게 표현되어야 한다는 것이다. 둘째, 대화를 할 때 사람과 사람 사이의 '공간'의 크기로 집단주의와 개인주의를 측정하는 차원이다. 이에 한국은 친밀한 거리, 악수하는 거리의 좁은 공간에 속하는 집단주의 문화권이며, 독일은 상대적으로 사람 사이의 공간을 넓게 두는 개인주의 문화권이다. 셋째, '일을 하는 스타일'에 따라 생활 방식을 보는 것인데, 한국은 같은 시간대에 여러 일을 하고, 독일은 한 번에 하나씩 순서대로 일을 한다는 것이다. 이는 질서와 계획, 근면성, 체계성 등을 반영한다. 넷째, 소통을 위한 정보가 '어떤 경로와 속도'로 전달되는지를 살펴 '수직적 의사소통'인지 '수평적 의사소통'인지를 확인하는 것이다. 한국은 수직적인 의사소통 구조로 위계적 질서를 갖는 문화권이며, 독일은 수평적인 의사소통 구조로 평등적 질서를 갖는 문화권이라고 정리했다.

홀(Hall)이 차원적 방법이라면, 마틴 개논(Martin J. Gannon)은 실제 문화 상황과 연계적 차원에서 질적인 방법으로 '문화 은유(cultural metaphor)'로 묘사하는 방법을 제시했다. 즉, 그는 한국의 문화를 '김치'라는 메타포로 설명하는데, 첫째, 유교적 전통의 윤리관으로 사회의 조화를 이룬다. 둘째, 집단주의 문화를 형성한다. 셋째, 말과 논리보다는 상황과 눈치로 소통하는 문화라는 것이다.

반면, 독일은 '심포니 오케스트라'로 설명하는데, 각자 자신의 악기를 독립적으로 연주하면서 동시에 지휘자의 지휘를 따르는 것에 중점을 둔다. 다시 말해, 독일 문화는 개인주의적 생활 방식이지만 준법 정신이 강한 민족으로 한국의 가족 서열과 같은 관계 질서와 달리 준법정신을 통해 사회 질서를 유지하는 문화라는 것이다. 또한 독일은 다원주의 사회로, 서로 다른 것을 인정하며 감정 표현을 잘 드러내지 않는 특징이 있음을 이처럼 오케스트라 메타포로 설명했다.

노명환도 지적했듯이 이러한 문화 이해는 추상적인 고정관념을 만들어 낼 수도 있다. 그러나 아시아와 유럽이라는 서로 다른 문화권의 경험과 가치 체계가 일상에서 부딪히는 이주 과정에서의 문화 이해는 생활 방식의 이해 이며, 사회 구성원, 가족 구성원에 대한 이해로서 파독 광부 · 간호사들의 적 응 시차의 원인을 파악하고 이해하는 척도로 고려해 볼 수 있겠다. 이는 독 일로 이주했으니 독일 문화를 이해해야 한다는 일방적 차원은 아니다(노명환 외, 2014: 332-337).

한국 문화, 특히 음식 냄새 때문에 독일 사람들이 싫어하는 경우도 있 었지만, 간호사들 경우에는 병원 직원들이 한국식 만찬을 준비해 주거나, 직 원 식당에 김치를 두거나 하는 경우도 있었다(조선희 인터뷰, 2016). 사실 독일 사람들도 아시아 사람, 한국에 대한 정보는 베트남전쟁 중이라는 사실밖에 없어서(당시엔 베트남전쟁에 대한 인식이 있어 베트남 사람이냐고 묻기도 함—최영숙 인터뷰 중) 그들끼리 한국 간호사들에 대해 연구를 했다고 한다.

> "병원에 갔는데 그래도 자기네는 우리에 대해 연구를 한 거에요. 한국에
> 서 오면 그들의 주식은 뭐지? 쌀! 이 사람들이 아는 거는 쌀하고 우유하
> 고 끓이는거. 쌀에다가 우유를 넣어 밥을 한 거에요. 그러니까 계피, 설
> 탕, 그걸 큰 솥에 끓여서 우리보고 먹으라고 하는 거에요. 다들 가만히
> 있으니까 이 사람들은 '왜 못 먹는 거지?' 하면서 자기네들끼리 어깨를 들
> 썩거리며 고심하고 있더라구요. 자기들 나름 연구를 많이 했는데, 문화
> 와 정서가 다르니까 … 독일 사람들도 힘들었던 거에요. 우리를 받느라
> … 우리만 힘들었다고 생각했는데, 돌이켜 생각하면 처음에 우리에게 독
> 일 정보를 안 준 거, 독일 시스템에 대해 알려주지 않은 거, 뭐 정부 잘못

이죠(웃음)."(최영숙 인터뷰, 2016)

　　파독 노동자들의 한국적 집단주의 특징은 독일에서의 한인회 결성으로 독일 사회 적응에 새로운 출구를 찾게 되었다. 이러한 돌파구는 사실상 파독 노동자들의 권리 문제가 발생하면서 촉발이 되었는데, 당시 한국 정부의 조치가 있었다면 더 늦게 결성되었거나 또는 한인회의 집단적 동력이 약화되었을 수도 있다. 다시 말해 파독 노동자들의 정착 단계에서의 집단 응집성은 독일 내에서의 문제를 해결하는 과정에서 형성되었다. 여러 집단 구성 중에서 파독 광부들의 모임인 '재독한인글뤽아우프회'와 파독 간호사들의 모임인 '재독한국여성모임'을 중심으로 정착 시기의 활동들을 살펴보겠다.

재독한인글뤽아우프회

　　사단법인 '재독한인글뤽아우프회'는 파독 광부로 진출한 지 만 6년이 되던 해인 1969년 11월 22일, 아헨에서 1965~1967년 주독 한국대사관 노무관이었던 이효석[3]을 수석고문으로 위촉하면서 당시 파독 광부로 왔다가 아헨공대의 박사 과정으로 있었던 조희영과 10명의 동료들이 모여 퇴직 광부들의 친목회로 시작되었다. 퇴직 광산 근로자들이 함께 모여 친목을 도모하고 독일 사회에서 대한민국의 위상을 제고하는 활동과 한국 문화를 널리 알리며, 건전한 재독 동포 사회를 정착시키는 데 목적을 두었다.

---

3) (사)재독한인글뤽아우프회는 1999년 11월 27일 '광산 근로자 파독 35주년 기념식' 격려사로 이효석을 초청했으며, 2000년 5월에는 파독 35주년 기념행사에 '노동부 이효석 전 노무관 초청 강연회'를 개최했다(이수길, 2014: 244, 재독한인글뤽아우프회 연혁과 정관 중 제16차 정기총회 일정 참고).

재독한인글뤽아우프회는 독일 법인체법에 의해 보호받는 공익단체로서 파독 광산 근로자들의 권익을 위해 설립된 최초의 단체이다.[4] 창립 후 1973년 12월 22일부터 재독한인글뤽아우프회 이름[5]으로 활동하기 시작했다. 이들은 한국 동길탄광 가스 폭발 사고 희생자 유가족 성금, 전남 수재민 의연금, 경기도 지선중학교와 자매결연을 맺어 장학금 또는 축구공 보내기 운동 등을 실행했으며, 1980년부터 현재까지 매해 노동절 행사를 통해 독일 현지 동포 사회의 친목과 한국 문화의 전통을 소개하는 일 등 다양한 활동을 하고 있다.

재독한인글뤽아우프회는 산하에 4개 지역회를 두고 있다. 〈북부글뤽아우프회〉, 〈베를린 글뤽아우프회〉, 〈중부글뤽아우프회〉, 〈남부글뤽아우프회〉가 결성되어 이제까지 본부에 편중되어 있던 행정상의 권한을 분산하면서 지역 체제를 갖추게 되었다. 그리고 '파독 광부 복지사업'에 대한 공청회를 지속적으로 열면서 주요한 안건들을 결정했다(한국파독광부총연합회, 2009: 380-386). 재독한인글뤽아우프회는 계속해서 에센 소재 파독광부기념회관·한인문화회관에서 정기총회를 개최하면서 친교 행사들을 진행하고 있다.

재독한인글뤽아우프 노동절 기념행사(에센 파독광부기념회관·한인문화회관)
〈유로저널, 2016.5.10. www.eknews.net〉

---

4) (사)재독한인글뤽아우프회 연혁과 정관 참조(http://cafe.daum.net/glueckauf).
5) 글뤽아우프(Glueckauf)란 '살아서 돌아오라', '지상에서 만나자' 등 광부들의 통용 인사로 지하 1,000미터에서 탄을 캐는 광부들에게 경고와도 같고, 애정어린 말도 되는, 아무 사고 없이 다시 올라오라는 말이다. 이 말이 단체명이 된 것은 1차 광부 출신 권이종의 부인 백정신이 제안하고 당시 창립원들이 이에 동의하여 '재독한인글뤽아우프회'로 명명했기 때문이다(http://cafe.daum.net/glueckauf).

재독한인글뢰아우프회의 활동은 현대에 이르러 일부 정치적인 성향에 따라 편향적 운영이 있기는 하나, 독일 이주 한인 사회의 지속과 파독 노동자들의 역사를 현재화하는 데 중요한 의미를 지닌다.

재독한국여성모임

파독 광부들의 조직 구성 면에 비해 파독 간호사들의 체류권 투쟁을 비롯한 '권리 찾기 운동'은 이주 여성들의 집단화, 의식화의 결과라고 할 수 있다. 초기에는 지역별로 소모임을 구성해 자신들의 처지를 서로 돕고 지원했으며, 이후 '재독한인간호협회'를 구성하며 발전했다. 한편 자신의 정체성을 한국에 있는 간호사들과 동일한 것으로 인식하면서 한국의 대한간호협회 독일지부로 자리매김하려는 모임도 있었다. 결과적으로는 특별한 자기 정체성을 드러내는 조직들이 지역별로 만들어졌고, 1985년에 '재독한인간호협회(Overseas Korean Nurses Association, OKNA)'[6]라는 전국 조직으로 발전했다.

또한 일부 여성들 사이에서 좀 더 의식적이고 사회 참여적인 단체가 만들어졌는데 바로 '재독한국여성모임(Koreanische Frauengruppe in Deutschland)'이다. 이 모임은 1977년부터 한국인 간호사 강제 소환 조치에 반대하는 체류권 투쟁 과정을 기반으로 구성되었고, 1978년 4월에 조직을 준비하여 그해 10월 6일부터 8일까지 프랑크푸르트에서 창립총회를 열었다. 앞서 1974년 베를린에 '스스로 돕는 한국 여성 모임'이 있었고, 이곳에서 발간하는 연간 간행

---

6) 재독한인간호협회는 재단 포함한 19개의 지역 협회로 구성되어 있다. 남가주, 뉴잉글랜드, 대뉴욕, 멜번, 북가주, 북캐롤라이나, 북텍사스, 새크라멘토, 재독, 애리조나, 오스트리아, 재미시카고, 캐나다 온타리오, 콜로라도, 하와이, 호주, 휴스턴 한인간호사협회, 국제한인간호재단(미국 본부), 세계기독간호재단이 있다(www.gkna.org).

쿨《재독한국여성모임》과 소식지 《까치소리》 등을 통해 이들은 한국의 노동 문제나 정치, 사회 문제 등에 관심을 가지고 연대했다(나혜심, 2016: 200-201).

파독 간호사의 정체성은 낯선 환경 속에서 새로운 삶의 터전을 마련해 가는 '손님 노동자'이면서, '외국인 여성'이고, '이주민 여성'이었다. 이들에게 독일과 한국은 하나를 선택하고 다른 하나를 버리는 것이 아닌, 두 국가의 역사를 동시에 끌어안고 살아가야 하는 삶이었다. 그래서 정체된 사고와 행동보다는 유연하면서도 역동적인 태도가 필요했으며, 그 노력들이 재독한국여성모임의 활동으로 응집될 수 있었다. 재독한국여성모임은 기본적인 여성 문제에 대한 기본 입장과 행동 방향에 대한 제시에 앞서, 시대적 배경에 대한 인지와 상충된 수많은 문제의 토론 속에서 창립선언문을 발표하게 된다.

재독한국여성모임의 창립 이유이면서 당시 시대적 배경과 맞물린 재독한국여성모임의 주체적 활동 방향의 근거는 다음과 같다.

첫째, 1975년에 유엔이 '여성의 해'를 선포하므로 그동안의 산발적이고 잠재되어 있던 수많은 여성 문제를 공개적이고 공식적인 차원에서 거론하기 시작했다는 것이다. 이를 계기로 오랫동안 남성 중심의 가부장제 아래 여성을 억압하던 각종 사회 제도와 여성 비인간화 사상과 관습에 대한 비판이 커지기 시작했다. 독일에서도 여성 해방에 대한 토론이 활성화되면서 여러 여성 조직이 탄생했다. 둘째, 1967년에 일어났던 '동백림 사건'과 1972년 박정희 독재 정권의 유신 선포 등, 한국의 정치 사회에 대한 암담함과 공포 속에서 다시 한인 조직을 구성하여 정치적 의식을 바로 갖고 박정희 독재 정권에 대한 투쟁을 선언하고 나선 것이다. 셋째, 파독 간호사 스스로의 권익을 찾는 운동이 필요했던 것이다. 이미 1974년 베를린의 한국 간호사들이 모여 '스스로 돕는 한국 여성 모임'을 발족하면서 여러 가지 문제를 공동으로 해결하고자 했다. '3년간의 취업을 전제로 한 노동 계약 조건 문제', '체류와 노동이 함께 묶여 있는 외국인 법', '한국 여성들의 신체 조건에 맞는 병원 근무지를 찾아 이동할 때 생기는 어려움', '언어와 문화의 차이에서 기인한 소외, 격리, 외로움' 등을 포함하여 재독 한인 간호사들의 현황과 자녀 재교육 과정을 밟는 문제, 한국 여성과 독일 남성과의 결혼에 있어서의 의견까지도 토론의 주제가 되었다.

1974년 베를린의 '스스로 돕는 한국 여성 모임' 외에도 하이델베르크, 뮌헨, 프랑크푸르트, 쾰른, 뒤셀도르프, 본 등 독일의 15개 도시에 거주하는 한국 여성들이 지역적 차원에서 모임을 이미 만들고 있었으며, 이러한 지역 모임에는 한국 간호사 외에 정치적인 문제에 관심을 가진 유학생, 한인 교회 등의 여성들이 모여 활동했다. 그리고 1974년에 조직된 한인 단체 '민주사회건설협의회'에서도 여성 활동이 진행되었다.

이렇게 지역적으로도 여성 모임이 조직되면서 독일 거주 한국 여성들이 함께 모이자는 결의를 세우게 되었다. 그래서 1976년부터 1978년 출범까지 세 차례의 세미나를 통해 열띤 토론을 거쳤는데, 1차 세미나에서는 '초기 한국 여성의 해방운동과 우리', '한국 여성의 사회적 지위'를 주제로 토론했다. 다만 이 주요한 논의를 위해 조직 구성에 대한 논의는 하지 않았다. 5개월 후 열린 2차 세미나에서는 '재독 한국 간호원의 문제와 여성 해방'을 주제로 모였는데, 이때는 외부 강사가 아닌 참가한 여성들이 스스로 준비했다는 데 의의가 있었다. 그리고 이 자리에서 재독 한국 여성들의 조직 구성에 대한 제안이 있었다.

이후 1977년 5월, 3차 세미나에서는 '여성 모임이 조직된다면 사업의 내용과 학습을 여성 해방 문제에 둘 것인지 한국의 민주화 문제에 중점을 둘 것인지'에 대한 부분과, 당시 한국에서 빨갱이 단체로 주목받고 있던 '민주사회건설협의회 회원으로 있는 여성들과 함께할 것인가', 함께한다면 이들이 요구하는 '남한의 현 정치적 상황에 대한 성명서를 발표할 것인가'에 대한 깊은 토론에 들어갔다. 3차에 걸친 토론은 여러 관점의 차이로 인해 결론을 내릴 수 없었다. 민주주의와 여성 해방에 대한 참여 여성들의 관점이 달랐고, 사회적 출신 배경이나 사회화 과정이 달랐기 때문에 이에 따른 정치적 관점이나 이해관계에서 차이가 있었던 것이다. 이러한 입장의 차이로 인해 조직 구성 논의가 진전되기 어려웠다.

이러한 중에 바이에른주에서 가장 먼저 시작된 '한국 간호사 추방 사건'이 이후 점점 다른 지역으로 확대 증가하자, 이를 위한 서명 운동과 여론화 운동을 전국적으로 조직해 전개하자는 계획을 세우며, 그간의 세미나 결과를 아래와 같이 정리하게 되었다.

> "우리는 재독 한국 간호사들의 문제, 제3세계 여성 문제 그리고 남한에서의 여성 노동자 문제를 가지고 이론적으로 파악해 보고 토론도 했다. 따라서 이 '외국인 간호원 추방 반대 운동'을 이론적 바탕을 가지고 전개해 나간다는 것은 바로 실천에 옮기는 것이며, 추상에 머물지 않고 구체적으로 현실을 개척해 나간다는 것이다. 그렇기 때문에 이 활동은 조직된 사람들에게는 중요한 과제이며 깊은 의미를 던져주는 것이다."

이렇게 문제를 인식하는 과정을 거치면서 재독 한국 간호사라는 공동의 권익과 독일로 오게 된 배경을 한국과 국제정치, 국제경제 구조의 맥락에서 찾으려는 것에서 여성 모임의 구체적이고 실제적인 행동 방향을 정리하게 되었고, 재독 한국 간호사 강제 송환 반대 서명 운동을 통해 각 지역 모임을 중심으로 활동을 시작하면서 이를 계기로 전국 지역 모임과 연합하여 '재독한국여성모임'을 정식으로 1978년에 발족했던 것이다.

재독한국여성모임에서 지적한 바와 같이 '여성 문제'는 국가의 사회 구조와 시대에 따른 문제 속에서 그 성격이 규정되며 해결의 방향이 제시된다. 그래서 이들은 오늘날 한국의 정치, 사회, 경제, 문화로 나타나는 문제들을 간과할 수 없었다. 이에 재독한국여성모임에서는 다음과 같은 행동 방향을 설정했다(재독한국여성모임 www.koreanische-frauengruppe.de).

1. 우리는 한국 사회의 모순 속에 처해 있는 도시, 농촌의 근로 여성 및 인간 이하의 삶을 강요당하는 모든 여성들과 연대하며 그 문제 해결에 적극 이바지한다.
2. 우리 재독 한국 여성들의 권익을 옹호하며 이곳에서 당면하는 문제들을 공통으로 해결하며 사회에 능동적 일원으로 참여할 수 있는 의식을 고취한다.
3. 우리는 여성을 비하하는 사회의 인습과 문화의 오류를 제거하기 위한 전 인간의 의식화를 주장하며, 새로운 인간상 구축을 위해 노력한다.
4. 우리는 한국 사회의 불합리를 해결하고자 하는 제 단체 및 인간 해방을 실현하고자 하는 모든 단체들과 유대 관계를 가진다.

재독한국여성모임은 매년 총회를 통해 조직의 정관 변경과 활동 계획, 재정을 승인하며 안건에 대해 지역 조직에서 먼저 토론을 거치도록 했다. 또한 여성을 위한 정치 운동이나 여성 노동자 문제, 한국의 정치, 경제, 문화 등을 포함한 다양한 세미나를 개최하며 문집도 발행해 발표하기도 했다.

재독한국여성모임에서 진행한 세미나

(조국남, 2008: 9-13 내용을 기초로 표 구성)

대주제	소주제	개최날짜
재독한국간호사 관련	재독한국간호원 문제에 대한 공개토론회	1978.3.17-19.
독일 내의 한국 여성 국제결혼, 2세 교육	한국 여성의 교육현황	1979.6.30.
	유아기의 두 언어교육	1983.10.28-30.
	세대 간의 대화 두 문화 사이에서의 부모 그리고 자녀	1993.9.10-13.
	타향에서의 노후	1995.10.13-15.
독일 내 외국인의 위치	인종차별, 외국인정책, 현행법	1991.11.30
	외국 여성들의 정치 참여	1996.10.18-20.
	이중국적	1999.9.24-26.
여성해방	초기 한국 여성의 해방운동 한국 여성의 사회적 위치	1976.4.16-18.
	여성운동과 법률	1976.9.24-26.
	오늘의 한국여성운동과 그 과제 후진국 여성의 위치	1977.5.19-21.
	제3세계 여성운동과 여성해방	1984.5.4-6.
	국내 여성운동의 현황	1989.10.6-8.
한국의 노동여성, 농업노동	농촌 여성, 근로 여성, 독일 노동사	1979.10.12-14.
한국의 정치, 경제, 역사	동학혁명	1981.11.21-23.
	미 군정 하의 남한 사회의 인식	1981.5.1-3.
	한국의 경제체제, 미국의 동남아 정책	1988.4.8-10.
	민족통일	1987.4.
	제3세계 민족해방운동	1985.4
	핵무기와 한반도	1987.10.9-11.
	변화된 국제정세와 한반도	1991.10.4-6.
	우루과이라운드와 한국경제	
	GATT협정이 한국에 미치는 영향	1994.10.7-9.
	한국 사회에서의 여성의 정치참여	1996.4.12-14.
	남한과 북한-통일 왜 해야 하는가? 통일, 어떻게 이룩해야 하는가?	1997.3.14-16.
	국가보안법	1999.9.24-26.
한국문화 - 민족문화운동	탈춤(역사문화적 고찰), 한국민족문화	1980.11.24-26.
여성모임 조직	재독한국여성모임 중간결산대회	1982.4.30-5.1.
	재유럽 민주단체와의 만남 미 문화원 방화사건 관련자 구명운동	1982.10.29-31.
	재독한국여성모임의 발전을 위한 토론의 장 조직이론	1989.3.31-4.2.
	여성모임 상황분석	1989.10.6-8.
	재독한국여성모임의 어제와 오늘	1998.9.25-27.
	여성모임 조직구조 개편에 관한 논의	1999.9.24-26.
	여성모임과 나(대화)	2003.4.11-13.

이와 같은 세미나 주제 발표 내용, 지역 모임들의 사업 보고, 회원들의 글을 게재하는 재독한국여성모임의 정기간행물로는 1979년부터 시작한 《재독한국여성모임》 회지가 있으며, 회원들의 소식을 담는 계간지 《까치소리》가 1991년부터 출간되었다.

비정기 간행물로는 《재독 간호원 문제에 대한 문서집》, 《국제여성운동 연대자료집》 등이 있으며, 독일어로 발행된 《Die Bescheidenheit ist vorbei》(한국 여성 노동자들의 노동 착취와 불공평한 국제경제 구조에 저항하는 모습을 이리공단 후레어 훼션의 사례를 들어 독일 여성 인권 단체와 재독한국여성모임 회원이 공동으로 작성한 보고서), 《Made in Korea》(독일 아들러 회사의 봉제 여공들의 착취에 항거한 내용), 여성모임 회원들의 자전적 에세이 《Zuhause(집에)》, 《Hier ist ewig Ausland(여기는 영원한 외국)》(재독 한국 여성들의 생활 조건과 전망을 조사 연구한 논문집), 《In die Prostitution gezwungen(매춘에 강요되다. 번역서)》 등 독일어 책을 발간했다. 그 외 한국 NGO 주간지인 《시민의 신문》에 재독한국여성모임 회원들의 자전적 에세이를 연재했다. 그리고 이를 묶어 2003년에 기념 문집을 발행하기도 했다(조국남, 2008: 14-15).

대표적으로는 독일어로 출판된 《정신대》 자료집은 재독한국여성모임의 정신대 소위원회의 모든 활동을 종합하여 함께 일한 베를린일본여성모임과 공동 작업으로 발간하여, 독일인들에게 일본 식민 시기에 '위안부'로 끌려갔던 한국 여성의 참담했던 상황과 문제점을 알리는 계기가 되었다. 일본군 '위안부'로 희생당한 할머니들의 명예 회복과 보상을 위한 연대 활동은 한국의 정신대대책협의회와 연대하여 국제적인 차원에서 다뤄질 수 있도록 책자 발간, 공개 행사, 여론화 작업을 진행하고 있다. 이러한 활동들은 현재까지도 독일 '코리아협의회 일본군 위안부 문제 협의회' 주최로 하여 진행하고 있다.[7]

재독한국여성모임은 1970~1980년대 한국 내 여성 노동자들의 노동

조건 개선을 위해 한국 정부에 압력을 행사하기 위한 다양한 활동도 전개하기도 했다. 1978년 동일방직 여성 노동자에게 가해진 '똥물 사건'에 분노한 여성모임은 강제 퇴직당한 동일방직 여성 노동자들과 연대하기 위해 모금 운동을 독일 전역에서 벌였다. 뒤이어 1979년에 일어난 YH 사건, 1982년 원풍노조투쟁 등 치열했던 한국의 노동 투쟁은 여성 노동자 운동과의 지속적이고 실천적인 연대 방법을 모색하며 독일 사회에 여론화시키고, 한국 여성 노동자들과 신속한 연락을 위한 소모임도 구성하고 이와 관련된 자료집도 만들었다. 이후 1986~1987년에 일어난 독일 아들러 봉제기업의 한국 이리공단 후레어 패션 여성 노동자들의 연대 투쟁에서는 더욱 효과적인 연대 투쟁을 할 수 있었다(조국남, 2008: 16-17).

또한 이들은 여성 노동자들의 노동 환경을 폭로하면서 독일 언론과 노동조합연맹에 상황을 알리기도 했고, 한국의 민주화를 위한 다른 한인 조직들과 연합으로 전개하기도 했으며, '재유럽 민족민주운동협의회'와 '한민족 유럽연대' 등과 같은 독일과 유럽 차원의 한인 정치 조직의 형성과 발전에 중요한 역할도 감당했다(김용찬, 2006a: 152).

재독한국여성모임에서 활동했던 최영숙의 말이다.

"내가 재독한국여성모임에 들어가서 학습을 시작했는데, 그 당시에는 책도 없어서 《해방 전후사의 인식》을 가지고 공부를 시작했어요. 그러다 보니까 저한테 그런 인식이 싹트는 거예요. '왜 내가 독일에 왔지? 이게 내 자의인가? 반타의로 온 건가? 조국이라고 생각하는, 나를 보낸 한국의 정치 상황은 어떤가? 내가 살고 있는 독일은 어떤가?' 당시 독일은 베트

---

7) 베를린리포트(http://berlinreport.com)에 '제6차 세계 일본군 위안부 기림일' 베를린 시위 및 '일본군 위안부 문제 영화 상영 및 평화의 소녀상 작가와 함께하는 토론회' 등의 공지사항이 자세히 게재되었다.

남전쟁 반대, 평화운동이 일어났고, 학생들 집에 가보면 당시 집집마다 체 게바라 사진이 다 걸려 있었어요. 존 레논의 평화운동을 따라 베트남 전쟁 반대 데모가 자주 일어났고 … 여성회에 들어가면서 제 자신을 다시 돌아보게 됐어요. 재독한국여성모임에서 그런 토론도 하고….”

“… 여성 노동자들과 연대를 하게 되고, 독일에서는 일본 여성들과 연대해서 한국의 '기생 관광 반대 캠페인'을 벌였어요. 그런데 광주항쟁이 터진 거예요. … 당시 독일 기자면서 일본 특파원이었던 힌츠페터(Jürgen Hinzpeter. 1937~2016)가 한국에 몰래 들어가서 사진을 다 찍어 독일로 보낸 거예요. 2월에 돌아가셔서 장례식에도 가고 그랬는데, 제1공영방송으로 필름이 들어가면서 자기네 프로그램을 바꿔 1시간 짜리로 방송을 보여주더라구요. 가장 리얼한 광주 학살 장면이에요. 세계에서 제일 리얼하다고 평가한다고 하더라구요. 우리는 너무 놀라서 '도대체 동족을 저렇게 학살할 수 있는가!' 하고 다들 TV 앞에서 통곡을 하고 … 그래서 도저히 가만히 있을 수 없어서 여기 각 단체들, 교회들이 다 모여서 광주항쟁을 알렸죠. 광주에서는 그 일을 알릴 수 없잖아요. 당하고 있는데 … 그래서 우리가 광주항쟁을 알리기 위해 5월 15일에 큰 데모를 베를린에서 하고 대학에서 집회를 하고, 유학생들은 교회 방을 빌려 단식투쟁을 하고, 우리는 단식투쟁을 후원하고, 이름을 걸고 호소문도 나가니까 협박 전화가 와요. '당신 말 들어보니까 경상도 사투리 쓰는데 왜 전라도 것들을 도와주느냐, 조용히 돈이나 벌어서 한국에 보내라', 광주항쟁을 겪고 나니까 전에는 의식 교육을 받으면서 무서웠는데 이젠 레드 콤플렉스가 없어지는 거예요. 그러면서 이것이 정말 우리가 해야 될 일이다. 그러면서 자연스럽게 미문화원 방화 사건 때, 저희들이 연극을 만들기도 하고,

그러면서 1981년부터 광주항쟁을 기념하는 행사를 36년째 하고 있어

요."(최영숙 인터뷰, 2016)

최영숙이 회고한 광주항쟁 기념 행사는 '재유럽 오월민중제'라는 이름
으로 지속되고 있다.[8] 1980년 광주항쟁의 변혁기를 거치면서 매년 진행하
고 있는 '재유럽 오월민중제' 행사 외에도 '미문화원 방화 사건'을 주제로 한
단막극, 여성 노동운동을 주제로 한 '공장의 불빛', 동학을 연극으로 구성한
'금강' 등을 펼쳐보였다.

베를린 지역에는 풍물패 '들풀', 뮌헨 지역에서는 풍물패 '바람'(1992년)이
활동했으며, 이를 전수받아 2세들이 탄생시킨 프랑크푸르트의 '단비', 베를
린의 '천둥소리' 등의 풍물패가 활동하고 있다. 1979년 시작된 베를린 지역
의 탈춤을 포함하여 이러한 문화 활동은 현재 독일 이주민 사회를 유지하게
하는 중요한 계기를 만들었다. 1975년 파독 광부들이 만든 '재독한인노동자
연합(노연)'이라는 정치적인 단체도 있었다고 한다. '노연'은 노동자들이 중심
이 되어 유신 반대 운동을 했고, 자연스럽게 광주항쟁을 지지하는 운동도 했
다고 한다. 그 후에 그들은 독일인들과 함께 독일 녹색당 운동과 외국인 차
별 반대 운동, 평화운동 등을 펼치고 있다.

1985년에는 '한독문화협회'를 결성하여 집중적으로 2세 교육, 문화운
동, 한글 가르치기 등을 진행했으며, 독일 정부는 1988년부터 1992년까지
정부 차원의 후원을 통해 한국 2세대뿐만 아니라 아프리카를 비롯한 각국의
젊은이들이 살 수 있도록 집을 지어주기도 했다. 이 외에도 2세들을 위한 한

---

8) 39주년 재유럽 오월민중제가 2019년 5월 24일부터 26일까지 독일 베를린 인터내셔널 유스호스텔에서
열렸다. 이를 주관하는 재유럽5·18민중항쟁협의회는 한국민중문화모임, 코리아협의회, 한민족유럽연
대, 베를린노동교실, 4개 단체로 구성되어 있다(5·18기념재단 블로그).

국 공동체 의식과 정체성을 공부하는 '토요 한글학교', 회원들의 자체 역량 강화를 위한 '독일어 언어 연수회', 독일에 거주하는 한국 여성들의 상담을 위한 '여성의 전화 설치' 등 왕성한 활동을 통해 독일 사회에서의 정체성을 더욱 견고히 하고, 정치, 사회, 문화에 대한 의식을 고취했다.

그 외에도 재독 한인들은 유럽 전역에 한국의 문화와 전통을 알리고 함께하는 일에 앞장서고 있다. 1991년에는 베를린에서 김학순 '위안부' 할머니의 증언을 계기로, 재독한국여성모임에서 이를 국제적으로 널리 알리는 사업을 하고 있다. 1993년에서 국제대회를 통해 '위안부' 남북 할머니들을 모두 초청하고, 인도네시아와 필리핀 '위안부'였던 할머니들을 초청해서 '위안부' 컨퍼런스를 열었다. 그러면서 일본 여성들과는 기생 관광 반대 캠페인을 비롯해 '위안부' 할머니 문제까지 뜻을 함께하며 같이 활동하고 있다.

파독 간호사들의 또 하나의 모임이라 할 수 있는 '재독한인간호협회'는 1970년대 베를린, 프랑크푸르트, 헤센 등 8개 지역에 설립되었던 지역 간호협회를 토대로 1985년 9월에 본(Bonn)에서 설립되었다. 재독한인간호협회는 한인 간호사의 권리 보호와 친목, 한국과 독일의 간호 단체와의 관계 증진, 의료 정보 제공, 2세들에 대한 문화 교육 등을 목표로 활동했으며, 법인으로도 등록하여 1989년에는 독일 보건성으로부터 의료 서비스 관련 공식 조직으로 인정되었다. 또한 보훔(Bochum) 지역에서는 '한국민중문화모임'이 가장 활발한 활동을 하는 모임이었는데, 한국 전통문화의 확산과 교육을 목적으로 1980년대에 형성되었다. 이 외에도 재독한인총연합회와 지역 한인회 등 다양한 한인 조직들이 만들어지면서 활발한 활동을 벌였다(김용찬, 2006a: 151-153).

이희영의 구술 생애사 면접 과정에서 드러난 특징을 살펴보면 당시 독일에 거주하고 있던 한인 여성들 대부분은 재독한국여성모임에 참여하고 있었으며, 남성들 가운데 다수는 1974년에 조직된 민건회(민주사회건설협의회), 1975년에 조직된 노연(재독한인노동자연합), 1987년에 조직된 민협(한국민주화운동협의회) 등과 같은 교민 정치 조직에서 활동했던 경험을 가지고 있었다고 한다. 이렇게 1970~1980년대는 한국인 이주노동자들의 정치 활동이 상대적으로 이들의 생활 세계에 밀접히 결합된 하나의 행위 양식으로 넓은 공감대를 형성하고 있었다. 이 시기에 이러한 정치 활동의 경험을 가진 주체들이 한국 교민 사회에서 적극적인 역할을 했음을 확인할 수 있다(이희영, 2005: 288-289).

2008년 기준으로 당시 유럽에 거주하고 있던 한인들은 대략 7만 명가량 되었는데, 그중 재유럽 한인의 45%에 해당하는 약 3만 명이 독일에 거주하고 있었다. 이는 독일에 사는 한국인들이 유럽에서 최대의 교포 사회를 형성하고 있었다는 것이다. 더 자세히 살펴보면 3만 명의 재독 한인 가운데 1만7,000명이 교민이었으며, 파독 간호사들이 교민 사회의 중심 역할을 하고 있었다. 또한 파독 간호사 출신들 가운데 일부는 캐나다나 미국 등 제3국으로의 이민을 통해 교포 사회를 형성하는 데도 기여했다(대한간호협회, 2009: 14-15).

파독 한인 여성 노동자들은 한국의 전통적 가족관계에서는 이러한 독립적이고 자율적인 조직 형성이 어려웠을 것이다. 그러나 독일에서 '재독한국여성모임'이나 '재독간호협회'와 같은 해외이주 한인 여성들의 모임은 직업 조직과 문화 조직, 정치 조직 등의 성격을 가졌던 한인 조직으로 지속적이고 체계적이며 다양한 활동을 펼쳤다. 또한 그들은 모임을 통해 독일에서의 장기간에 걸친 정착 생활에 있어, 그리고 현 시기까지 파독 노동자들을 기억할 수 있는 중요한 행위자로서의 기반이 되었다.

과거에는 여성이 남성 주도적인 이주노동 속에서 가족의 재결합 범주

안에서의 전통적 역할만을 기대받는 정도였으나, 1960년대 이후의 여성은 이주노동의 다양한 범주에서 중요한 역할을 해왔음을 볼 수 있다. 여성들의 해외 이주는 주로 해외 취업보다는 미국 이민이 가장 큰 규모였다. 그런데 유럽으로 출국한 여성들은 1975년까지 이민자보다는 취업자가 더 많았다. 이는 서독에 취업한 간호사들이 다수를 차지하면서 여성들의 취업 목적국으로서 유럽행 여성 이민이 높았던 것이다(황정미, 2018: 19-20).

한국 사회의 젠더 고정관념은 이주한 여성에 대해서도 사적 범위 내에서의 '피부양자'로 역할을 제한했으며, 이민국에서의 한인 사회 형성에 기여한 여성의 역할을 비가시화하는 경향도 있었다. 이는 한국만의 젠더 편향적 의식이라기보다는 오늘날에도 세계에서 일반적으로 '여성 이주노동자'에 대한 편견이기도 하다. 여성 이주노동자는 노동시장에서 남성에 비해 상대적으로 불이익을 당하는 경향이 있는데, 이는 여성이 결혼 후 주로 가족을 돌봐야 하기에 파트타임의 임시 노동자로서 생계 유치의 주체로 인식되지 않기 때문이다. 그렇기에 주류 집단의 남성에 비해 임금과 직업상 지위가 더 낮은 불리한 위치에 놓여 있다(Castles and Miller, 한국이민학회 옮김, 2016: 401).

그러나 1960~1970년대 파독 간호사의 이주를 비롯한 개발국가 초기 여성들의 역할에 대해서는 재조명이 필요하다(황정미, 2018: 24). 독일 한인 사회 형성에 있어 파독 간호사들을 비롯한 여성들이 새로운 삶의 기회 개척과 생존 책임에 보다 적극적이었다는 부분에, 젠더 관점에서 한인 여성들의 역할이 충분히 조명되어야 할 필요가 있다.

재독 한인들의 정체성
재구성과 딜레마

◆ ◆ ◆

    독일 거주를 선택한 개인, 가족들이 공통적으로 안고 가는 문제는 국민 국가 안의 문화적 정체성이다. 국경을 넘어왔지만 '조국'은 언제든 다시 돌아 갈 수 있는 정체성의 뿌리인 셈이다. 한국에 있는 가족들이 이 부분을 더욱 강화하고 유지시키는 원인이기도 하다. 그래서 이민자 2세에게 한국의 전통 문화를 교육하고 계승하는 일에 의미를 두기도 한다. 별개의 일이지만 극단 적인 예로, 독일에 지내면서 독일법과 상관없이 누군가 '한국, 우리 조국의 이미지'를 손상시키면 용서할 수 없다는 파독 광부들의 집단적 행동이 한 광 부를 라인강에서 투신자살하도록 만드는 일[9]까지도 주저하지 않는 집단주 의적 특성을 보였을 정도이다. 이러한 개인의 독일 사회에 대한 정체성이든, 한국에 대한 정체성이든 모두 '거주'를 선택한 이후에 더 깊어졌다고 할 수 있다.

    정체성은 인간, 시민으로서 자존감이며 자기 인식의 기본 토대이다. 그 래서 정체성을 인정하는 것은 개체성과 집단성의 인정을 말한다. 즉, 정체성

---

9) '한국 광부들의 얼룩진 삶' 내용 중 '공개 재판' 부분(한국파독광부총연합회, 2009: 265).

은 다양한 사회·문화 변동과 함께 변화하지만 해체되지 않는 지위성이다(김용신, 2011: 18). 정체성은 누구에게나 다중의 능력으로 존재한다. 그래서 어느 한쪽으로의 공동체 적응을 요구하거나 고립시킬 필요가 없다. 그러나 인종, 종족으로서의 정체성, 즉 이방인으로서의 정체성 간극은 이민자들에게서 두드러지게 나타난다.

이민자가 거주국에서 적응하는 사회문화적 유형은 크게 네 가지 이론으로 구분할 수 있다. 이는 소수집단과 다수집단의 관계 속에서 소수집단의 대응 방식으로, 동화론(assimilation theory), 다원론(pluralism), 분절동화론(segmented assimilation theory), 문화변용론(acculturation theory)이 있다(윤인진, 2004: 28-44).

그중에서 베리(Berry)가 제시한 문화변용, 즉 이민자들이 다른 민족과의 관계 속에서 자신들의 문화 또는 관습을 얼마나 중요하게 유지하는가에 대한 사회문화적 적응 형태를 네 가지로 구분했다. 이민자가 현지 사회에 참여하는 수준과 출신국 문화 정체성을 유지하는 정도, 그리고 장기간의 접촉을 통해 발생하는 모든 다양한 변화의 과정에 따라 '통합(integration), 동화(assimilation), 고립(isolation), 주변화(marginalization)'로 구분했다.

'통합'은 이민자들이 거주국의 주류 사회에 활발히 참여하면서도 자신의 고유한 전통과 문화를 유지하는 경우이며, '동화'는 주류 사회에 활발히 참여하면서 자신의 전통과 문화를 상실하여 거주국 문화에 흡수되는 경우이다. '고립'은 사회 참여를 활발히 하지 않으면서 자신의 문화 정체성을 강하게 유지하는 경우이며, '주변화'는 주거국의 주류 사회에 참여하지도 않고, 자신의 문화도 잃어버림으로써 사회의 밑바닥으로 전락하는 경우이다(윤인진, 2004: 36).

일례로, 1977년 파독 간호사들을 대상으로 독일에서의 환경 변화와 적응에 따른 가치관과 정체성 변화에 대한 조사 결과를 발표한 내용 중 일부이다.

파독 간호원의 갈등, 환경 변화에 동화 거부로

정신질환의 원인되기도, 70명 대상으로 가치관 변화 조사

서독에 파견된 한국 간호원들은 크게 달라진 문화 환경 속에서 어떤 가치관을 갖고 생활하고 있을까. 주한독일문화원은 지난주 〈독일에 체재하는 동안에 일어난 한국 간호원의 가치관 변화〉란 주제로 김경희 교수(수도여사대 교육학)의 강연을 들었다. 파독 간호원 70명을 실험 대상으로 택한 조사 결과를 토대로 간호원들이 심한 환경 변화 속에서 그에 동화되기를 거부, 가치관을 그대로 갖고는 있으나 그들이 겪고 있는 갈등은 정신병 발생의 원인이 될 수 있음이 지적되었다.

조사에 응한 이들의 평균 연령은 24세로 대부분이 미혼, 독일에 오기 전 독일에 대한 지식은 학교 수업이나 신문 책에서 얻은 정도가 고작이었으며 그것도 피상적 생활 습관과 생각, 약간의 문화 예술에 대한 지식이었다고. 이들의 3분의 2가 처음부터 가능하면 독일에 머물겠다고 했다는데 독일에 온 이유는 '돈을 벌기 위해', '개인의 자유를 찾기 위해', '독일의 노동 조건이 좋아서'의 순. 대부분 스스로 또는 가족의 권유로 왔다고 답했다. 이들이 생활에서 가장 곤란을 느끼는 것은 언어. '일상생활 중 중요한 것들에 대한 단어, 숫자, 생활필수품 정도의 명칭을 알고 있다' 70%, 병원에서 일할 때 필요한 정도를 알고 있다 20%, 꽤 읽고 쓸 수 있는 정도는 10%로 어려움을 겪고 있다. 따라서 병원 내에서의 더럽고 어려운 일을 도맡아 하며 의사소통이 잘 안 돼 호소하기도 어렵다는 답이 많았다.

이들은 독일에 와서 어학 실력이 개선되었느냐는 물음에 80%가 아

니라고 대답. 자유 시간에는 한국인끼리 모여 한국말을 쓰고 음식도 대부분이 매일 정상적으로 한국 음식을 먹고 있다고 답한 이들은 신임할 수 있는 사람으로는 '한국 여자 친구' 아니면 '아무도 없다'는 반응을 보였다. 독일에 대한 기대를 물은 결과 노동 상태도 기대보다 좋았고 독일인과의 개인적인 교제도 기대보다 좋았다고. 60%가 계약이 끝나면 돌아가겠다는 의사를 나타냈다(하략) (동아일보, 1977.6.21.).

위의 설문 마지막에 '계약이 끝나면 돌아가겠다는 의사를…'이라는 문구를 보아 알 수 있듯이 아직 계약이 남아 있는(상당한 기간이 남았는지, 얼마 남지 않았는지 정확하지는 않지만) 이주노동 초기 단계라면 '동화' 거부는 당연한 통계일수 있다. 그러나 파독 노동자들은 주로 '통합' 유형에 속하기 위해 노력했으며, 정착 기간이 길어질수록 '동화' 유형이 나타나기도 했다.

반면 일부 가부장적 유교 문화가 짙고 독일 사회생활보다는 광산에서의 노동시간이 길었던 광부들에게는 '고립' 유형이 나타나기도 했다. 고립 유형의 갈등은 주로 이주자의 2세와의 관계에서 발생하는데, 독일에서 태어난 2세는 독일 문화권에 속하면서도 부모에 속한 문화 정체성을 요구받기 때문이다.

"독일은 정(情)이 아니라 적응이 된 거죠. 독일 사람들이 지금도 싫어하는 건 부인들이 아직도 독일 말을 못 하고 자기네끼리끼리만 사는 걸 싫어해요. 저는 독일 생활에 적응하는 것은 자신 있게 50% 적응하며 산다고 말하고 싶어요."(안연옥 인터뷰, 2016)

독일 거주를 선택하게 된 이유 중의 하나는 급속하게 발전한 한국 사회와 가족의 변화된 생활 환경으로 인한 이방인 같은 낯선 괴리감이 크게 자리하면서 오히려 독일에서의 일상 속 편리를 찾게 되는 과정에서였다. 그러나 독일 사회에 대한 정보가 있어도 독일 사회 주류로 동화되는 일은 사실상 쉽지 않았다. 그럼에도 귀국하지 못했던 이유는 조국에 대한 거리감 때문이었고, 이러한 감정은 파독 노동자들에게 혼란을 가져왔다.

김미순은 독일 병원에서 간호사로서의 삶에 대해서는 인격적인 대우를 받았다는 점에서 한국에 비해 만족했다고 말한다. 그러면서도 한국에 대한 그리움은 늘 사무쳤는데, 아이러니하게도 그토록 그리웠던 한국을 방문했을 때는 오히려 한국에서 실망을 하고 다시 독일로 돌아가는 경우가 많았다고 한다.

"당시 독일 병원에서 간호사로 일했던 것은 선진국에 와서 일하고 있다는 생각이 들었어요. 독일이 한국보다 좋았던 점은 사람을 인격적으로 대우해 주는 것이었어요. 그리고 독일 사람들은 정직했어요. 나는 중간에 한국에 두고 온 아이들 때문에 한국을 자주 갔는데, 그리워서 갔음에도 오히려 실망하고 올 때가 많았죠. 그래서 1975년도에는 아예 아이들을 다 독일로 데리고 왔어요. 그런데 생각해 보면 후회스러운 면도 있지만, 운명이려니 하고 생각해요. 독일에서 46년을 살고 있으니까요. 한국인인 제가 한국보다 독일에서 더 많이 살았잖아요. 지금도 한국 갔다가 다시 독일로 돌아오면 오히려 여기(독일)에 와야 숨이 쉬어져요. 한국에 친척들도 많고 언니들도 많고 조카들도 많지만, 나는 여기(독일)에서 이방인인 줄 알았더니 한국에서도 이방인이더라고요. 거기도 이방인, 여기도 이방인. 지금도 독일 사람들과 일하다 보면 아직도 서먹서먹할 때가 있어요."(김미순 인터뷰, 2016)

나혜심은 이를 '역문화충격(Reverse culture shock)'이라고 말한다(나혜심; 노명환 외, 2014: 309-311). 즉, 이주자가 외국 체류 기간 후 고국으로 돌아왔을 때 의지하고 그리워하며 익숙하다고 여겼던 환경이 변화한 것에 대한 이질감과 자신 또한 변화했다는 사실을 인식하지 못한 채 가족이나 친구들에게 느끼는 이방인 취급, 급격히 발전된 한국 사회에서의 부적응과 당혹감을 의미한다.

독일 병원에서 수많은 어려움을 견디며 버텨낸 간호사로서의 삶과 다시 방문한 조국에서의 자신의 정체성에 대해 자신도 모르는 사이에 두 개의 민족성이 혼재해 가고 있었던 것이다. 이는 파독 간호사들이 타국에서 살아남고 버티기 위해 지독하게 노력했던 삶이 이후 독일과 한국의 두 개의 민족성을 자연스럽게 가지게 했다고 볼 수 있다.

1974년 파독 광부로 독일에 와서 현재까지 독일 베를린에 거주하고 있는 김영태는 자신의 삶에 대해 다음과 같은 소회를 밝혔다.

"독일에 살면서 한국을 방문하면 대략 3~4주 가는데, 친척을 만나고 친구들을 만나면 좋은데 그 후로는 너무나 힘들어요. 독일에서는 내 자신을 추스르고 플랜을 갖고 할 수 있는 일들이 아직도 있는데, 한국은 휩쓸려 가는 사회 같아요. 내 자리도 없고 내가 뭘 할 수도 없고 … 한국 가면 어느 정도는 좋은데, 그 이후로는 힘들어요."(김영태 인터뷰, 2016)

독일에 살면서 스스로를 한국인으로(한국적이라고) 생각하는가라는 질문에 재독 1세대들은 주저하지 않고 한국인이라고 답했다. 이들은 한국에서 적어도 20년은 보내고 온 사람들로, 조국에 대한 많은 향수가 남아 있다. 그리고 가족, 친지, 친구들이 있기 때문에 한국은 잠깐이라도 다녀오고 싶은 곳이다. 또한 이제는 한국이 정치·경제적으로도 위상이 높아져서 한국인이라는 자부심도 갖고 있기 때문이기도 하다. 그러나 그들이 기억하고 있고, 무언가 바라는 한국의 상(想)과 현실의 모습에는 상당한 괴리감이 있다. 그래서 매년 빠르게 변화하고 있는 한국의 문화적 충격에 자신이 이방인으로 느껴질 만큼 한국은 낯선 나라가 되었다.

윤인진은 파독 광부와 간호사들이 이룬 독일에서의 경제적 성공의 의미는 단지 돈을 많이 벌었다는 의미를 넘어서는 것이라고 말한다. 어쩌면 독일 사회에의 적응 정도를 포함한 것이라고 할 수 있다. 윤인진은 거주국에서의 적응 유형을 수용형 또는 동화형, 고립형으로 구분했다. 고립형은 일시적인 적응 유형이고 거주 기간이 길어지면서 수용형 또는 동화형으로 바뀐다고 말한다. 결국 이주자의 신분으로 거주국 사회에 편입되고 거주국에서 살아남기 위해 동화는 필연적이라고 보는 것이다.

그러나 이주자는 거주국 사회로의 완전한 동화가 불가능하다. 그래서 이주자는 거주국 사회의 제한된 기회 구조 내에서 신분 상승을 추구하면서도 민족 문화와 정체성을 유지하는 수용의 전략을 택한다. 하지만 한인의 사회 문화 적응 유형은 고정된 것이 아니라 이민 세대가 2세대, 3세대로 넘어가면서 한인의 가치정향성은 모국 중심에서 거주국 중심으로 전환된다. 동족끼리 결혼할 가능성보다는 거주국의 타민족 인종과의 접촉과 교류가 활발해지면서 민족 공동체로부터 멀어지고 약화되는 경향이 있기 때문이다(윤인진, 2003: 145).

양영자는 재독 한인 1세대 여성들의 이민 생활에 나타난 가치관과 정체성의 변화 과정에 대해서 어느 하나의 국가적 공간에 고정된 것으로 보지 않고 새롭게 구성되는 것으로 이해한다. 즉, 거주국이나 출신국 어느 한쪽 국가에 귀속시키는 '민족국가적' 경향으로 봐서는 안 되며 또한 어느 한쪽으로 '통합'될 수밖에 없는 이방인이 된 타자성을 말한다거나 또는 양국 모두에서 통합이 되어야 하는 딜레마에 빠진 객체로 대상화되어서는 안 된다는 것이다. 그렇게 되면 '행위주체성(agency)'을 간과할 수 있음을 지적하고 있다.

양영자는 이민자들의 가치관이나 정체성에 대한 접근은 초국가적(transnational) 관점에 따라 이주민이라는 내재된 이중성의 위기와 기회 요소를 같이 보아야 한다는 것이다(양영자, 2010: 324). 재독한국여성모임의 활동들은 바로 딜레마에 빠진 객체로서의 대상이 아니라 행위주체성으로 새로운 기회를 만든 모임이라고 말할 수 있다. 즉, 어느 한 국가에만 귀속되는 것이 아닌 독자적인 이민 주체들의 의식화된 활동을 펼친 것이다.

동양은 사회적 특성, 이상, 신념, 관계 등에 따라 '집합주의(Kollektivismus)'가 중심적 가치로 형성된다. 특히 재독 한인들이 한인회, 협회 등을 지역마다 만들어 독자적이면서도 연합적인 활동을 이어가는 것도 이러한 특징 때문일 것이다. 이런 집합적 활동에서 또 다른 특징을 찾는다면, 한국의 전통문화를 고수하는 것이다. 한국의 중요한 기념일이나 명절에 한복을 입고 전통놀이를 하며, 2세들의 교육에 한글과 사물놀이가 빠지지 않는 이유일 것이다. 즉 변하지 않는 존재의 본질, 곧 거주국에서도 한국인이라는 정체성은 그 민족성과 사회성이라는 원심력으로 뭉치게 되는 것이다.

따라서 양영자는 한 국가에만 귀속되지 않는, 그러면서도 양 국가에 귀속되면서 동시에 탈귀속되기도 하는 초국가적 간 공간에 위치해 있는 존재로 규정하고 있다. 그래서 '다중적'이며 '혼성적'인 가치관과 정체성을 재구성10)해 가고 있다고 말한다(양영자, 2010: 325).

한편, 정체성의 갈등은 거주국에서의 체류가 길어지면서 결혼을 통한

---

10) 거주국에서 자신들의 정체성을 새롭게 재구성하며 활동하는 현상을 M.P. Smith와 L. Guarnizo는 '아래로부터의 초국가주의'로 개념화했다(*Transnationalism from Below*. 1998. New Brunswick, NJ: Transaction Publishers/ 양영자, 2010: 326 재인용).

'가족'이라는 새로운 구성으로 생긴, 그 내부에서 국경을 사이에 둔 두 나라, 두 문화 사이의 갈등으로 나타날 수 있다. 관계로 볼 때, 부부 사이 또는 부모와 자녀 사이의 갈등으로 나타난다(나혜심, 2013: 174). 즉 한인 부부로 구성된 가족은 그 나름대로, 독일인과 결혼한 가족은 그 나름대로의 부부 사이, 부모와 자녀 사이의 갈등이 존재한 것인데, 이 또한 정착하는 사회화 과정이라고 할 수 있다. 한인 부부들 사이에서는 주로 여성들이 가정 생계를 맡아하면서 생기는 남성의 심리적인 위축과 한국식 남성 우월주의적인 관점[11]으로 인한 부부 갈등, 또는 '독일인화'되어 가는 자녀들의 포용적인 이해에서 갈등이 생기기도 한다. 또한 독일인과 결혼한 가족 구성의 문화적 갈등은 자명한 일이다.

그러나 자녀들의 독일 사회생활에 대해서는 훨씬 포용적인 경향이 있다. 그러다 보니 2세대들 내에서도 독일의 환경과 문화 속에서 스스로를 독일인으로 인식하고 있는 이들과, 한국인으로 인식하고 있는 이들 각각의 정체성에 대한 고민은 계속해서 진행 중인 사회 문제이기도 하다.

독일 거주민이 되면서 '통합'이나 '수용'의 적응 과정에는 갈등도 존재하고, 화해와 조정, 지속적 분열이나 병렬적 존치도 있다. 거주국에서의 장기간 상호 교류 속에서 집단이나 개인의 합리성과 사회적 관용은 '통합' 형성에 필수적인 요소로 작용한다. 재독 한인들의 가치관과 정체성을 재구성하며 주체적 행위를 할 수 있었던 것도 이러한 특징에서 볼 수 있다.

---

11) 1960~1970년대 한국 사회는 남성 위주의 사회였으며, 전통적인 가치가 중시되고 여성의 지위는 낮았다. 파독 광부들은 그 시기의 교육과 경험에 기초한 인식들을 그대로 갖고 독일로 이주한 것이며, 비슷한 시기의 연령대 남성들은 외롭고 힘든 타국 생활을 고향과 조국이 주는 심정적인 위안을 간직하며 한국 사회의 당시 가치관이나 고정관념을 갖고 있었다(나혜심, 2012: 238). 파독 광부들은 탄광에서 업무적인 언어 외에는 육체적인 노동이 대부분이었다. 그래서 독일 문화와 사회에 가까이할 기회가 많지 않았다. 반면 파독 간호사들은 병원에서 독일 환자와의 접촉이나 동료들을 통해 접촉이 많아 언어와 사회 적응에 빨랐다고 할 수 있다.

여기에 독일의 사회적 관용성이 순기능적으로 작용한 부분도 간과할 수 없겠다. 즉, 외국인 노동자 수용을 통한 다문화적 사회 형성으로 진화했던 것이다. 그러나 독일의 이주 정책을 통해 반영되는 '관용'은 합리적 계산에 의한 '수용과 배제'의 역학 속에서 작용하는 것으로, 일방적인 관용이 아닌 상호적 관용이다. 이 상호 관용이 이루어져야만 비로소 이주 과정의 각 당사자들이 주체적이면서 평등하고, 포용이 가능해지기 때문이다.

한국인들이 독일에서 지금까지 또 하나의 한국 사회를 구성하며 유지할 수 있었던 이유가 있다. 바로 베버(Weber)가 말한 동양의 합리성, 즉 '세계에 순응하는 합리성'을 세계 정복적인 합리성인 서구 합리성과 대조하여 말한 부분이다(이수안, 2008: 75-93). 파독 노동자들은 이주와 정착 과정 속에서 많은 요소에 적응해야 했다. 언어 장벽 가운데에도 탄광과 병원의 업무 적응을 위해, 독일 사회·문화에 적응하기 위해, 결혼 후 독일 가족과 적응하기 위해, 수많은 적응 요소에 순응하기 위해 충실히 노력했음을 보게 된다. 그 순응은 독일 사회·문화로의 완전한 동화를 말하지 않는다. 오히려 한국적 생존 방식과 고유 문화 유지를 위한 의지가 대단했으며 서구 사회의 개인주의적 관계보다는 가족 중심적 소통과 통합을 지향했다. 한국의 사고방식과 생활 방식을 고수하지 않으면 스스로의 정체성을 잃을 것 같아서 독일 사회에서 끊임없이, 집요하게 한국적인 모습을 지켰다. 그래서 재독 한인들은 독일에 살면서 더 한국적인 모습을 보여주었던 것이다.

독일에서의 적응된 삶은 독일 영주권의 취득 선택과도 연결된다. 왜냐하면 국적은 개인의 정체성을 규정하는 여러 요소 중에서 가장 우선적으로 고려되기 때문이다. 그런데 국적을 통한 정체성이라는 것은 개인의 결정으로 끝나는 것이 아니라 외부가 규정하는 또 다른 상(像)이 존재한다. 예를 들어 외모 때문에 외국인으로 간주되어 독일인과 구별되는 한국인으로 규정되는 것이다(이선희, 2012: 320). 그래서 독일인과 결혼했을 때, 한국 국적을 가지고 있지만 독일 국적을 취득할 것인지에 대한 고민이 많았다.

독일에서 한국 여권만 소지하는 것은 일상적인 삶에서 불편한 것이 사실이다. 서류상 절차 때문에 정기적으로 주독 한국대사관을 가야 하는 번거로움이나 2세 자녀들이 독일 사회에서 독일인으로 받아들여지지 않을 것이라는 인식도 불편하게 하는 것들 중에 속해 있다. 그래서 독일 국적을 취득한 사람의 이유는 일상의 편리함 때문이라고 대답하기도 한다. 그러나 한국 국적의 불편함을 감수하면서도 '한국 여권은 나의 독일 생활 정체성에 아무런 영향을 미치지 않는다.'라는 생각으로 한국 국적을 유지하거나, 2세 중에도 독일에서 태어났지만 한국 국적을 유지하는 사람도 있다. 2세들은 부모의 나라 한국이 자신들의 고국일까 하는 생각에 한국은 방문하는 나라, 체험하는 나라가 되었다.

물론 독일 사회와 다른 시스템인 규칙, 규정, 낯선 문화들이 익숙하지 않은 것이 사실이지만, 여전히 2세대들에게는 한국 국적을 유지해야 하는가에 대한 정체성 문제에 직면해 있다. 그래서 재독 한인들의 정체성은 '재발견'(Amartya Sen, 2007: 43-49; 이선희, 2012: 322 재인용)하는 것이며, 그들은 독일과 한국의 비교를 통해 어느 것이 더 필요하고 어떤 것이 내게 맞으며 편리한 것인지 저울질한다. 그리고 어느 국적을 취득해 삶의 방식과 일상을 선택할 것인지, 그 선택에 따라 현재의 '사회적 소속감과 위치'가 구분된다고 할 수 있다(이선희, 2012: 322-327).

파독 광부와 간호사로 독일에 갔다가 현재까지 독일에 거주하며 나름대로 경제적인 성공과 생활의 안정을 가지고 사는 그들은 여타 세계 곳곳에 흩어져 사는 디아스포라 한인들처럼 자연스럽게 두 개의 민족성을 받아들이며 살아가고 있다. 최인범(Choi)은 기존의 디아스포라 개념들을 정리하면서 다음과 같은 공통적인 속성이 있음을 제시했다.

첫째, 한 기원지로부터 많은 사람이 두 개 이상의 외국으로 분산된 것, 둘째, 정치적이거나 경제적인 기타 압박 요인에 의하여 비자발적이고 강제적으로 모국을 떠난 것, 셋째, 고유한 민족 문화와 정체성을 유지하고자 노력하는 것, 넷째, 다른 나라에 살고 있는 동족에 대해 애착과 연대감을 갖고 서로 교류하고 소통하기 위한 초국적 네트워크를 만들려고 노력하는 것, 다섯째, 모국과의 유대를 지키려고 노력하는 것(윤인진, 2003: 125-126 재인용)이다.

윤인진은 정착 과정에서 나타나는 현상을 공동체, 문화, 정체성까지 연관시켜 코리안 디아스포라를 '한민족의 혈통을 가진 사람들이 모국을 떠나 세계 여러 지역으로 이주하여 살아가는 한민족 분산'으로 정의한다(윤인진, 2003: 126).

파독 노동자들의 독일 거주민으로의 정착 과정에는 이와 같은 조건들을 대체로 충족한다. '강제적으로 모국을 떠났다'는 부분은 전쟁 동원과 같은 국가의 강제 이주가 아니더라도 가정의 경제를 책임져야 하는 입장에서는 장남이, 때로는 아들 교육을 위한 딸의 취업이 파독을 어쩔 수 없이 선택하게 하는 압박 요인이 되기도 했으므로 이 또한 의미적으로 포함된다고 본다. 즉, 파독 노동자들의 독일 거주민으로의 정착은 단지 공간 변동뿐 아니라 공동체, 문화, 정체성까지 포함하며, 한국의 1960~1970년대라는 사회 전반적 배경을 가지고 독일이라는 사회·문화 공간으로 이주한 생애사적 체험과 의미를 동시에 갖고 있다.

독일 거주민으로의
삶의 재발견과 의미

◆ ◆ ◆

　이주노동자들은 시간이 지남에 따라 사회적 권리와 가족 재결합의 권리를 획득하면서 영구 정착 과정이 진행되었으며, 여기에 1990년대 들어 신규 이주자들의 유입과 2세대들이 태어나면서 공동체 구조나 의식이 변화·발달하게 되었다. 그러면서 이주노동자들뿐만 아니라 후손들도 뚜렷하게 가시적인 사회적 집단으로 성장하면서 '이주의 정치화'가 강화되었다(Castles and Miller, 한국이민학회 옮김, 2016: 196-199).

　독일에 사는 것이 후회스럽지 않느냐는 질문에 최영숙은 독일의 삶이 한국의 삶보다 낫다고 평가할 수는 없겠지만, 한국에 있었다면 독일에서만큼의 사회적 의식은 가지지 못했을 것이라고 회고한다.

　"독일에서 민주화 운동에 가담을 하고 통일 운동에 가담을 하고, 2세대 문화 운동 등 10년 동안 한 운동을 한국에서 살면 이렇게 했을까 하는 의문은 있어요. 그냥 여성으로만 결혼해서 아기 낳고 했다면 사회적 의식이 있었을까 … 저는 인연이라고 봐요. 여기 와서 그런 일들을 하게 되

고, 인연으로 된 거니까. 그래서 이제는 이런 의문은 아예 안 하기로 했
어요."(최영숙 인터뷰, 2016)

베를린의 김영태는 군대를 월남으로 다녀왔다. 백마부대 사령부 안에
서 근무하며 열사병, 학질, 다친 전투병들을 많이 보면서도 외국에 대한 동
경이 있어 월남에 갔다 와서 바로 해외개발공사에 광부로 신청했다. 그가 한
국이 아닌 독일에서 정착한 것에 대하여 회고한다.

"한국에 있었다면 공무원 시험 준비하고 평범했을 것입니다. 그런데 여
기 교회에 나가면서 한국에 대한 여러 부조리, 정치적 부조리 등을 많이
알게 되었습니다. 한국 정치에 대해 눈을 뜨게 되었죠. 사실 한국에 잠시
가면 회사나 공장 갖고 있는 친구들이 부럽더라고요. 그런데 지금 와서
보니까 여기 독일 생활이 안정적이에요. 그리고 어느 정도 삶이 독일화
가 된 거죠. 이 길을 오기 위해 정해진 인생인가? 라는 생각도 해보고요.
사람들이 왜 인터뷰를 하려고 하는지, '내 삶이 연구 대상인가?' 하는 …,
'독일에서 민주화기념사업회 활동 등 이렇게 사는 삶을 알리고 싶기는 한
데 … 이런 활동을 해서 우리가 위안을 받고 있나?' 하는 생각들이 많습
니다."(김영태 인터뷰, 2016)

1966년 베를린 파독 간호사 한정로는 한국에 살든 독일에 살든 구분이
없다고 말한다. 언제든 인간 자체가 중요하다는 생각이다. 그러면서도 한국
에 대한 향수는 남아 있다.

"가정사마다 다르겠지만, 나는 모든 것을 내가 선택해서 살아왔어요. 이

제는 독일 사회에 내 생각이 잡혔어요. 한국에 대한 향수는 음식 정도?, 그리고 형제들을 못 만난다는 것 ··· 그래도 이상하게 이 땅(독일)을 살고 있는데 한국에 마음이 가요. 뭔가 안 하면 아쉽고 ···"(한정로 인터뷰, 2016)

파독 노동자들은 독일에 살면서도 대한민국을 살고 있다. 한류 아이돌을 보면 좋고 자긍심이 생긴다고 한다. 그리고 못사는 나라에서 지금은 잘사는 나라가 되어 세계 172개국을 무비자로 다닐 수 있는 나라가 되었다는 것에 자긍심이 생긴다고 한다. 대한민국이 분단국가이니 통일 운동도 안 할 수 없다고 말한다. 이렇게 독일에서 한국 단체들과의 연대를 통해 사회운동을 하면서 한민족 정체성을 더 살려가고 있다. 최영숙의 말이다.

"내 독일 친구가 그래요. '너는 그래도 한국 문제만 많이 하잖아.' 그 친구는 평화운동을 하는 친구인데, 우리는 한국 문제에만 열심히 하니까. 그래서 1990년도에는 '코레아협의회'가 결성돼요. 독일 사람 한국 사람 같이 운동하는. 한민족유럽연대는 한국 사람들만 구성된 단체예요. 재독여성모임은 여전히 여성 문제를 가지고 일을 많이 하고 있죠. 1980년도부터는 김민기 씨의 '공장의 불빛'을 각색해서 재독여성모임에서 연극을 만들었어요. 한국의 여성 노동 상황을 알리는 연극이죠. '엄마 돈 벌어 올게' 하는 장면만 나오면 울었죠. 여섯 개 도시를 다니며 연극 공연을 하면서 여성 노동자의 상황을 알리고 ··· 이렇게 나이가 먹었습니다. 그리고 통일, 6·15공동위원회가 여기 독일에 있고요. 노동단체, 노동교실은 전태일 열사를 기념해서 김세균 교수가 독일에 계실 때 만든 단체이고요. 저희들은 간호사로 왔지만 노동단체들과 연대가 많았어요."(최영숙 인터뷰, 2016)

이민자들이 거주국에서 우선하는 목표는 적응 문제였다. 그래서 한국 간호사들의 문제만이 아니라 여전히 독일의 외국 간호사 채용에 대한 문제에 대해 심포지엄을 열고 근본적인 문제를 제기하기도 했다. 즉, 50년 전 채용된 노동자들이 지금 독일에서 어떻게 살고 있는지, 결국 계속된 외국인 노동자 채용 속에서 독일에 있는 난민을 위한 제도적 시스템은 무엇인지 고민했던 것이다. 결국 대안으로 난민들 중 이미 간호 직업을 갖고 있는 사람도 있겠지만, 여기서 배워서 할 수 있는 일자리를 모색하는 토론의 장을 만들기도 했다. 이것은 재외 한인들이 한 단계 높은 수준의 세계 문제를 직면하고 독일 사회에 기여할 수 있는 의식화된 운동이며, 재발견된 의미이다.

연장선에서 무엇보다 1950~1970년대 파독 이주노동이 끝났음에도 불구하고 재독 한인 사회가 유지되고 활성화되는 데에는 각 지역의 한인회, 협회, 한글학교, 노동학교 등 민간단체의 지속적인 활동이 중요한 역할을 담당했다. 이들의 정기적인 활동은 재독 한인들의 연합과 공동체성을 확인하는 계기가 되며, 한국인이라는 정체성을 지키고자 하는 노력의 일환이라고 할 수 있겠다.

한국을 떠난 지 30~40년 이상 된 세월 속에서 한인들은 한국을 상징하는 것들, 특히 전통문화를 빼놓지 않는다. 설과 추석 명절, 송년 행사 등에 한복을 입는다거나, 전통놀이를 한다거나, 한국 음식을 만들거나, 태권도 시범, 북, 가야금 연주, 부채춤 시연 등 다양한 행사를 한다. 그리고 한국에서도 흔히 볼 수 있는 전우회, 사업회, 향우회 등이 독일 지부로 그대로 옮겨온 듯 자리하고 있음을 볼 수 있다. 한편으로는 정치적 의식을 갖고 역사를 기념하는 기념식이나 세미나, 포럼을 중심으로 시민운동, 연대운동, 통일운동 등을 진행하고 있다. 기념식은 주로 한국의 역사 기념일에 맞춰 진행하는 경우가 대부분이다. 독일 지역별 한인회만 해도 20개가 있다.[12]

파독 노동자들 개인이나 집단의 다양한 기억을 재현하는 일은 대부분 한국으로 귀국한 이후나 독일 거주민으로 정착하면서 재현의 표현과 코드를 살려냈다고 할 수 있다. 그리고 그 과정에서 재구성되는 기억의 변화와 연속이 또 새로운 기억으로 재구성되고 있다.

---

12) 한인회가 있는 지역 − 오버하우젠, 프랑크푸르트, 베를린, 레버쿠젠, 아헨, 묀헨글라드바흐, 본, 캄프린트포르드, 칼스루에, 비스바덴, 쾰른, 뒤셀도르프, 레클링하우젠, 보훔, 뮌스터란트, 자를란드, 에센, 마인츠, 클레베, 도르트문트('독일한인사회'. 2016. 재독한인총연합회 통권 제10호).

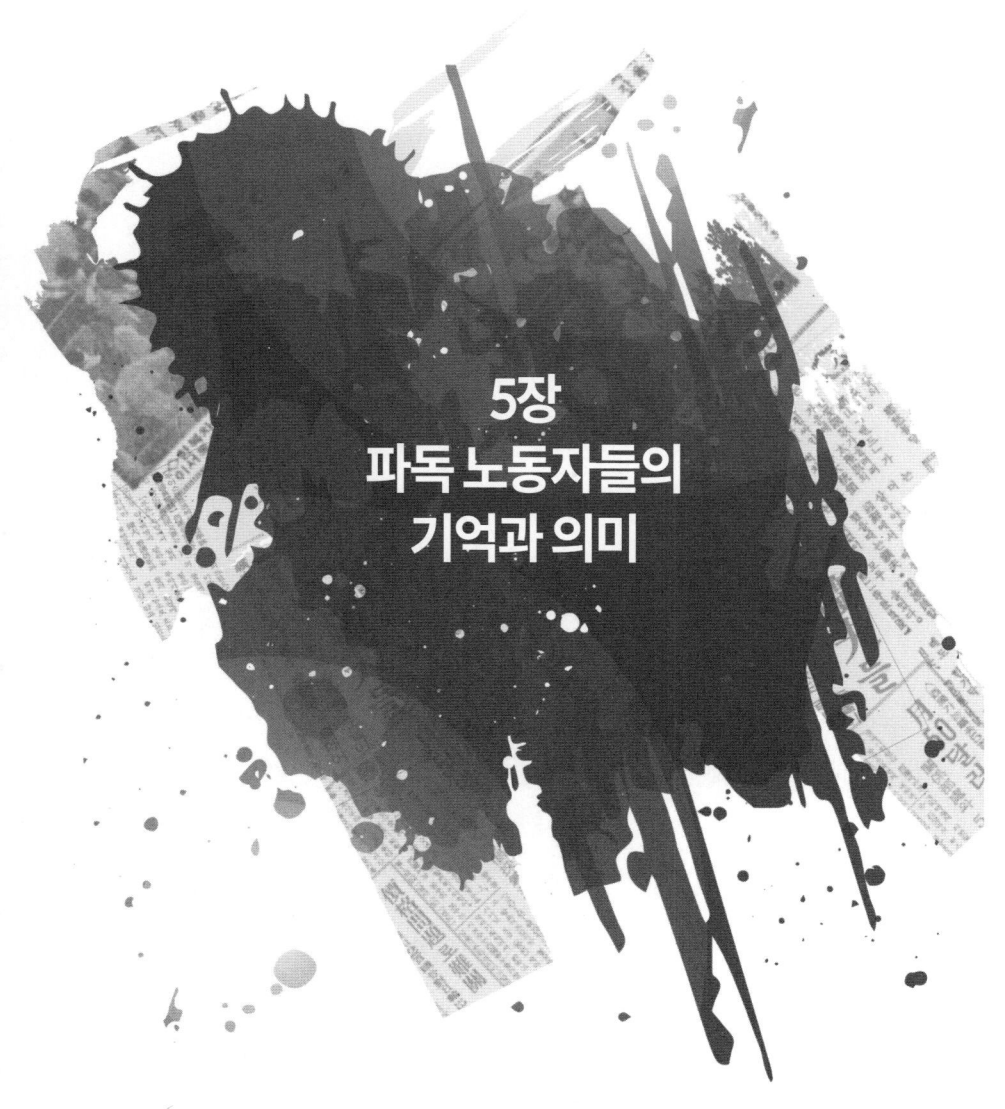

5장
파독 노동자들의
기억과 의미

✳

　1970년대 말부터 파독 노동자들의 송출이 중단되고 한국 사회도 변화와 발전을 거듭하면서, 한국 사회는 파독 노동자 집단에 대해 망각했다. 또한 독일 이주민들의 민주화 운동으로 활약했던 부분들까지도 이념으로 바라보는 경향이 짙었다. 그러나 이제 한국 사회는 스스로 근대화를 돌아보게 되었으며, 한국의 이주노동자, 난민, 이민자, 교포를 수용하면서 파독 노동자들까지 다시 돌아보게 되었다. 한국 사회가 파독 노동자들을 바라보는 시각은 한국 사회가 형성한 정체성의 변천과 깊은 관련이 있다. 즉, 한국 사회가 파독 광부·간호사를 기억하는 방식에 변화가 생긴 것은 한국 사회의 자기 인식과 관계가 있다는 것이다(최윤영, 2008: 307; 이선희, 2012: 320 재인용). 경제적 성장과 국제적 위상이 높아지면서 한국 사회는 스스로 정체성이 변화했다는 것을 인지하며, 과거를 돌아볼 여유를 갖게 되었다는 것이다.

　과거 근대화 과정 속에 독일로 파견된 노동자들에 대한 문화적 기억은 한국의 가난과 궁핍을 피하기 위해 외국에 가서 광부와 간호사라는 힘든 육체노동을 함으로써 한국 사회의 경제에 큰 기여를 한 사람들로 기억한다. 이런 면에서의 한국 사회의 인식은 한국의 민족주의적 담론 속에서 고찰된다고 할 수 있다.

　파독 광부·간호사에 대한 기억의 소환은 신문, 방송 등의 매체를 통해 긍정적 이미지로 대중에게 다가갔다.[1] 또한 한국에서 파독 노동자들에 대한 인식이 좀 더 현실적으로 다가간 것은 '남해독일마을'의 조성일 것이다. 남해

---

1) 예를 들어, 1981년 5월 1일자 《동아일보》에서는 "코리언의 맥박, 세계를 누비는 의지의 현장─파독 간호원들"이라는 제목에 파독 간호사의 시작 과정과 고달팠던 생활들, 독일 DPA통신의 호평과 인기, 파독 간호원 수, 서독에서의 한국 간호원들의 긍정적 이미지 등의 내용으로 전면을 할애한 기획 기사를 썼다.

군에서 파독 광부·간호사들이 한국에 들어와 정착하고 휴양할 수 있는 보금자리를 준비하면서 동시에 문화예술촌과 연계해 테마형 관광지를 조성한 것이다.

2002년부터는 파독 노동자들의 이야기를 우리 현대사의 중요한 단면으로 여기며 많은 증언이 게재되기 시작했다. 2003년은 파독 광부 40주년으로 독일에서의 문화 행사 소식이 전해졌으며, 또한 '한국 경제 발전의 초석'에 초점을 둔 기사들과 2004년 MBC 스페셜 방송에서 '독일로 간 파독 광부, 간호사'를 기획 방송함으로써 이들의 이주 초기 생활에 대해 자세하게 조명하기도 했다. 이후에도 파독 광부·간호사 기념 행사와 세미나, 회고록 등을 통해 한국 사회에 새로운 인식을 주게 되었다.

특히 2014년 12월 개봉한 영화 '국제시장'은 천만 관객을 동원하면서 그때 그 시절 우리 부모님들의 희생과 노고에 많은 눈물을 흘리게 했다. 독일에 파견된 광부·간호사·간호조무사들의 희생, 즉 가족과 국가를 위해 희생함으로써 국가 경제성장에 큰 밑거름이 되었다는 감동과 경제적 의미에서의 파독 노동자들에 대한 고정 인식에 영향을 미쳤다. 특히 박근혜 대통령이 영화를 관람함으로 박정희 시대로의 소환은 자연스럽게 이루어져 파독 노동자들의 '조국 근대화'를 위한 뜨거운 조국애와 경제 신화 '한강의 기적'이 불려 나왔다. 그리고 일부 파독 노동자들 사이에서 스스로 경제 신화를 이룬 산업전사와 애국자였음을 힘주어 이야기하게 되었다. 이러한 희생과 애국 이미지는 일정 부분 '박정희'로 귀속되는데, 이는 파독 노동자들의 초기 모집 시기부터 해외이주노동에 대한 국가적 미화에서 시작되었다고 할 수 있다.

따라서 본 장에서는 파독 노동자들의 기억과 재해석된 현상들이 현재 어떻게 국가에 대한 기여의 인정 문제로 이어졌는지 살펴보고자 한다.

박정희의
독일 방문의 의미 _(1964년 12월 7일~14일)

◆ ◆ ◆

1964년 '박정희의 독일 방문과 연설'은 파독 광부·간호사의 역사 이야기에서 빠지지 않는 사건이다. 오히려 파독 노동자들의 역사적 삶의 이야기보다 더 유명한 키워드가 되었다. 경제 위기 때마다 나타나는 박정희의 경제 성공 신화 신드롬이 드라마틱하게 그려지는 장면이라고 할 수 있다. 그만큼 한강의 기적을 이루었다고 하는 박정희의 경제 성공 신화는 대중적 동의를 얻었다. 박정희의 독일 방문과 연설은 향후 '신화' 이미지와 함께 파독 노동자들에게 부여한 '산업 역군'으로서 경제개발 기여도 논쟁에서 지속적으로 다루어진다.

박정희의 방독 목적은 경제개발5개년계획 1차 실행을 위한 차관 체결이었지만, 방독 일정 중 하나였던 함본 광산에서 가진 파독 광부와 일부 민간 주도로 독일에 있던 간호사들과의 만남은 '가난과 고생'에서 나온 설움이 극적인 효과를 만들었고, 이후 파독 역사에 상징화된 사건이라고 할 수 있다. 파독 노동자들의 임금담보설에 대한 부분 또한 이미 박정희의 방독 이전에 있었던 백영훈과 한국 경제사절단의 차관 교섭에서부터 흘러나온 왜곡된 사실이지만, 이후 파독을 회고할 때 '조국을 위한 희생' 차원에서 극적인 표현을 위해 1964년 박정희 방독은 언론 기사와 회고록에 자주 인용되는 부분이기도 하다. 본서에서는 박정희의 독일 방문에 대해 시기상 〈파독 노동자의 역사〉에 이어 살펴보고자 한다.

1964년 12월 7일부터 14일까지 박정희는 독일의 카를 하인리히 뤼브케(Karl Heinrich Lübke, 1894~1972) 대통령 초청으로 독일을 방문했다. 이승만의 미국과 베트남 방문 이후 대통령의 유럽 방문은 첫 행보였다. 그 당시만 해도 대한민국은 대통령 전용기가 없었기 때문에 서독 정부는 루프트한자항공사 여객기를 1등석과 2등석 절반을 비우게 하고, 중간에 커튼을 쳐서 한국 대통령 탑승기로 제공했다. 박정희는 탑승하기 전 김포공항 환송대에서 인사말을 통해 독일 방문 취지를 발표하고 출발했다.

> "친애하는 국민 여러분! 나는 오늘 우리와 가장 친밀한 우방의 하나인 독일연방공화국 뤼브케 대통령의 초청을 받아 독일 방문의 여정에 오르게 되었습니다. … 나는 종전(終戰) 후의 그 폐허 위에서, 더구나 공산주의 세력과 대치하면서 오늘의 위대한 경제 건설과 번영을 이룩한 독일연방공화국의 부흥상을 샅샅이 시찰할 것이며, 아울러 경제적 자립을 위해 분발(奮發)하는 패기에 찬 한국민의 결의를 소개함과 동시에 양국 공통의 관심사에 관해 상호 이해를 증진시켜 ….".(조갑제, 2007: 157)

당시 수행원은 영부인 육영수를 비롯해 공식 수행원 13명과 백영훈 중앙대 교수(전담 통역)를 비롯한 비공식 수행원 11명을 포함해 모두 24명[2]이었다. 그리고 동행 기자 11명과 함께했다. 1967년 12월 7일 오전에 프랑크푸르트 공항에 도착하여 계획된 일정을 진행했다.

1964년 박정희 대통령 방독 일정

(조갑제, 2007: 176-192.; 홍윤표, 2011: 232; 김용출, 2015: 169-170)

일시 (12월)		내용
7일	오전 8시	프랑크푸르트 공항 도착
	오후 8시	뤼브케 대통령 주최 비공식 만찬
8일	오전 10시 40분	대통령 관저에서 박대통령 부처 뤼브케 대통령 부처 예방
	오전 11시 50분	무명용사 묘지 화한 증정
	오후 7시	뤼브케 대통령 만찬(대통령 사저)
	오후 9시	대통령 사저에서 뤼브케 대통령 부처 주최 음악회 및 리셉션
9일	오전 9시 30분	베토벤 할레(음악당)에서 서독 유학생, 기술훈련생(광부), 간호사 등 170여 명 교포들과 만남
	오전 11시 40분	서독 하원 방문
	낮 12시 30분	에르하르트 수상과 회담
	오후 1시	에르하르트 수상 부처 오찬(수상 관저)
	오후 8시	뤼브케 대통령 부처를 위한 만찬 주최(쾨니스호프 호텔)
10일	오전 10시 30분	파독 광부 접견(함본 광산회사)
	오후 5시 40분	베를린 도착 / 오후 8시 빌리 브란트 베를린 시장 주최 만찬회
11일	오전 11시	베를린 공과대학에서 연설
	낮 12시	지멘스 공장, AEG 전기공장, 독일개발협회 방문, 시찰
12일	오후 2시 30분	뮌헨 리임 공항 도착
	오후 4시	유럽-아프리카 지역 공관장 회담 참석(뮌헨)
13일	오전 8시	재독 유학생들과 조찬
14일	오전 7시 15분	뮌헨 출발
15일	오후 7시 5분	김포공항 도착

공식적으로 밝힌 박정희의 독일 방문 목적은 '라인강의 기적'을 확인하고 한국과 독일 간 우호를 증진하는 것이었지만, 여러 일정 중 주목되는 것은 다음 세 가지이다.

첫 번째는 독일의 자동차 전용 고속도로인 아우토반(Autobahn)에 대한 박정희의 관심이었다. 박정희는 본-쾰른 간 고속도로를 오가면서 차에서 내려 도로의 노면(路面)과 중앙분리대, 교차로 시설을 주의 깊게 살피고 도로

---

2) 공식 수행원(13명)은 장기영 부총리 겸 경제기획원 장관, 이동원 외무부 장관, 박충훈 상공부 장관, 김동환 국회 외무위원장, 김성진 공화당 의원, 조윤형 민정당 의원, 이후락 청와대 비서실장, 최덕신 주독 대사, 김종오 합참의장, 박종규 청와대 경호실장, 정도순 외무부 의전실장, 조상호 청와대 의전비서관이며, 비공식 수행원(11명)은 백영훈 중앙대학교 교수(대통령 통역), 노석찬 공보부 차관, 박상길 청와대 대변인, 지홍창 대통령 주치의, 신동관 청와대 경호과장, 이복형·이천배 청와대 경호실 경호관, 나은실·황경분 영부인 비서, 이정섭·박진석 공보부 사진기사이다(조갑제, 2007: 157-158).

앞뒤를 내다보며 뤼브케 대통령 의전실장에게 고속도로에 대해 질문하기도 했다. "고속도로 건설은 어떻게 합니까? 관리는 어떻게 합니까? 건설비는 얼마나 듭니까? 그 돈은 어떻게 마련했습니까?" 등 깊은 관심을 표했다. 그날 저녁 뤼브케 대통령 주최 만찬장에서 루트비히 에르하르트 서독 총리는 아우토반을 달려 본 박정희에게 "경제 발전에는 도로, 항만 등 기간 시설의 정비가 선행되어야 한다."라며 "서독 경제가 부흥한 것은 정부가 기본 공업 투자를 선행하고 사회간접자본을 확충했으며 시장경제 체제를 복구시켜 중소기업 육성에 힘썼기 때문이다."라고 설명했다. 박정희는 이를 참고로 한국에서 고속도로 사업을 시작하고자 했다[3](노명환, 2011: 307).

또한 박정희는 이후 일정 가운데에도 지멘스 공장(엔지니어링 공장)이나 전기 공장, 철강 산업 등을 시찰하며 자세히 살폈다. 고속도로 건설과 함께 자동차 산업 육성을 위해 제철 산업에 대한 현장 답사를 면밀히 하면서 한국의 중소기업 육성에 대한 에르하르트의 충고를 귀담아들었다. 경제 건설에 대한 생각이 깊어진 박정희는 뮌헨 공관장 회의에서 대사들에게 "외교관이라기보다는 하나의 장사꾼이 된 각오로 경제 외교의 사명을 다해주기 바란다."라고 요구했으며, 이어 이동원 장관은 "돈 빌리는 것도 재주입니다. 나라를 위해 돈을 많이 빌려 오십시오. 세일즈 성과 기준으로 승진 여부를 결정짓겠습니다."라며 공세적으로 덧붙였다(조갑제, 2007: 188).

두 번째는 에르하르트 총리와 단독 회담을 통해 경제개발5개년계획에 필요한 차관을 빌리는 일이었다. 그러기 위해 박정희는 에르하르트에게 한국이 얼마나 정치가 어지럽고 경제가 피폐해졌는지, 공산국가들의 위협으로부터 구하는 방법은 경제 번영뿐이라는 것을 강조했다(조갑제, 2007: 175-176).

---

3) 1968년 12월 서울—인천 간, 서울—수원 간 고속도로가 동시에 개통되었다.

"사실 우리가 서독을 방문한 목적은 라인강의 기적이라 불리는 서독의 경제 발전상을 배우기 위한 것도 있지만, 돈을 빌리기 위해서입니다. 우리 군인들은 거짓말을 못 합니다. 돈을 빌려 주시면 그것을 국가 재건을 위해 쓰겠습니다."

예정된 회담 시간을 초과할 정도로 박정희는 한국의 사정을 설명하며 다시 한번 서독 정부의 경제 지원을 부탁했다고 백영훈은 회고한다. 에르하르트는 일본과 손을 잡고 경제 발전을 하라는 충고[4]와 함께 담보가 필요 없는 재정 차관을 한국 정부에 제공하기로 결정했다. 이후 장기영 부총리가 에르하르트와 단독 회담을 통해 한·독 경제협력과 관련한 구체적인 내용들을 검토하고 서독 정부의 확답을 받아냄으로써 1965년부터 1967년까지의 한·독 경제협력 3개년계획에 합의하고, 서독 측은 한국 면직물 수입 쿼터를 100만 마르크에서 200만 마르크로 증대시켰다(조갑제, 2007: 176-178).

박정희 정부에 대한 독일의 차관 지원은 박정희의 방독 전에 이미 어느 정도 논의된 내용이었지만, 박정희는 뤼브케 대통령과 에르하르트 수상에게 각각 도움을 청했을 뿐 아니라, 서독 하원 방문 때에도 거듭해서 도움을 청해 결국 차관 지원을 약속받았다(홍윤표, 2011: 233-234). 양국 간 회담이 성공적으로 이루어진 데에는 다른 조건보다도 경제 발전이 분단된 두 국가의 통일을 달성하는데 선행되어야 한다는 것에서 합의를 본 것이라고 할 수 있다. 박정희와 뤼브케의 공동성명에서도 양측은 경제 발전을 통한 공산주의 극복과 승공 통일, 선 건설 후 통일이라는 대의 아래 상호협력과 지원을 약속했

---

4) 박정희의 서독 방문은 한·일 국교 정상화 회담 추진을 더욱 가속화하여 1965년에 성사시키는 데 일정 영향이 미쳤을 것으로 본다. 반공을 위해 최대의 수단은 경제 건설이므로 일본과 손잡으면 일본의 지원을 받아 남한의 경제가 활성화될 것이기 때문에 장기적으로 가까운 일본과 국교 정상화를 통해 상호 협력하라는 충고였던 것이다(노명환, 2011: 305).

다고 할 수 있다(노명환, 2011: 309).

박정희의 독일을 비롯한 유럽 방문 귀국 후, 이를 두고 두 가지 상반된 기사가 실렸다. 박정희의 방독은 경제적으로 큰 성과를 냈다는 것과 독일 국민들로부터 전례가 드문 환대를 받았다는 것을 신문 1면에 대서특필(경향신문, 1964.12.15.일자, 16일자)한 반면, 독일 차관을 뒷받침하는 국내 조달 문제와 한국 정부의 조정 내지 수용 능력 부족 문제를 지적하기도 했다.

《동아일보》 1964년 12월 19일자

'루프트한자기(機)가 싣고 온 라인강 선물'

루프트한자기(機)가 싣고 온 라인강 선물 어떻게 받아들일 것인가?

차관 뒷받침하는 내자 조달이 문제, 3개년계획도 검토할 단계

박 대통령의 서독 방문 – 그것은 이루어놓았다는 성과보다 하나의 상징을 구축했다는 데 더욱 의미가 있다. 박 대통령의 방독을 계기로 '다변외교' '서구진출' '자본재차관'이 클로즈업되는 양 PR되기는 하였지만 … (중략) … 3천9백만 불의 재정 · 상업 차관도 꼭 박 대통령이 몸소 라인 강변을 걸어야만 얻을 수 있었던 것도 아니다. 다만 이러한 사실과 당위를 '대

통령의 방문외교'하는 일종의 격식을 통해서 상징화하는 데 성공했다는 사실을 기록 삼을 의미가 있는 것이다. 사실 이번 방독의 성과를 숫자로 풀자면 1천3백50만 불의 재정 차관과 2천6백25만 불의 상업 차관으로 집약되지만 이 서독 차관을 받아들이는 데 있어 파생되는 문제점은 '빌려 주는' 서독보다는 '빌려오는' 한국 측 수용 태세에 관련되는 것이며 과거 나 또는 현재에 있어서도 주로 이러한 점에 문제가 있었다. 민주당 정권 때에 교섭이 시작되어 지난 61년 12월 13일 한·독 차관 약정서에 대한 서명으로 제공된 3천7백50만 불의 최초의 서독 차관 소화 과정에서 나타 난 실적만 보더라도 첫째는 빌려주는 돈을 어떻게 쓸 것인가에 관해 업종 선정에서부터 다른 외자와의 조정이 크게 문제되었고, 둘째는 내자 조달 의 문제, 다시 말하자면 서독의 과오보다는 한국 측의 조정 내지 수용 능 력의 부족 때문에 시간을 끌어온 것이다. … (하략) (동아일보, 1964.12.19.)

독일 차관은 경제개발5개년계획의 실행을 위한 초기 자본 축적에 상당 한 도움이 되었다는 평가를 받았다. 시멘트 공장 건설과 장성 탄광 등, 초기 경제 성장의 기초를 쌓았다는 것으로 평가되며, 실제 1968년 독일 공공 차 관으로 제3통신망을 확장한다거나 상업 차관으로 도자기 공장, 나주 비료 공장 확장, 나일론 공장, 신문용지 공장, 부산 화전3호, 제철 공장 등 외자 사업을 완료했다(권혁철, 2015: 9).

세 번째는 루르 지방의 함본 탄광 회사 방문이다. 박정희는 서독으로 파 견된 광부·간호사들을 직접 방문하여 정부 차원에서 위로, 고무하고 격려하 기 위함이었다고 백영훈은 증언한다. 이때 인근 탄광에서 근무하는 한인 광 부 300여 명과 뒤스부르크(Duisburg)와 에센 간호학교에서 근무하는 한인 간 호원 50여 명이 태극기를 들고 환영했다. 검은 탄가루에 찌든 광부들이었지만 모두 양복 차림이었고, 간호원[5]들은 색동저고리를 차려입고 박정희 일행을 맞이했다. 이들은 박정희가 강당으로 들어가 단상에 오르자 눈물의 애국가를 불렀다. 그리고 박정희는 다음과 같이 연설했다(조갑제, 2007: 181).

> "여러분, 만리타향에서 이렇게 상봉하게 되니 감개무량합니다. 조국을 떠나 이역만리 남의 나라 땅 밑에서 얼마나 노고가 많으십니까. 서독 정부의 초청으로 여러 나라 사람들이 이곳에 와 일하고 있는데, 그중에서도 한국 사람들이 제일 잘하고 있다고 칭찬을 받고 있음을 기쁘게 생각합니다. … 광부 여러분, 간호원 여러분. 모국의 가족이나 고향땅 생각에 괴로움이 많을 줄로 생각되지만, 개개인이 무엇 때문에 이 먼 이국에 찾아왔던가를 명심하여 조국의 명예를 걸고 열심히 일합시다. 비록 우리 생전에는 이룩하지 못하더라도 후손을 위해 남들과 같은 번영의 터전만이라도 닦아 놓읍시다."

홍윤표는 그날 그 자리에서 대통령 내외도 울었고, 정장과 한복을 차려입은 300여 명의 파독 광부들과 30여 명의 간호사들도 설움의 눈물을 흘렸다고 증언한다. 홍윤표는 박정희의 연설을 다음과 같이 회고한다(홍윤표, 2011: 235-237).

> "우리가 잘산다면 여러분이 부모형제를 저버리고 이역만리 독일 땅에서 노동을 해야 하겠습니까? 우리도 남의 나라 못지않게 잘살기 위해서 피

---

5) 최초 간호 요원의 파독을 1950년대 말로 보는 근거로 당시 노무관 보고서뿐만 아니라 정부 차원의 공식적인 파독 이전에 민간 차원으로 진출했던 간호학생을 비롯한 간호 요원들이 1964년 12월 박정희 서독 방문 시 뒤스부르크 강당에 함께 배석한 사실로도 확인될 수 있다(과거사정리위원회, 2009: 188).

와 땀을 흘려 부강한 나라를 이룩해서 우리의 자손에게는 우리가 지금 겪

고 있는 이 설움을 남겨주지 않도록 해야겠습니다.”

백영훈의 증언에 의하면, 박정희 일행은 1964년 12월 8일 뤼브케 대통

령의 안내로 루르 지방 탄광 지대의 한 공회당에서 탄광 막장 현장에서 갓

나온 500여 명의 광부들을 만났다는 것이다. 광부들의 얼굴과 작업복은 석

탄에 묻혀 흙투성이 그대로였다고 한다. 박정희가 단상에 오르고 애국가가

흘러나오는데도 다들 우느라 애국가를 부르지 못할 정도였다는 것이다. 그

날 박정희는 우느라 연설을 제대로 하지 못했고, 연설이 중단되고 밖으로 나

오는데 자그마치 한 시간이 걸렸다고 한다. 파독 광부들이 대통령의 손을 잡

고 우느라 시간이 많이 걸렸을 뿐 아니라, “대한민국 만세, 대통령 각하 안

녕히 가십시오.”를 외치자 대통령 일행이 선뜻 그 자리를 뜰 수가 없었다고

한다(백영훈, 1997: 35-37).

파독 광부였던 양동양의 부인[6]이 당시 퀼른 공항 부근에 있었기 때문

에 박정희의 방문 소식을 듣고 공항에 나가 환영했다고 한다.

“한국에서 대통령과 영부인이 오시고 하니까 그때 분위기가 상당히 감

동이 있고 … 그때 분위기야 우리 부모님 오신 것 같은 기분이고 그랬

죠. … 근무 시간인 사람은 못 가고, 근무 시간이 아닌 사람은 가고, 아니

면 근무 시간을 바꿔서 간다든지, 하다못해 꾀병으로 병가 신청을 해서

가고 했죠. … 분위기가 참 울음바다가 되다시피 했죠. 젊은 사람들이니

---

6) 파독 광부 양동양의 부인은 1966년에 시작된 정부 파견 이전 시기인 1963년 6월에 독일에 가서 간호
  공부를 하고 간호사가 되었다. 당시 흑석동에서 교육을 받고 10여 명이 간호학생으로 퀼른 천주교 병원
  으로 간 케이스라고 한다(양동양 인터뷰, 2017).

까. 그때는 그렇게 한꺼번에 모이는 분위기도 없었는데 … 박정희 대통령 올 때, 독일 고위 행정가, 정치가도 같이 오고 하니까 분위기가 대단했죠."(양동양 인터뷰, 2017)

박정희의 함본 광산 방문을 두고 백영훈과 홍윤표의 증언이 날짜와 내용이 서로 다르고, 특히 백영훈의 증언은 조갑제의 기록과도 다르게 과장된 부분이 있지만, 증언과 기록의 초점은 박정희가 파독 광부·간호사들과 함께 흘렸던 '눈물의 애국가와 눈물의 연설'을 강조했다는 점이다. 당시 한국 언론에서도 크게 다루었다.

《동아일보》 1964년 12월 11일자

박 대통령 우리 광부들 방문

감동 속에 목청 다해 애국가 봉창

독일에서 일하고 있는 한국 광부들은 박정희 대통령이 10일 루르 공업 도시의 교외에 있는 그들의 '베케베르트' 정착지로 그들을 방문했을 때

그를 열렬히 환영했다. 여러 독일 탄광에서 일하고 있는 천 명의 한국인들 중 약 3백 명이 대통령에게 인사를 드리기 위해 이곳 시 공회당에 모였으며 병원에서 훈련을 받고 있는 27명의 한국 간호원들도 참석했다. 한국 광부들은 밴드에 맞추어 목청을 다해 국가를 불렀다.

《동아일보》 1964년 12월 11일자

광부들 향수도 달래고

9일로써 공식 방문 일정을 마친 박 대통령은 10일 상오에는 「함보른」 광산회사로 우리나라 광부 및 간호원들을 찾아보고 「파고다」 담배 등 선물을 나누어 주면서 이역에서 취업하고 있는 이들의 향수를 달래었다. 광산 「밴드」가 연주하는 애국가가 울려퍼지는 가운데 태극기의 물결에 휩싸인 박 대통령은 감개에 벅차 눈물마저 보였고 육 여사는 단상에서 거듭 손수건으로 눈시울을 닦았다. 이날 이곳 병원에서 일하는 우리나라 간호원들은 모두 화려한 한복을 입고 있어 그 어울리는 색조가 눈을 끌었다.

간호원 대표가 "왜 우리는 이렇게 못삽니까. 좀 더 고생을 해서라도 잘살 아야겠습니다."라고 환영사에서 애절하게 말했을 때는 광부, 간호원 할 것 없이 모두 울었다.

《경향신문》 1964년 12월 11일자

열광하는 광부들

태극기 물결에 … 육 여사 두 뺨엔 눈물이, 광부들과 일일이 악수, 애국 가도 목메어

서독을 방문 중인 박정희 대통령 부처는 10일 루르 지방에서 일하고 있는 약 5백 명에 달하는 우리나라 광부, 간호원들과 감격적인 대면을 했다. 박 대통령 일행이 이날 상오 10시 55분(한국시간 하오 6시55분) 베케베르트 정착지에 도착하자 모두 환호성을 터뜨렸으며, 박 대통령 부처는 이들이 흔드는 태극기의 물결에 휘말려버렸다. 짙은 오린지 색깔의 두루마기를 입은 육 여사는 이들의 환영에 너무나 감동되어 뺨으로 흐르는 눈물을 연방 닦고 있었으며, 독일 광부들의 악대가 우리 애국가를 연주할

때까지도 조용히 흐느꼈다. 우리 광부들은 목청을 다해 애국가를 불렀다. 박 대통령은 이들과 일일이 악수를 하고 가져온 파고다를 선사했다. 이 광산회사 작업부장 터트 호르스트 씨는 박 대통령 환영 인사에서 "한 나라의 국가 원수가 이곳을 찾아준 이 역사적인 순간은 영원히 잊을 수 없을 것"이라고 말하고 우리 광부들의 근면과 규율을 높이 칭찬했다. 박 대통령은 우리 광부들을 격려하는 연설에서 "여러분들의 기술은 고국에 돌아갔을 때 재건 계획을 위해 크게 필요한 것"이라고 말하고 "될 수 있는 한 많이 배우라"고 말했다.(하략)

이후 박정희의 독일 함본 광산 방문 사건은 파독 기념행사를 할 때마다 언급되었는데, 예를 들면 《조선일보》는 파독 50주년이던 2013년에 1964년의 박정희 방독 이야기를 신년기사로 다루었다.

[2013 신년특집] 파독 광부·간호사 50년 - 그 시절을 다음 세대에게 바친다
1964년 12월 박정희 대통령, 독일 탄광 방문
애국가 시작되자 광부와 간호사들 모두 펑펑, 대통령도 눈도 붉게 충혈돼
"나라와 내가 부족해서 여러분이 먼 이국서 고생"
"광산에 찾아온 박정희 대통령의 눈이 붉게 충혈돼 있었어요. 눈이 얼마나 충혈됐던지 흰자위가 보이지 않을 정도였습니다." 독일 쾰른에 사는 파독 광부 출신 유재천(73) 씨는 지난 반세기 동안 사진 한 장을 소중하게 간직해 왔다. 지난달 16일 자택을 찾은 기자에게 유씨는 낡은 사진 한 장을 꺼내 보였다. 1964년 12월 10일 파독 광부들이 일하던 함보른 탄광에

서 박정희 전 대통령과 육영수 여사가 연단에 서서 애국가를 부르고 있는 모습이다. (중략) 고창원 재독한인글뤽아우프회 회장은 "새해에는 박 대통령 흉상을 만들어 에센의 파독광부회관 앞에 세울 계획"이라고 말했다(조선일보. 2013.1.1.).

《조선일보》 2013년 1월 1일자
1964년 12월10일 독일 뤼프케 대통령 초청 방독한 박정희 내외와 함보른 광산 사장
－ 유재천 씨 제공(조선일보 2013)

이 일은 파독 광부에게 잊지 못할 추억을 남겼으며 이역만리에서 고생하는 파독 광부·간호사의 노력에 감사를 표시하고 공로를 인정(김용출, 2015: 170)해 준 감격적인 장면으로 꾸준히 기억·기념되었다. 일례로 2014년 10월 26일 경북 구미 박정희 생가에서 열리는 박 대통령 35주기 추모식에 참석하기 위해 '파독산업전사 세계총연합회(파총연)' 회원들이 방한하면서, 고창원 회장은 "작년은 광부 파독 50주년, 올해 12월은 1964년 박정희 전 대통령과 육영수 여사가 독일 함보른 탄광을 찾아가 파독 광부와 간호사 250여 명과 함께 눈물을 흘린 방독(訪獨) 50주년, 그리고 2016년은 간호사 파독 50주년"(조선일보, 2014.10.24.)이라고 말할 정도였다.

당시 박정희의 연설 후, 파독 광부 중 유 씨 성을 가진 한 광부가 대표로 다음과 같은 건의를 했다(홍윤표, 2011: 238-239).

"저희는 본래 3년 계약으로 이곳 독일에 왔습니다. 3년 계약이 끝나 다시 조국으로 돌아가게 되면 안정적인 생활을 할 수 있도록 직장을 보장해 주십시오."

이외에도 파독 광부와 간호사들은 월급을 국내로 송금하는 데 환율을 조정하여 부담을 줄여 달라, 계약 기간이 만료된 후에도 계속 독일에서 일할 수 있도록 조치를 취해 달라는 등의 애로사항을 대통령에게 건의했다. 그러자 박정희는 그 자리에서 "건의사항이 차질 없이 이루어지도록 최선을 다하겠다."라고 분명하게 약속했다고 한다(홍윤표, 2011: 232; 김용출, 2015: 172).

당시에는 타국에서 석탄 묻은 광부복과 간호사복 대신 정장을 차려입고 대통령 내외를 만나 함께 눈물을 흘렸던 파독 광부와 간호사들은 대통령의 약속에 감동했고, 대통령 박정희가 약속했던 것이 모두 이행될 것이라 믿었으며, 그들의 역사에 대한민국 대통령 박정희가 독일에서 그들을 만나주었다는 감동을 가지고 있었다.

1965년 파독 광부로 갔다가 이후 캐나다로 이주한 여동원은 파독 광부로서의 감회에 대해 박정희에 대한 고마움과 감사를 아끼지 않는다고 말한다. 그는 찢어지게 가난하여 탈출구가 없었던 1960년대 젊은이에게 노동의 기회를 제공해 주었던 독일 정부와 첫 해외 노동 수출의 길을 열어준 박정희에게 누가 뭐래도 감사를 하지 않을 수 없다고 말한다(권이종 엮음, 2013: 129).

그러나 자신이 파독 광부였던 것에 대해 이처럼 아직도 박정희에 대한 고마움을 가지고 있는 파독 광부가 있는가 하면, 독일의 한 시민회관에서의 박정희의 그 약속이 그 후 속절없는 허언이 된 것을 지켜본 장애인 파독 광부 홍윤표는 다음과 같이 자괴감을 드러내기도 했다(홍윤표, 2011: 244).

"파독 근로자와 간호사들의 노고는 그저 정치적으로만 이용되었을 뿐이었다. 독일에서 외국인으로 당해야 하는 불이익과 부당함을 조금이라도 덜어내고자 했지만, 광산 근로자와 간호사들은 국가와 민족을 위해 보탬이 되었다는 자긍심 하나로 그저 하루하루를 참고 견뎠다. 그러나 이제는 독일 생활 47년을 넘기며 영원히 소속을 잃고 이방인으로 헤매야 하는 처지가 되어 버렸다. 답답하기만 하다. 독일과 한민족 사이에서 외국인으로 사는 우리가 과연 희망을 가질 수 있을까? 그리고 파독 광부와 간호사와 장애인들이 산업 역군으로 대우받을 수 있을까?"

독일 함본 광산의 강당에서 박정희와 광부·간호사의 만남은 사실이지만, 역사적 의미가 크지 않은 감상적 회고에 불과하다는 비판도 있다. 즉, 일명 '눈물 젖은 역사'는 개인의 감회이지 역사가 아니라는 부분에서 신화화는 개인의 기억까지 왜곡해 파독 노동자들의 임금을 담보로 서독 차관을 들여왔다는 주장까지 나아가므로 역사와 신화의 경계를 모호하게 했다는 비판이다.

오늘날 파독 광부·간호사의 노동은 이들의 의사와 상관없이 신화에 등장하는 영웅들이 되었다. 박정희에 이어 박근혜도 2014년 방독 간담회 연설에서 '땀과 눈물로 조국 근대화의 초석을 만든 파독 광부·간호사'라고 지칭하면서 아버지 박정희의 신화를 다시 끌어올리는 계기를 만들기도 했다(윤해동 엮음, 2017: 155, 168).

신화화된 역사의 반복은 파독 노동자들 일부에서 국가유공자로 인정받고, 국가 발전에 대한 희생으로 인정받고 싶은 욕구를 내재하게 만드는 원인이 되었다. 베트남 파병 장병들은 국가유공자로, 중동 건설 기술자들은 건설 기업들의 각종 포상과 혜택을 받았으나, 국가가 기획하여 실행했으며, 외화 획득으로 조국의 경제개발의 큰 밑거름이 되었다고 말한 것 치고는 파독 노동자들 개인에게 돌아가는 처우는 전무했다고 할 수 있다. 그러나 처우가 없었기 때문에 예우해야 한다는 차원을 떠나, 한국 경제개발의 역사를 개인이나 소수에게 편중시켜 희생적인 영웅 신화가 되어서는 안 될 것이다. 또한 경제개발에 파독의 역사적 가치와 의미를 맞추는 것이 아니라, 파독 인력 송출이라는 한국 현대사의 한 단면으로서 역사화가 필요하다.

독일 차관과
임금담보설 논쟁

✦ ✦ ✦

임금담보설의 시작과 확산

오랜 세월 동안 우리 사회의 저변에는 파독 광부와 간호사들에 대한 하나의 루머가 있었는데, 그것은 다름이 아니라 박정희 정부가 우리나라의 광부와 간호사들을 독일에 파견한 것이 독일로부터 차관을 얻기 위함이었다는 것과 파독 광부와 간호사들이 독일에서 받게 될 임금을 담보로 우리 정부가 독일로부터 차관을 얻었다는 것이다. 임금담보설은 심지어 파독 노동자들의 고용 계약이 일종의 노예 계약이라는 루머로까지 퍼져, 파독 노동자들은 독일에서 죽기 전에는 한국으로 돌아갈 수 없다는 이야기까지 퍼져나갔다(정성화 엮음, 2014: 16).

이 루머가 오랜 세월 동안 사실이라고 믿어졌던 근거는 독일에서 1958년 경제학 박사학위를 취득하고 정래혁 상공부 장관 특별보좌관으로서 차관 교섭 한국경제사절단으로 활동했으며, 1964년 박정희 서독 방문 시 전담 통역을 맡았던 백영훈의 저서 《아우토반에 뿌린 눈물》을 통해서이다. 백영훈은 내용 중에 상업 차관을 교섭하는 과정에서 파독 광부·간호사의 3년간의 노동력과 그에 따라 얻어지는 임금을 담보로 서독 은행(Commerz Bank)에서 지급 보증을 받게 되었으며, 한국의 광원들이나 간호사들의 근면 성실한 모습이 없었다면 재정 원조를 받지 못했을 뿐만 아니라, 1964년 박정희 서독 방문도 성공적으로 이루어지지 못했을 것이라고 기록했다(백영훈, 1997: 34-35). 백영훈의 증언은 구체적인 당시 차관 교섭 과정에 대한 설명과 실제 경제사절단으로 차관 교섭의 당사자 증언으로서 사실화되어 파독 광부·간호사에 대한 책과 기사, 칼럼 등 각종 게시판을 통해 인용되었다.

임금담보설이 우리 사회에 급속하게 확산된 것은 2003년 11월 22일, 일명 '김충배 육사 교장의 편지'라는 제목으로 육사 교내 강당에서 학생 천여 명에게 강연한 내용이 인터넷 블로그와 게시판에 유포되면서였다.

> "서독에 돈을 빌리려 대사를 파견해서 미국의 방해를 무릅쓰고 1억 4,000만 마르크를 빌리는 데 성공했다. 당시 우리는 서독이 필요로 한 간호사와 광부를 보내주고, 그들의 봉급은 담보로 잡혔다."(김충배, 2003.11.22.)

이수길은 이러한 파독 노동자들의 피와 땀을 터무니없는 거짓말로 역사를 왜곡했다는 것으로 백영훈의 증언과 이를 인용한《조선일보》, 김충배 사건에 대해 강하게 비판했다(이수길, 2007: 109-112). 홍윤표 또한 파독 노동자들의 임금담보는 전혀 현실적으로 근거가 없음을 주장한다. 홍윤표는 이유재의 연구를 근거로 파독 광부와 간호사들의 임금담보에 관한 어떤 문서도 발견되지 않았고, 그 당시 독일 개발원조의 정신에도 임금담보는 어긋나는 것이라고 주장한다. 왜냐하면 독일로부터 우리 정부가 받은 차관 가운데 7,500만 마르크는 차관이고, 다른 7,500만 마르크는 장기 투자 보증금으로 파독 광부와 간호사와의 임금과는 어떤 관련도 없었다는 것이다(홍윤표, 2011: 190).

이러한 내용들에 대해 김용출은 그의 저서 《독일 아리랑》에서 임금담보설에 대한 여러 주장에 대해 살펴본 내용을 기록했다(김용출, 2015: 77-82). 백영훈의 주장과 이에 반하는 이수길의 주장, 그리고 과거사정리위원회의 결과 보고, 학술 발표 등을 검토하여 제시했다. 그러나 김용출은 임금담보 문제는 정부의 공식 서류로는 확인되지 않는 내용이므로 백영훈의 증언은 사실이 아니라고 부정하기도 쉽지 않으며, 차관 도입과 파독과의 관계를 공식 문서로만 검증하는 것에 대한 한계를 지적했다. 또한 민감하고 전략적인 외교 교섭을 위해 공개되지 않는 자료나 이면의 물밑 협상에 대한 경우의 수를 언급함으로써 백영훈의 주장에 대해 직접적이지는 않으나 사실 가능성을 말하는 근거가 되었다.

그렇다면 백영훈이 왜 파독 광부와 간호사의 임금담보설을 주장했는지 그의 기록을 살펴보면, 우리나라 광부와 간호사들이 독일로 파견된 것은 5·16 쿠데타 이후 미국 정부가 박정희 정부를 탐탁하게 생각하지 않았기 때문이고, 더 나아가 미국 정부가 박정희 정부에 대한 불만으로 우리나라에 대한 원조를 중단했기 때문에 시작된 일이라는 것이다. 그러한 이유 때문에 박정희 정부는 독일로 눈을 돌려 독일로부터 차관을 얻어내기 위해 최선을 다했던 것이고, 차관 교섭을 위한 최초의 사절단으로 그 당시 백영훈은 상공부 장관의 특별보좌관 신분으로 독일을 세 번이나 방문했다고 증언한다(백영훈, 1997: 33).

백영훈은 한국이 독일로부터 차관을 위해 파견한 사절단의 끈질긴 노력으로 인해 독일로부터의 차관을 얻는 일은 성사되었으나, 독일 정부는 제3국 은행의 지급 보증을 전제로 1961년 8월 상업 차관 1억 5천만 마르크(약 3천만 달러)를 제공해 주겠다는 조건을 제시했다는 것이다. 그 당시 우리나라는 세계 어느 은행으로부터도 지급 보증을 받을 능력이 없었기 때문에, 여기에서 박정희 정부가 착안한 것이 다름 아닌 우리나라 광부 5천 명과 간호사 2천 명을 독일로 파견하는 것이었다는 주장이다. 그 당시 독일은 경제 부흥이 한창 진행 중이었기 때문에 노동력이 부족했고, 특히 광부와 간호사와 같은 인력이 크게 부족했던 것도 주된 이유가 되었던 것이다.

백영훈은 이와 같은 이유에서 파독 광부와 간호사들의 임금을 담보로 박정희 정부가 독일 정부로부터 차관을 얻을 수 있었다고 주장하며, 더 나아가 파독 광부와 간호사들의 3년간의 임금이 서독 은행에 담보가 됨으로써 박정희 정부가 지급 보증을 받을 수 있었다고 주장한다. 또한 박정희 정부는 독일로부터 제1차 차관을 얻은 후에도 독일로부터 2억 마르크에 달하는 경제 원조를 받게 되는데, 그것은 파독 광부와 간호사들이 독일에서 근면하고 성실한 자세로 일했기 때문에 가능했다는 것이다(백영훈, 1997: 34-35).

백영훈의 파독 광부와 간호사의 임금담보설은 상당히 설득력이 있었다. 특히 백영훈은 그의 주장대로 박정희 정부의 독일 파견 한국경제사절단의 일원이기도 했기 때문이다. 백영훈의 주장을 독일인 신부로서 1972년 한국에 선교사로 파견되어 현재의 구미가톨릭근로자문화센터 소장이었던 허창수[7] 또한 그의 글에 인용했다. 당시 독일 정부로부터 박정희 정부가 차관

---

7) 허창수(독일명 Herbert Erich Wottawah, 1941.2.~2009.8.) 신부는 1941년 체코의 독일인 거주 지역 수데텐란트에서 태어나 1961년 독일 오틸리엔(Ottilien) 수도원에서 서원하고 1968년 9월 사제 서품을 받았다. 1972년 한국 선교사로 입국한 뒤 경북 지역의 주임신부를 거쳐 1985년부터 1991년까지 대구 가톨릭신학원 원장을 지내며 인권운동과 노동운동에 힘썼다. 1985년 9월 구미노동사목연구소(현 구미 가톨릭근로자문화센터)를 열고 2009년까지 소장으로 재직했으며, 1991년부터 2002년까지는 앰네스티 한국 지부장을 맡아 양심수 구명활동과 국가보안법 개정 및 폐지 운동을 전개했다. 20여 년간 파킨슨병으로 고생하다가 2009년 8월 향연 68세로 연수차 방문했던 독일 뮌헨 오틸리엔 수도원에서 심장마비로 선종했다(가톨릭뉴스 지금여기 http://www.catholicnews.co.kr).

을 얻어야 했는데 지급 보증을 해줄 외국의 은행이 없자, 한국 정부는 지급 보증 담보로 한국 광부 5천 명과 간호사 2천 명을 독일로 파견해 그들의 3년 치 월급을 은행에 담보로 예치하여 차관을 받았다는 것이다. 그리고 그 증거로 당시 파독 광부와 간호사들의 노동 계약서가 독일(서독) 코메르츠방크에 담보로 맡겨졌다는 것이다(허창수 엮음, 1998: 13).

파독 간호사들의 임금을 담보로 박정희 정부가 독일로부터 차관을 얻었다는 주장에 대해 파독 간호사 출신 강정희도 이에 동의하고 증언한 바 있다. 1968년 순천간호학교(현, 순천청암대학교)를 졸업하고 서울 필동 성심병원 간호사로 근무하다가 파독 간호사로 지원해 1969년부터 서부 독일 루르 지방 베터(Wetter)에 있는 볼마슈타인 정형외과(Evangelische Stiftung Volmarstein Orthopaedische Klinik)에서 근무를 시작해 동 병원 수술실 수간호사와 병원 안전관리 책임자까지 역임했던 강정희는 그의 수기 《네 엄마는 파독 간호사》를 통해 파독 간호사의 임금담보설을 주장하고 있다. 강정희는 다음과 같이 회고하고 있다.

"5·16 직후 미국은 한국 혁명 세력을 인정하지 않았기 때문에 박정희는 지푸라기라도 잡고 싶은 마음에 우리와 같이 분단된, 공산국 동독과 대치하고 있던 서독에 돈을 빌리러 대사를 파견했다. 박정희 정부는 미국의 방해를 무릅쓰고 독일로부터 1억4천만 마르크를 빌리는 데 성공했는데, 당시 독일에 필요한 간호사들과 광부들을 보내고 그들의 봉급을 담보로 잡혔다."(강정희, 2013: 53)

백영훈의 주장에 대해 한국파독광부간호사협회 양동양 회장은 다음과 같이 이해한다고 말한다.

"당시에는 아무래도 현금을 계속 짊어지고 있을 수는 없으니까, 은행에 돈을 넣어야 되고, 통장을 가져야 되고, 한국으로 송금을 하려고 할 때도 은행에서 해야 되고 … 그거는 어디에 현금을 가지고 있을 수 없으니까. 당시 독일은 금융 시스템이 발달되어 있었기 때문에 은행에 넣어 두는 것이 가장 안전하니까. 누가 뭐라 하지 않아도 자동으로 은행에 입금시키는 거죠. 그래서 '얼마를 넣어야 한다, 꼭 넣어야 된다.'라는 말을 들은 적은 없는데 자동적으로 그렇게 됐어요.

그다음에는 백영훈 박사가 하는 말이 정부 간에 했을 때 한국에서 돈을 빌려오려면 보증이 있어야 되는데 그 보증은 어떻게 하느냐, 일하는 우리 노동력이 보증금이다, 사람을 보증한다면? 노예? 그러면 안 되는 거잖아요. 그 사람들이 내는 봉급, 곧 한국에 보내는 돈, 저금하는 돈, 이 은행에 들어 있는 돈, 그 자체만으로도, 잠깐 은행에 거쳐 가는 시간의 돈만이라도 보증이 되지 않냐 … 그래서 백영훈 씨는 그런 말을 쓰는 거죠.

그런데 사실은 우리는 그거에 별로 생각지 않고 자동적으로 은행에 저금을 하고, 은행을 이용하니까 그런 역할이 된 거죠. 그런데 우리 말고, 정책 차원에서는 '돈이 얼마 들어가고, 은행에 남아 있고' 등을 추정해서 독일에서 차관을 받을 수 있지 않을까, 되도록 많이 빌려오려고 한 거고. 우리가 몸이 가니까 차관이 되는 거고, 돈이 독일 은행에 쌓이고 보증금이 어느 정도 되니까 돈을 빌릴 수 있게 된 거고. 그때 당시 한국은 어디 가서 한 푼도 빌려올 수 없었으니까, 미국에서도 박정희는 쿠데타를 일으킨 사람이라고 돈을 빌려주지 않았고, 그러니까 영국이나 불란서도 안 빌려주고 … 돈 한 푼 빌려올 수 없는데 어떻게 한국이 고속도로, 조선 공사를 합니까? 이제 돈이 들어오기 시작하니까 그때부터 다른 나라들도 '가능한가?' 하고 빌려준 거고. 물꼬가 트인 거죠. 그때는 우리나

라가 다른 어느 나라 통장이든지 외국 돈을 만질 수 없는 상황이었죠."(양

동양 인터뷰, 2017)

이와 같이 나름 설득력 있는 주장이나 이해에도 불구하고, 위에서 이미 언급한 대로 파독 광부와 간호사의 임금담보설이 '근거 없는 주장'이라고 밝혀지게 된 것은 2008년 진실·화해를 위한 과거사정리위원회의 발표 때문이다. 과거사정리위원회는 '파독 광부·간호사의 한국 경제 발전에 대한 기여의 건'의 진실 규명 결정 내용에서 "광부와 간호사의 임금을 담보로 독일로부터 상업 차관을 성사시켰다는 신청인 및 세간의 주장과 인식은 사실이 아님이 확인되었다."라고 발표했다.

그 근거로는 1961년 독일의 대(對)한국 상업차관은 한·독 정부 간 '경제 및 기술협조 의정서'(1961.12.13.)에 의거한 원조의 일종이었기 때문이라는 것이다. 그리고 이 상업 차관은 대규모의 고액 설비를 한국 업체에 연불수출[8]하는 독일 업체에 제공한 장기 수출 거래 신용으로, 사실은 독일의 수출보험공사(Hermes)가 보증을 섰고, 독일부흥금융공사(Kreditanstalt fur Wiederaufbau:KfW)가 자금의 공여자였다는 사실이 확인되었기 때문이라는 것이다. 그리고 공식적으로 조사 과정을 통해 "당시 한국 정부가 독일 정부와 상업 차관을 교섭할 때 광부와 간호사들의 임금을 담보로 계산했다는 소문이 있었지만, 조사 결과 전혀 사실이 아닌 것으로 확인됐다."라고 공식발표했다(과거사정리위원회, 2008: 225).

과거사정리위원회의 조사 보고를 통해 결국 파독 광부와 간호사의 임

---

8) 연불수출(延拂輸出, export on deferred payment basis) 신용은 산업 설비, 기계류, 선박 등 수출 금액이 큰 이유로 현금 일부만을 받은 후 잔액은 여러 해에 걸쳐 지불받기로 계약을 맺는 수출로 정부 차원이나 민간은행의 지급보증을 전제로 수출 금액 지불을 연기하는 방식이다(과거사정리위원회, 2008: 201).

금담보설을 오랜 세월 동안 진실 공방에서 끝을 보게 되었다. 그러나 상당 기간 파독 광부와 간호사의 임금담보설은 마치 기정사실이었던 것처럼 널리 알려졌다. 백영훈은 이후에도 언론(문화일보. 2006.12.11.) 등에서 동일한 임금담 보 이야기를 인터뷰했고 여러 블로그와 도서, 강연에서 인용되었으며, 박정 희 시대를 평가하는 학술 자료 중 개발독재 '동원'의 문제와 결부하여 파독 노동자들에 대한 임금담보설에 비중을 두어 기록되기도 했다. 이로 인해 파 독 광부와 간호사들의 송금 행위가 한국 사회에 가족과 국가를 위해 희생한 것으로 묘사되거나 표현되었던 것이다.

독일 차관과 지급보증

앞서 여러 차례 언급한 부분이지만, 1961년 12월 13일 '대한민국 정부 와 독일연방공화국 정부 간의 경제 및 기술 협조에 관한 의정서' 체결 이후, 한국 정부가 독일과 차관 협정을 통해 확보한 금액은 총 1억5천만 마르크로 7,500만 마르크는 공공차관(정부 차관)이며, 7,500만 마르크는 상업차관(민간 차관)이었다.

먼저 공공차관과 상업차관에 대한 이해가 필요한데, 공공차관(Public Loan)은 국가 간의 직접적인 협상이나 국제기구(UN, IBRD, ADB)들과 간접적으 로 자금을 증여받거나 빌리는 것으로 항만이나 교통시설 등 사회간접자본 조성을 위해 정부 보증으로 도입되는 것이다. 차관의 목적에 따라 정치 목적 에 한정하는 정치차관도 있지만, 주로 경제 발전의 긴박성 속에서 육성해야 하는 사업을 우선하기 때문에 이러한 철도 고속도로 건설이나 전력 개발 등 경제적 목적에 사용되는 경제차관에 더 치중되어 있다.

상업차관(Commercial Credit)은 기업이나 개인이 이윤을 목적으로 외국에서 자본을 빌려오는 것으로, 재정경제부 장관의 인가를 받아 절차에 따라 자금을 들여올 수 있었다. 상업차관을 받으면 기업의 조달 금리가 국제금리 수준인 연 4~5% 이내로 낮아져 통화량이 증가하고, 이에 물가 상승이나, 환율 하락을 통한 경상수지 감소 등의 효과를 볼 수 있다. 공공차관은 상업차관에 비해 상환 기간이 길고 이자율도 낮다.

공공차관은 AID개발차관(development loan)과 프로그램차관(program loan) 등이 있는데, 용도의 차이일 뿐 모두 원조의 형식을 취한다. AID차관은 개발도상국의 경제개발을 목적으로 미국이 제공하는 장기 융자의 하나로, 미국 대외원조법 중 경제원조 분야인 국제개발법(AID-Act for International Development)에 근거를 두고 있어 AID차관이라고 한다. 이러한 원조 방식은 증여가 아니라 차관의 형식으로서, 사업별로 차관액을 결정하기 때문에 그 목적에 따라 충실히 사용할 것을 해당 정부가 보증하도록 되어 있다.[9]

1961년 12월 한·독 양국 간에 체결된 이 의정서는 기술원조를 다루고 있지만 '재정개발원조(Financial Development Assistance)'로서 공공차관은 장기 개발차관 형식으로, 그리고 상업차관은 장기 수출거래로부터 발생하는 청구에 대한 보증을 하는 형식으로 공여한다는 것이다. 한국 정부가 독일로부터 확보한 차관은 유상원조로서 개발원조 자금의 일환이었다. 다만 유상원조는 '조건부 원조(tied aid)'로 대부분 서독 측의 자본재 또는 기술 용역을 도입한다는 조건이었다.

또한 상업차관의 경우 원리금 상환에 있어서도 조건이 있었는데 첫째, 정부 지급보증, 둘째, 금융기관 지급보증, 셋째, 지급보증 불요(不要) 세 가지이다. 즉, 차관기업이 원리금 상환을 이행하지 못하면 정부 지불에 대해서는

---

9) 한국민족문화대백과 정의 참고.

한국산업은행이, 금융기관 지불에 대해서는 시중은행이 각각 대불(代佛)하는 조건이다. 차관을 위한 실무를 우리나라는 경제기획원, 외무부, 산업은행이 담당했으며, 독일은 경제성, 외무성, 독일부흥금융공사(KfW), 헤르메스(Hermes) 수출보증보험공사 등이 담당했다(과거사정리위원회, 2008: 198-202).

독일 차관 도입과 관련하여 대한민국 외교부 외교 문서(등록번호 2813)의 요약 내용을 보면, 금액과 사용 계획안, 상환 방법 등을 구체적으로 알 수 있다.[10]

1. 정부는 독일(구 서독)로부터 FY(Fiscal Year) 1962년도 서독 정부 차관 7,500만 마르크, 정부보증 상업차관액 7,500만 마르크, 도합 1억 5,000만 마르크(3,750만불 상당)를 도입하기로 서독 측과 합의하였으며 동 차관을 도입하려면 우리 측이 작성한 사업계획서를 독일 개발은행이 타당성을 조사하여 독일 정부와 협의하여 승인을 획득하는 절차가 필요함에 따라 동 절차를 추진하게 됨.

2. 정부는 서독 정부의 재정차관으로 전신·전화작업, 탄전개발사업, 탄차수입, 조선공사 확장사업에 충당하고 상업차관으로 비료공장건설, 양회공장건설 사업을 하도록 하는 계획안을 마련함.

3. 독일이 제공하는 차관은 일반상업차관의 경우 5년 만기, 연이자 6%, 최소한 15% 선불금 지급 조건이며 Hermes 독일 신용보험회사 제공의 장기상업차관의 경우 상환 기간 10~15년, 연이자 6%이며 재정차관 중 일반영리사업은 상환 기간 15년, 연이자 3 내지 4%, 인프라 구축 사업은 5년 거치, 상환 기간 20년, 연이자 3%의 조건임.

---

10) 외교부 외교사료관(http://deplomaticarchives.mofa.go.kr) – 〈독일 차관도입〉, 등록번호: 2813, 생산년도: 1962-1965, 생산과: 경제기획원, 분류번호: 761.64, 공개년도: 1999, 국가/지역: 독일.

4. 한국 정부의 차관 신청에 대하여 서독 측은 8,750,000불의 Telex 구매를 위한 재정차관 도입안에 대하여 독일재정원조분과위원회(IMA)가 "독일 제품을 구입한다"라는 조건으로 1963.6.14. 동의하였으며 5,180,000미불 차관의 탄전 개발 사업과 관련하여 독일은 한국 측이 당초 장성 탄광의 Shaft Equipment[11]를 재정차관으로 구매할 의도를 밝혔다가 실제로 서독 재정차관으로 구매하지 않고 AID차관(950만 불)으로 구입하려고 한 데 대하여 강한 불만을 나타냈으나 결국 shaft equipment를 세계 지역 구매로 하되 820,000미불 상당을 3년 6개월 거치 20년 상환, 이자율 연 3%로 하기로 1963.8. 최종 결정함.

5. 조선공사사업을 위한 4,820,000미불 차관은 독일 측의 보고서를 참작하여 신청서를 작성하여 제출하면 별 문제 없을 것이나 국내의 경제기획원은 동 자금을 사용하자는 의견임에 비하여 상공부는 동 자금 사용에 반대하므로 동 의견을 조정할 필요가 발생함.

6. FY 1952년 Hermes Extended Loan의 잔액 50백만 마르크를 전용하여 사용하는 문제에 관하여 정부와 독일고문단 간의 협의로 결정하기로 함.

7. 정부는 FY 1963년도 서독으로부터 전신전화사업 600만 불, 중소기업 육성사업 500만 불, MRO자재 200만 불 등 도합 13백만 불의 재정차관을 신청할 것을 검토하였으며 FY 1965년에는 부산 상수도 사업, 인천 중공업 확장사업(7,500만 마르크) 등을 위한 재정차관 신청을 검토함.

8. FY 1962년 기술훈련생 60명, FY 1963년 기술훈련생 41명을 서독에 파견하기로 함.

---

11) 동력을 전달하는 막대 모양의 기계 부품, 장비.

독일이 제공한 상업차관은 앞서 언급한 문서 1번의 내용에서 보듯이 한국 측이 작성한 사업계획서를 독일 정부에 제시하여 독일 측의 원칙적 양해, 승인을 얻은 사업에 쓰도록 되어 있었다. 또한 3, 4번의 내용에 서독이 아닌 AID차관을 사용할 경우 강한 불만을 드러냈다는 것을 보면 조건부에 따라 차관을 결정해 준 것이며, 따라서 이에 따를 경우에 독일 정부가 지급보증한 것으로 확인할 수 있다.

이는 독일 정부가 지급보증을 한 상태에서 이루어지는 기업의 수출이었다. 한국 입장에서는 원조처럼 보일 수 있으나, 사실은 독일 기업의 수출이기 때문에 상업차관은 유상원조로서 독일의 이윤과 자금 회수 등 구체적인 검토가 이루어진 투자라고 할 수 있다. 이로 인해 자본이 부족했던 한국은 차관을 받는 데 성공했고, 서독은 투자와 수출을 위한 신흥 시장을 찾은 셈이 되었다(윤용선; 노명환 외, 2014: 54-60).

또한 독일 차관을 받은 시점에 대해서 파독 노동자들의 임금담보로 받았다거나 박정희의 1964년 12월 방독의 효과였다는 점에 초점을 두고 있는데, 독일 차관은 1962년 11월 12일을 시작으로 재정차관, 일반상업차관, 장기상업차관 등 총 5,100만 달러 상당의 차관이 박정희의 방독 이전인 1963~1964년에 이미 체결되었다(윤용선; 노명환 외, 2014: 59). 물론 박정희와 상관없이 차관이 이루어졌다는 것은 아니다. 5·16 쿠데타 이후에 체결되었다는 것은 독일이 한국을 정치경제적 측면에서 투자시장으로 확인했다는 것을 보여주는 것이라 하겠다.

이렇게 독일 상업차관은 독일 정부가 지급보증한 것으로, 광부·간호사의 임금과는 무관한 것이었다. 독일 차관과 파독 노동자들의 임금이 무관하다는 점을 다시 정리한다면, 첫째, 차관을 위한 협정서인 1961년 12월 의정서에는 '보증'에 대한 공급자와 보증, 상환 방식이 설명되어 있으며, 둘째,

한국 광부·간호사의 독일 파견과 상업차관 보증과 관계된 자료를 찾을 수 없으며, 이는 독일의 개발원조 정신에도 어긋나는 것이라고 할 수 있다. 또한 독일부흥금융공사에서 임금 담보에 관한 답변 서한에서 경제 지원 금액은 광부·간호사 사업과는 상관이 없다고 밝혔다. 셋째, 시기상으로도 차관협정은 파독 이전부터 이루어진 사실이다. 넷째, 파독 노동자들의 임금은 코메르츠방크에 예치하기보다는 주로 탄광회사나 병원이 지정한 은행인 폴크스방크(Volks Bank)와 도이체방크(Deutsche Bank)로 입금되었으며, 송금은 한국은행과 한국외환은행 독일 지점 또는 독일 은행을 이용하는 등 이들의 임금은 각자에 의해 관리되었다(과거사정리위원회, 2008: 202-205).

기억의 재현

♦ ♦ ♦

파독 노동자들의 기억은 크게 파독을 선택했던 시기인 1960~1970년 대 한국에 대한 기억과 독일에서 이주노동자로서 살아남아야 했던 긴장과 고된 노동의 기억이며, 독일에 정착한 거주민으로서 새로운 적응과 변화된 한국 사이에서 정체성 재정립의 기억으로 볼 수 있다. 이러한 파독 노동자들 의 기억은 개인기억으로 머물지 않고 동시대의 같은 경험을 배경으로 하는 사회적 행위의 증거라고 할 수 있다. 즉 시대적 배경과 공동체 관계, 정치 체계, 사회적 권력 관계 등의 상호 작용에 의해 재구성된 사회적 기억이다.

모리스 알박스(Maurice Halbwachs)는 사람들은 사회 속에서 기억을 획득 하며 인식하고 배치한다고 말한다. 특히 개인기억은 파편화되어 있기 때문 에 타인, 또는 집단을 통해 더욱 사회적 기억을 획득한다. 다시 말해 사회 구 성원으로서의 개인기억은 시대적 배경과 별개일 수 없고, 사회적·정치적 맥락에서의 다층적 해석이 내재되어 있다는 것이다(태지호, 2014: 22-23).

'파독 인력 송출'이라는 역사적 사건은 끝났지만, 파독 노동자들의 기 억의 서사는 현재에도 지속되고 있다. 파독 노동자들의 문화적 기억은 기억 의 재현(representation)과 같은 과정으로, 주로 독일 정착 후 한인회, 여성회,

교회 등의 공동체 활동을 통해 표현된 기록물이다. 파독 광부·간호사들은 50여 년이라는 상당한 시간을 보내며 집단기억으로 사회적 논의를 담지한 문화적 실천들을 지속해 왔다. 기억의 실천, 즉 재현(representation)이란 기호나 매개체를 통해 기억이 새롭게 기술되고 표현되면서 의미가 부여되는 과정인 것이다(김원, 2011: 466-467).

이와 같은 수많은 기억의 재현 속에서 파독 광부·간호사들은 사회적 이슈가 되고 있는 '국가유공자' 예우 담론에 초점을 맞추었다. 2011년 1월 22일, 파독 노동자들의 기억의 재현은 독일 프랑크푸르트에서 '파독 근로자 이민사 평가 자료 준비와 국가유공자 자격 공인을 위한 청원 추진 위원회'를 발족하고, '파독 근로자 국가 유공자' 추진 활동을 재개하면서 한국 정부에 대한 청원 운동으로 시작되었다.

> 자료 연구 사업과 관련해서는 국가의 외화 획득을 위한 인력 해외송출의 맥락 가운데 이루어진 근로자 파독의 역사적 배경을 정확하게 파악하고, 그 역사적 의의를 정립해 나갈 방침이다. 아울러 본국의 가족에게 송금한 외화가 비록 가족에게는 한국 돈을 전달해 줬지만 국가의 수중에 모아진 외화가 한국경제 발전에 종잣돈이 되었음을 당시의 사회 경제적 구조와 흐름의 과정을 정확하게 진단하고 이를 논리적으로 입증하는 데 힘을 쏟기로 했다. 한편 추진 위원회는 과거 파독 근로자에 대한 '국가유공자' 자격 공인은 청원이 아니라 정당한 권리 요구임을 분명히 했다. 지난 20여 년 동안 한국의 대통령을 비롯한 고위 공직자들과 관련 학계의 인사들이 파독 근로자들이 국가 경제 발전에 기여한 유공자라는 사실을 간헐적으로 언급해 왔지만, 말 그대로 인사치례 수준이었을 뿐으로 체계를 갖춘 정부의 공식적인 입장 표명은 없었다는 것이다(월드코리안뉴스, 2011.1.31.).

"세상을 떠나기 전에 우리들의 역사를 정리하자", "아들 딸 손자들에게 한국인의 정체성을 심어주자", "국가로부터 우리의 피와 땀에 대한 정당한 평가를 받아내자"고 목소리를 높였다. … 이날 회의는 파독 근로자 이민사 정리를 위한 자료 수집의 방법을 논의하고 파독 근로자 재독 동포 국가유공자 자격 공인 추진을 위해 서명 운동을 추진할 것을 결정하고 … 국가에 기여한 이들의 삶을 평가 받고자 발족한 파추위. 간호사 광부들은 자신들의 삶을 역사적으로 평가받겠다는 차원과 함께 어머니, 아버지 그리고 할아버지, 할머니로서 후손들에게 한국인의 정체성을 확립시키자는 데에도 뜻을 모았다(유로저널, 2011.2.1.).

파독 광부 인력 송출 50주년이 다 되어 가는 시점에 이들은 다시 기억을 꺼내 들었다. 그 기억의 시작은 1963년이었고, 이때까지 기억 속에 무엇을 가지고 있었기에 이러한 권리 요구를 하고 있는 것일까? 이 요구는 2013년 파독 광부 50주년, 2016년 파독 간호사 50주년을 지나 현재 시점까지 논의되고 있는 사회적 이슈가 되었다. 요점은 '국가를 상대로' 국가유공자 자격을 정당한 권리로서 요구하겠다는 것이다. 지난 40여 년 동안 박정희 정부의 약속이 깊숙이 잠재되어 있었던 것이다.

박정희 정부는 파독 노동자 모집을 위해 전국에 광고를 내면서 한국보다 높은 임금을 받을 수 있다고 홍보했으며, 가급적이면 외화를 낭비하지 않고 많이 송금할 수 있도록 홍보하고 송금 은행을 늘리기도 했다. 또한 해외개발공사 설립 취지에서도 밝혔듯이 해외 취업은 국내적으로 과잉 인구에서 오는 사회적 · 경제적 불안을 완화할 수 있고, 국민 생활 수준 향상을 도모하여 국가적 경제개발에 협조하여 한국인의 해외진출을 통한 외화 획득 국위선양을 촉진함을 목적으로 한다는 것을 설명했다(한국국제협력단)[12]. 파독 노동자 개인들에게 경제적 기회를 주는 동시에 외화 송금은 국가 경제 발전의 밑거름이 되었음을 강조했던 것이다. 이러한 부분은 1964년 박정희 방독 연설을 통해 더 믿음직하게 설득되었고, 이후 귀국하거나 독일 정착 후에도 '관심'이 지속적으로 이어지기를 바랐던 부분이 기억으로 남아 있었던 것이다.

파독 광부·간호사·간호조무사 연합회 48주년 기념
특별 세미나 및 총회 – 독일에서 흘린 눈물, 후세대가 알까?
(호미숙 카페, https://blog.daum.net/homihomicafe/13409185)

2011년 12월 21일 충무아트홀에서 파독 광부 · 간호사 · 간호조무사 연합회는 48주년 기념 세미나를 열고, 자신들이 젊은 시절 독일에서 피땀 흘린 세월이 없었다면 지금의 한국은 결코 없었음을 강조하며 대한민국 종잣돈, 즉 산업의 밑거름이 된 경제의 시작을 만들었으니 한국 정부에서는 이를 외면하지 말고 기념하며 후세대에 전승하도록 해야 한다는 취지를 밝혔다. 파독은 자신들의 자발적 선택이었으나 국가의 필요에 의해 진행되었고, 국가가 원하는 대로 경제 발전에 기여한 바가 분명하니 자신들의 공로를 기억하고 인정하라는 '기억의 문제'인 것이다.

박정희 신화는 한편으로는 파독 노동자들이 자신들의 기억을 유지시키

---

12) 한국국제협력단 – 한국의 해외 취업 및 이주 역사 (https://artsandculture.google.com).

기 위한 상징이기도 하다. 파독 인력 송출의 시작과 끝, 전체 기간은 박정희 정부 기간 중에 진행된 일이었다. 그들의 기억 속 모든 연계는 박정희와 떼려야 뗄 수 없는 관계이다. 이들의 존재가 기억된다는 것은 동시에 박정희 이미지가 형상화되는 과정을 의미한다. 박정희 신화를 신화로 보지 않고 의미 있는 기념으로 보는 것은 파독 노동자들의 기억에 허위의식이나 환상이 있어서가 아니다. 이들이 당시 국가 경제 발전의 산업전사로 '인정받았던 시기'로 기억되기 때문이다(김원, 2011: 223). 이러한 당시의 '인정'이 지금까지 지켜지지 않았음을 반세기가 지난 시점에서라도 그 기억을 사회에 드러내며 그에 대한 예우를 요구한 것이다.

기억과 인정 사이의
갈등

♦ ♦ ♦

파독 노동자들의 기억은 객관적 사실로서의 사회적 기억, 문화적 기억으로 전승되기보다는 국가에 의해 만들어진 이미지로 전달되었으며, 극히 한정되어 있는 수사적 표현으로 파독의 수많은 기억이 굳어왔다. 이는 일방적인 기억 만들기이며 기억을 정당화시키는 것으로, 파독 노동자 모두를 조국 근대화와 경제성장이라는 민족주의 이념 속에서 애국자 만들기를 지속해 온 것이다.

흔히 파독 광부·간호사를 떠올리는 정형화된 기억은 '산업전사, 산업역군, 애국전사, 경제성장의 밑거름, 경제성장의 숨겨진 주역, 백의의 천사, 우아한 한복의 나이팅게일, 이역만리에서 피땀 흘린, 눈물의 외화벌이, 박정희의 눈물' 등이다. 파독 광부·간호사를 대체하는 말에 숨겨 있는 이미지는 '국가 발전을 위한 희생과 애국'이며, 이는 국가에 의해 호명된 수사들이다. 이러한 수사적 표현들이 가속화된 것은 이미 앞에서 살펴보았듯이 언론을 통해 대중에게 인식되었으며, 특히 박근혜·문재인 대통령의 '파독 노동자 대우' 발언은 이후 파독 노동자들이 '예우 인정 담론'을 말할 때 중요한 근거가 되었다.

2013년은 한·독수교 130년, 파독 광부 50주년이 되는 해였다. 그리고 박정희를 다시 기억하기에 아주 적절한 박근혜 정부가 시작된 해이기도 했다. 파독 광부 50년을 기념해 다양한 행사가 진행되었는데, 그 골자는 가난에서 벗어나고자 낯선 나라에 가서 힘들게 번 돈을 조국에 송금함으로써 경제 발전의 초석을 다졌으니 이에 대한 기여가 크므로 그 의미를 새기고 기억하여 국가 차원의 인정과 예우가 있어야 한다는 것이다(이영석, 2014: 219).

이러한 분위기에 맞물려 2013년 2월 25일 박근혜는 대통령 취임사에서 파독 광부·간호사를 언급하면서 "한강의 기적으로 불리는 우리의 역사는 독일의 광산에서 … 가족과 조국을 위해 헌신하신 위대한 우리 국민들이 계셔서 가능했다."라고 말했는데, 이는 파독 노동자들의 조국에 대한 기여를 대통령이 공개적으로 인정한 것으로 인식되었다. 또한 2013년 8월 15일 박근혜 대통령이 제68주년 광복절 경축사에서 "독일의 광산에서, 열사의 중동 사막에서, 월남의 정글에서 숱한 역경을 헤치며 국민의 피와 땀으로 기적의 역사를 만들었다."라고 말한 것은 대통령의 공적 치하로, 이러한 언급은 과거 힘들었던 이주노동에 대해 위로가 되었으며, 파독 노동자들에게 실질적인 예우나 혜택 제공으로 이어져야 한다는 주장으로 발전했다.

'국가유공자' 담론은 앞서 2007년에 민주노동당 유럽위원회에서 파독 광부·간호사들에 대한 조국의 인정과 유공자 지정을 촉구하는 운동을 시작하면서부터였다.

민주노동당 유럽위원회는 7월 들어, 파독 간호사·광부 출신 동포들이 경제개발에 기여한 공로가 고국에서 제대로 인정받지 못하고 있는 안타까운 현실을 고쳐나가고, 고국으로부터 응당한 대우를 받도록 촉구하는 서명 운동을 비롯한 광범위한 운동에 돌입했다. 이는 지난달 16일 중부 독일 보쿰에서 열린 운영위원회 의결에 따른 것이다. … 설문조사와 지역별 간담회에서 나온 동포들의 요구 사항은 경로우대증 발급, 한국 체류 시 독일 의료보험 적용, 참정권 보장, 한국의 독일인 마을 건설 정부 지원 및 저렴하고 우선적인 입주 보장, 극빈 동포의 생활비 지원책 마련(생활보호대상으로 지정 등), 재외동포청 설치 및 재외동포기본법 제정, 공영 위성방송 무료 시청, 노인복지회관 건립 지원, 국가유공자(또는 경제개발 유공자) 지정, 한글학교 지원 등이다(재외동포신문, 2007.7.12.).

파독 노동자들의 공로와 기여에 대한 국가적 인정과 예우 문제는 임금 담보설과 묶여 담론으로 확산되었다. 한편으로는 국가유공자 담론이 과한 요구라는 비판의 우려 속에서도 파독 노동자들에 대한 예우의 필요성이 제기되었다. 독일 취업 노동자를 국가유공자로 인정해야 한다는 요구는 토론회로 개최되기도 했다.[13]

1960~1970년대 같은 시기에 있었던 베트남 파견(파병), 중동 파견 노동자들과 비교했을 때, 파독은 국가 차원에서 선발·파견되었고 현지 파견 노무관의 관리도 받았기 때문에 파독 노동자 또한 국가 차원의 예우 논의가 필요하다는 것이다. 다시 말해, 베트남 파병 군인은 국가유공자 인정을 받았고, 중동 파견 노동자의 경우에도 건설 기업들이 각종 포상과 혜택을 받았던 것처럼 파독 노동자들도 산업화 기여 공로에 대한 실질적인 예우가 필요하다는 것이다.

박근혜 정부에서는 또 한 번 파독 노동자들의 국가에 대한 공로를 다

---

[13] 2013년 10월 23일, 국회의원회관, "파독 근로자 예우, 어떻게 할 것인가?", 주관: 파독 근로자 국가사회발전 특별공헌 유공자 청원 추진위원회, 주최: 김성곤 의원실, 김정훈 의원실.

시 언급했다. 2014년 12월에는 파독 51주년 기념행사에 박근혜 대통령이 편지를 보냈는데, 그 내용은 "이역만리 독일로 간 것은 가난한 조국을 구하기 위한 헌신이었고 조국 근대화를 이루는 희망의 불씨였습니다 … 조국이 어려울 때 가족과 조국을 위해 헌신한 파독 근로자들을 대한민국과 국민은 영원히 기억할 것 … 여러분의 노력이 한강의 기적을 이루는 디딤돌이 되었고 오늘날 대한민국의 번영을 만든 출발점이 되었습니다."(채널A뉴스(영상), 2014.12.25)이었다.

이러한 발언들이 파독 노동자들의 기억 속에서 '국가에 대한 기여'로서 인정 문제가 부각되고 확대되어, 기념과 보상의 주체가 개인에 집중됨에 따라 현대에 이르러 '파독 광부 · 간호사 예우' 문제가 논의되었던 것이다. 이러한 국가가 만든 '희생과 애국' 이미지는 '박정희'로 귀속되었다. 그리고 파독 노동자들의 기억에 스며들어 자발적 선택이었지만 국가를 위한 행위로 확대 해석되었다. 결국 그 기억들이 한국을 방문하는 파독 광부 · 간호사들의 탐방 일정에 구미의 박정희 생가를 들러 추모하는 일로 상징이 되기도 했다. 구미 방문은 파독 노동자들의 기억을 박정희 이미지로 대체했으며, 국가를 대상으로 예우를 요청하는 상징 행위로서 작동했다.

파독 광부와 간호사, 감격의 고국 방문

파독 50년을 맞아 고국을 방문한 광부와 간호사 224명이 지난 26~27일 1박 2일의 일정으로 구미를 방문해 즐거운 시간을 보냈다. 이들은 구미에서의 일정 동안 지난 50년 자신들의 헌신을 바탕으로 놀랍게 변화한 고국의 발전상을 바라보며 뜨거운 감격의 눈물을 흘리기도 했다(노컷뉴스 2013.10.28.).

파독 광부·간호사들 "조국 위해, 건배!"

1960~80년대 독일로 갔던 파독(派獨) 근로자들의 모임인 '파독산업전사 세계총연합회(이하 파총연)' 회원들이 23일 한국을 찾았다. 오는 26일 경북 구미 박정희 전 대통령 생가에서 열리는 박 대통령 35주기 추모식에도 참석할 예정이다. … 오는 12월은 1964년 박정희 전 대통령과 육영수 여사가 독일 함보른 탄광을 찾아가 파독 광부와 간호사 250여 명과 함께 눈물을 흘린 지 50주년이 되는 해다. 고 회장은 "작년은 광부 파독 50주년, 올해는 박정희 대통령의 방독(訪獨) 50주년, 그리고 2016년은 간호사 파독 50주년"이라며 "올해 안에 파독 근로자의 역사를 기록한 책을 발간할 계획"이라고 말했다(조선일보, 2014.10.24.).

박정희 대통령 생가 찾은 파독 간호사

1960년대와 1970년대 박정희 대통령 시절에 독일로 파견된 간호사 26명이 경북 구미시 상모동 박정희 전 대통령 생가를 찾았습니다. 구미를 찾은 이들은 박정희 대통령 생가 추모관에서 분향하고 참배한 뒤, 민족중흥관을 둘러봤습니다(연합뉴스TV, 2015.6.8.).

대한민국 1호 해외 근로자 파독 광부·간호사 구미와 대한민국 발전에 감탄

1960년대 박정희 대통령 시절 독일로 갔던 재독한인간호사협회(회장 윤행자) 일행 및 파독산업세계전사자연합회(회장 고창원) 회원 110명이 멀리 독일에서 다시 구미를 찾았다. 이들은 지난 24일 한국을 방문했으며 10월 26일, 박정희 대통령 37주기를 맞아 구미를 방문해 생가에 헌화와 분향을 하고 참배하며 박정희 대통령을 추모하는 시간을 가졌다(경북인터넷뉴스, 2016.10.26.).

또한 파독 기념에 대한 정치적 이해의 차이가 극명하게 드러나는 사례가 박정희 동상 건립 이슈였다. 재독한인회 일부에서 2011년 5월 결성한 '박정희 동상 건립 추진위원회'는 한인문화회관 내 박정희 동상 건립을 위한 1회 공청회를 개최했으나, 독일 교민 사회 내에서 찬반 의견이 대립하여 더 이상 추진하지 못했다. 박정희 동상 건립이라는 사안에는 단순히 동상 건립 문제 이상의 정치사회적 이슈가 포함되어 있기 때문이다. 이 사업에 대한 찬반은 산업화, 개발독재, 경제개발 등 1960~1970년대 박정희 정부 시대에 대한 상반된 해석과 정치적 입장의 차이를 표현하고 있다(이영석, 2014: 225-226).

기념(물)은 과거의 경험을 현재에 재현시키는 상징이며, 사라진 기억들을 가시적인 형태로 정형화한 것이다. 또한 기념(물)은 공동체의 정체성과 밀접하게 결합되어 있는데, 기념(물)을 통해 사건은 개인적인 사건이 아닌 집단적인 사건이 되고, 의미 있는 사건으로 바뀐다. 특히 기념(물)은 근대 국가의 형성 과정에서 민족적 정체성을 강화하는 데 중요한 역할을 담당했다(박명규, 1997: 41-42). 기념(물)뿐만 아니라 영화나 출판물, 기념식을 통해서도 공동체 구성원의 정체성을 상기시킬 수 있는데, 이러한 형상화된 것들은 신화를 만들게 되는 중요한 부분임을 오쇼네시는 말한다(O'Shaughnessy, 박순석 옮김, 2009: 18). 즉, 대중 의식화와 정체성 강화의 핵심적 방법은 신화를 만들고 지속하는 것이다. 독재국가든 민주주의 정권이든 정당성을 얻기 위해서이다.

박정희의 성공 신화는 조국 근대화와 민족중흥 같은 경제적 민족주의 이념으로 개인이 가난에서 벗어나고 일자리를 얻어 '우리도 잘살아보세'라는 집합적 가치를 주입함으로써 독재를 가리고 경제성장을 위한 희생을 '필연적'인 것으로 만들었다. 나라가 먼저 부강해야 한다는 애국심은 국가 경제 발전의 지속적 성장을 만들어내는 동력이었다. 박정희에게는 사회 질서를 위해 이러한 신화가 필요했을 것이다.

신화는 한 사회의 정체성과 밀접하게 관련되어 있다. 그래서 자부심과 공동체 의식을 불어넣는 기능을 한다. 여론을 구성하고 결집시키기 위해서는 '울림'이 있어야 한다. 반응을 끌어내지 못하는 신화는 낯설거나 부적절하게 여겨지기 때문이다(O'Shaughnessy, 박순석 옮김, 2009: 145, 151). 파독 노동자들에 대한 정치적 상반된 해석이 존재하는 '박정희' 기념은 파독 초기부터 지속된 박정희 정부의 정치경제적 성과를 위한 애국과 민족 이데올로기의 결과라고 할 수 있다. 이러한 행위의 상징은 기념하는 이들의 정체성을 탄탄하게 응집하는 효과를 가져왔다.

기억의 인정

✦ ✦ ✦

　파독 노동자들의 국가를 상대로 한 '인정'과 '예우' 담론은 2015년 국회 기획재정위원회 새누리당 박명재(포항 남·울릉) 의원이 '파독 광부·간호사의 날' 제정안을 발의하여 파독 광부·간호사들의 업적과 희생을 기리는 국가 기념일 제정을 추진하기 시작했으며(데일리메디, 2015.4.2.), 일부 성과로 국토교통부를 통해 파독 근로자들은 고국 정착을 지원하는 국민임대주택을 공급받게 되었다(매일건설신문, 2015.6.8.).

　이후 문재인 정부가 시작되고, 2017년 6월 6일 제62회 현충일 추념식에서 문재인 대통령은 파독 광부·간호사를 언급함으로써 근대화의 주역으로 재조명했다. 문재인 대통령은 독립운동가, 한국전쟁 및 베트남전 참전 군인의 희생과 헌신을 언급한 뒤 "조국을 위한 헌신과 희생은 독립과 호국의 전장에서만 있었던 것이 아니었음을 여러분과 함께 기억하고자 한다."라며 파독 광부, 파독 간호사, 청계천변 다락방 여성 노동자들의 희생도 '애국'으로 규정했다(한겨레, 2017.6.6.). 이후 이완영 국회의원을 비롯한 16명이 2017년 11월 24일 '파독 광부·간호사에 대한 예우 및 지원에 관한 법률안'을 발의(14)했다.

이러한 대통령의 공식 발언을 가지고 2019년 1월 17일 '한국파독광부간호사간호조무사연합회(회장 이우연)'는 "아직 마르지 않은 파독 근로자의 눈물을 국가가 닦아주어야 한다."라는 내용을 공식 사이트에 올리기도 했다.[15] 그러면서 "파독 광부·간호사에 대한 예우 및 지원에 관한 법률안이 속히 통과되도록", "우리 1세대가 살아 있을 때 파독 근로자의 숭고한 애국·희생 정신을 민족혼으로 승화시켜 후세에 전할 국민 정신교육의 근본으로 삼을 역사관을 만들어야" 한다고 주장했다.

파독 노동자들의 국가에 대한 요구는 2020년에 이르러 성과를 얻었다. '파독 광부·간호사·간호조무사에 대한 지원 및 기념사업에 관한 법률'[16]이 2020년 6월 9일 통과되어 2021년 6월 10일부터 시행되는 것으로 제정되었다. 독일에 진출하여 근로한 광부·간호사·간호조무사의 노고와 희생을 기념하고 국가 경제 발전에 기여한 이들의 공로에 걸맞은 기념사업 및 지원에 필요한 사항이 법으로 규정된 것이다.

결국 파독 노동자 인력 송출은 박정희 시대에 일어났던 역사적 사건이며, 박정희는 사라진 지 오래지만 파독 노동자들의 기억으로 60년이 되어가는 시점에 이르러 기념사업을 지원하고 역사적 자료를 수집하고 조사·연구하기 위한 파독광부간호사법이 제정된 것은 '국가 경제 발전에 기여'했음을 인정한 것이다. 이는 또한 2만여 명을 독일로 이주노동시켰던 박정희의 경제개발 프로그램이 실행되었음을 인정하는 것이라 하겠다. 이는 박정희의 공적을 평가하는 정치적 차원이 아니라, 파독 노동자들로 하여금 스스로

---

14) 파독 간호사·광부에 대한 예우 및 지원에 관한 법률안(이완영 의원 대표발의–의안번호 10398), 2017년 11월 24일.

15) 파독산업전사 세계총연합회(http://cafe.daum.net/World-Glueckauf), "대통령님께 보내는 글".

16) '파독 간호사·광부·간호조무사에 대한 지원 및 기념사업에 관한 법률'(약칭: 파독광부간호사법), 법률 제17436호, 2020.6.9. 제정, 2021.6.10. 시행, 소관부처: 고용노동부(국가법령정보센터 https://www.law.go.kr) – 판례의 내용은 부록에 게재.

자발적 지원을 하도록 하여 개인의 경제적 성과가 결국 외화 송금으로 국가 경제 발전을 위한 밑거름이 되었다고 하는 '동원' 기제였음을 인정하는 증거라고 할 수 있다. 예를 들어, 1963년 국립영화제작소에서 제작한 49초 영상 '서독 가는 젊은 광부들'의 내용은 다음과 같다.

> 12월 20일 서부 독일 탄전 지대로 가는 광부 253명의 결단식과 환송식이 있었습니다. 치열한 경쟁을 물리치고 합격한 이들 젊은 광부들은 앞으로 서부 독일 광산에 가면 국위를 선양하고 우수한 기술을 배워 오겠다고 선서했습니다. 그런데 이들은 21일과 27일 두 번 더 나뉘어 모국을 출발하는 장도에 올랐는데, 앞으로 함부르크와 에쉬바일러 두 탄광에서 3년 동안 일하고 돌아올 것이며, 이들은 매달 600마르크씩 받게 된다고 합니다. 우리는 3년 후 우수한 광산 기술의 습득을 기대하면서 젊은 광부들의 앞날에 건강과 축복을 보내는 바입니다(국가기록원-해외한인의 역사 '서독파견 기록').

이렇게 시작된 파독 인력 송출의 국위 선양은 현대에 이르러 보상 문제로 이어졌다. 일례로, 영동세브란스병원 개원 25주년 기념식(2008.6.9.)에서 주한 독일 대사 및 파독 간호사 25명이 참석한 가운데 영동세브란스병원 측은 "파독 간호사들의 급여를 담보로 1978년 독일 정부로부터 차관 1,500만 마르크를 빌려 불모지였던 강남에 개원. 오늘의 성장에 이르렀다"라고 언급했다. 그리고 재독한인간호협회 수석부회장은 인터뷰를 통해 "향후 파독 간호사들이 영구 귀국하여 국내에 취업할 경우 독일에서의 경력과 자격을 인정해 주고, 정부에서 파독 간호사들의 숨은 노고를 어떤 식으로든 보상해 주어야 한다."(의사신문, 2008.6.18.)라고 했다.

박정희 정부의 이주노동에 대한 국가주의적 미화와 노동자들의 자발적 지원 관계를 1960~1970년대를 통시적으로 이해했을 때, 비로소 지금의 파독 노동자들의 기억의 재현이 인정과 예우 요구로 이어진 이유를 밝힐 수 있게 된다. 파독 노동자들의 기억의 재현은 '박정희'로 집중된 여러 현상은 이들의 원래 정치적 성향이 아니라, 당시 사회적, 정치적 맥락에서 다층적 해석이 필요한 것이라 하겠다.

1960-
1970

KOREAN ECONOMIC DEVELOPMENT AND THE GERMANY-DISPATCHED MINERS AND NURSES

6장
통시적 기억의 재현으로
기념되어야 할 역사

＊

    냉전체제 붕괴 이후 국제이주는 지속적으로 증가했으며 그 추세에 따라 한국 또한 1960년대 개발국가 시기에 이민이나 단기 노동력 이주를 통해 사회문제, 인구문제를 해결해야 했던 수원국에서 이제는 OECD DAC 회원국으로 공적개발협력에 관심과 지원을 이행하는 공여국이 되었다.

    불과 30여 년 전만 해도 한국은 공여국으로, 개발도상국과 미개발국가들에 대한 개발협력은 기대하기 어려웠다. 특히 1980년대 후반 외국인 노동자 수가 증가하기 전에는 한국에 들어오는 외국인 부류는 대부분 외교관, 선교사, 자본가, 기술 전문가, 사업 전문가 등의 전문직이었다. 그러나 외국인 노동자 수가 증가하면서 외국인 노동자는 한국 사회 구성원의 일부가 되어 다양한 범주에 따른 사회적 이슈가 등장하게 되었다. 따라서 다문화 소수자 중 가장 큰 비중을 차지하는 외국인 노동자에 대한 공존은 양자 간의 적응(adaptation)으로서 쌍방적 과정(설동훈, 1997)을 필요로 하고 있다.

    2019년 말부터 시작된 코로나바이러스(COVID-19)는 개발도상국 개발금융의 지속가능성에 위기를 가져다주었으며, 외국인 노동자의 취업과 체류에 위협이 되었다. 또한 전 세계적 코로나19 위기에서 여성과 소녀들은 최전선에 위치하게 되었다. 그래서 OECD에서는 코로나19 위기에 대응할 때 모든 수준에서 리더십과 의사 결정에 대한 여성의 지위를 보장하도록 권고했다.

즉 이들의 복지, 생계, 건강 회복을 위한 보호, 고용, 교육 등의 장기적인 개발 노력의 시급성을 DAC 회원국들에게 요구한 것이다(OECD, 2020).

이제 한국은 외국인 노동자에 대한 지속적인 고용 제도 개선뿐만 아니라 성숙한 다문화 사회로의 역량을 강화하고, 여성을 비롯한 소수자들에 대한 정책과 관행을 개선해야 하는 필요에 직면하고 있다. 본서의 '파독 노동자들의 이주와 정착' 연구는 한국이 개발원조 수원국이었던 시기에 진행된 한국의 해외이주노동의 특수한 역사적 사건으로, 오늘의 한국 사회 구성원의 일부가 된 외국인 노동자들에 대한 사회적 통합 인식과 개발도상국 지원, 그리고 젠더 평등의 전략과 개혁에 함의를 준다.

본서는 2차 세계대전과 한국전쟁, 군사 쿠데타로 격변의 시기를 보냈던 1960~1970년대에 해외 인력 송출의 첫 시작이며 초기 독일 이민 사회의 기초를 형성한 한국의 '파독 광부·간호사'를 역사사회학적으로 고찰했다. 파독 노동자들의 역사는 1950년대 말부터 1977년까지 역사적 사실로서 끝난 역사이지만, 끝나지 않은 '최근 역사'로서 여전히 사회적 이슈를 간과할 수 없는 진행 중인 이주의 역사라고 할 수 있다. 이주노동으로 시작한 독일에서의 삶은 짧게는 3년, 길게는 50년 이상을 '매우 장기적이고 완만한 속도로 국경을 가로지르는 과정'(나혜심; 노명환 외, 2014: 313)이었다. 이 과정은 단순히 개인적인 것에서 머물지 않으며, 집단적이고 국가적이면서 초국가적이었다. 그리고 전통적이면서 현대적인 다층적 삶의 과정이었다. 따라서 이들의 기억은 단순하지 않고 복잡하며 수많은 감정의 변화와 갈등 속에서 재구성되었다고 할 수 있다.

해외에 나간다는 것 자체가 극히 어려웠던 시기에 2만여 명이라는 대규모 인원이 독일이라는 특정한 곳으로 자발적으로 이주하여 노동을 한 사건은 한국 역사상 전무후무한 일이다. 이에 1960~1970년대에 한인 2만여 명이 독일의 광부·간호사로 이주하여 일했던 '파독 인력 송출'이라는 역사적 사건을 독일과 한국 정부, 그리고 파독 노동자와의 관계 속에서 해외이주노동에 대한 국가주의적 미화와 이에 대한 노동자들의 자발적 지원의 관점으로 연구했다.

이 연구는 다음과 같은 세 가지 질문을 파독 노동자 역사의 네 시기 흐름에 따라 살펴보았다. 세 가지 질문은 첫째, 당시 독일과 한국은 왜, 어떤 정책으로 이주노동을 미화 또는 정당화시켰는가? 둘째, 파독 노동자들은 왜 자발적으로 지원했는가? 셋째, 파독 논쟁은 왜 지금도 지속되는가?이다.

그리고 파독 노동자들의 역사 흐름에 따라 구분한 네 시기는 파독 광부·간호사 모집 시기, 이주노동(파견 생활) 시기, 독일의 거주민으로의 정착 시기, 기억 시기이다. 파독 노동자들에 대한 네 시기의 통시적 역사 정리를 통해 이민과 또 다른 형태의 '이주노동'과 '단기 취업으로 시작해서 정착민이 되기까지'의 총체적 삶의 내용을 살펴보고, 왜 자발적 지원이 국가유공자 요구로 이어졌는지 그 관계성을 역사사회학적으로 살펴보았다.

첫 번째 '파독 광부·간호사 모집 시기'와 두 번째 '이주노동(파견 생활) 시기'를 보면, 국가와 개인의 목표가 가장 일치하던 시기로 적극적인 협력 관계가 이루어지면서 파독 인력 송출은 붐을 이루었다. 파독 노동자 개인마다 이주 동기는 다양했지만, 그중에서 가장 우선되는 동기는 가난한 나라에서 벗어나 경제적으로 성공할 수 있고, 꿈을 향해 도전할 수 있을 것이라는 기대였다. 여기에 독일은 개발원조를 명분으로 한 노동력 획득과 독일 기업 수출 향상이라는 경제적 이득을 보게 되었으며, 한국의 박정희 정부는 5·16 쿠데타를 정당화하기 위해 '경제 발전'이라는 프레임으로 민심을 돌리고, 파독 인력 송출의 기회를 통해 실업 문제를 비롯한 사회문제 해결과 이주노동자들의 송금으로 순수익 외화를 획득할 수 있었다. 이를 위해 한국 정부는 독일을 '기회의 땅'으로 소개하며 광부·간호사의 월급이 얼마나 높은지를 홍보했고, 그들이 한국에 있는 가족들에게 보낸 송금이 결국 '국가 경제 발전의 밑거름'이 된다는 '희생'과 '애국'의 이미지로 동원을 가시화했다.

세 번째 시기인 '독일 정착 시기'를 보면, 초기 한국 정부의 적극성과는 달리 정착민들에 대한 정부 정책은 부재했으며, 파독 노동자들은 한국과 독일 사이에서 이방인과 같이 여겨지는 정체성 혼란을 겪어야 했다. 그러는 사이 이들은 이주노동이 각자의 자발적 선택이었지만, 그럼에도 불구하고 피땀 흘려 일해서 얻은 수입을 송금했던 자신들을 잊어가는 가족과 한국 사회를 보며 자신들의 '희생'과 '애국'의 의미가 확대되었고, 국가 경제 발전에 기여한 산업전사로서 보상과 예우를 정부에 요구하는 문제로까지 파독 노동자들의 기억은 다시 떠오르게 되었다.

네 번째 시기인 '기억 시기'는 갈등과 합의의 시기이다. 이 시기에는 파독 노동자들의 국가 경제 발전 기여에 대한 '인정'과 '예우' 담론이 정부에 대한 과한 요구라는 비판 속에서도 계속 제기되었다. 특히 '박정희 기념'이라는 상징 행위(박정희 추모 등)는 파독 노동자들의 정체성을 탄탄하게 응집하는 효과와 더불어 정치적 입장의 상반된 해석으로 갈등을 빚기도 했다. 그러나 이러한 갈등 속에서 2015년 국회에서 '파독 광부·간호사의 날' 제정을 발의하고, 2017년 '파독 광부·간호사에 대한 예우 및 지원에 관한 법률안' 발의를 거쳐 2020년 6월 파독 노동자들의 기념사업 지원에 대한 법률이 통과되었다.

결론적으로 박정희 정부의 해외이주노동에 대한 국가주의적 미화와 노동자들의 자발적 지원 관계를 1960~1970년대를 통시적으로 이해했을 때, 비로소 지금의 파독 노동자들의 기억의 재현이 인정과 예우 요구로 이어진 이유를 설명할 수 있게 된다.

1960~1970년대 조국 근대화와 경제 발전이라는 박정희식 독재 정치, 그리고 반공으로 작동되는 획일화된 사회, 언제든 강제 동원이 익숙한 나라에서 단기간 대규모 해외 인력 송출 사업은 언뜻 정부의 강제 동원적 이주노동으로 보일 수 있다. 그러나 한국의 젊은이들은 파독 광부·간호사를 '자발적으로 선택'했다. 이 말을 달리하면 '자발적으로 선택하도록 모집했다'라고 말할 수 있다. 즉, 누가 어떻게 모집했는가라고 했을 때, 민간 주도 해외이주는 출발 자체가 주로 교육생이었기 때문에 이는 예외로 두고, 독일과 한국의 두 정부 기관이 필요에 의해 적극적으로 모집한 정치·경제적 이주노동 정책에 시선을 두어야 한다.

한국의 많은 젊은이는 정부의 '해외 취업'이라는 전국적 모집에 희망을 걸었다. 가난한 이들에게는 자신을 포함한 가족의 생계를 위한 경제적인 희망, 일자리를 찾지 못한 이들에게는 선진국에서의 기술 획득과 취업을 위한 미래적인 희망 등, 이주를 꿈꾸는 이들에게 해외 진출은 말 그대로 '가슴 벅찬' 일이었다.

그러나 실제 '이주'라는 국가 횡단은 언어 장벽을 비롯하여 몸에 체득되지 않은 고된 노동과 외로움, 설움, 그리움으로 이주국에서의 적응 시간이 필요했던 것이다. 한국에서조차도 광산에 가보지 않았고, 광부를 선택하지도 않았을 그들이 한국인의 체구로는 다루기 어려운 채탄 기구들을 반드시 손에 익혀야 안전을 담보할 수 있었던 고된 시간을 겪어냈다. 때때로 사고를 눈앞에서 당했을 때의 트라우마는 오래 지속되기도 했다. 그래서 '글뤽아우프'는 간절하고 사실적인 인사말이었다. 간호 취업 또한 한국의 간호 시스템과 다른 간호 업무 처리와 언어 소통 문제 등의 현지 적응은 쉬운 일이 아니었다. '백의의 천사', '고요한 아침의 땅에서 온 천사들', '우아한 한복의 나이팅게일'이라는 수사(修辭) 뒤에는 경제적 성공을 이루기 위해, 그리고 보다 나은 삶을 위해 버텨야 하는 시간들이 가려져 있었던 것이다.

파독 노동자들은 '송금'이라는 행위를 통해 자신의 존재 의미를 두기도 했다. 가족에게 송금하면서 유대감을 이어가고 보람을 느꼈다. 그리고 자신을 위한 결혼 자금, 학비 등 미래를 위한 저축 또한 삶의 원동력이 되었다. 차츰 이러한 과정이 결혼, 재취업, 유학 등을 통해 자연스럽게 장기적인 정착에 이르게 되었다. 독일에서 가정을 이루고 자녀를 키우는 동안, 긴 시간 의지했던 고국과 가족의 상황은 떨어져 있던 시간만큼 변화 발전했고, '일상의 편리'는 오히려 독일이 되었다. 파독 노동자들의 역사는 반백 년이 넘는 긴 시간 끝에 파독 노동자들의 삶의 과정을 현대 사회에서 여러 경로를 통해 만들어진 이미지로만 다 규정할 수는 없을 것이다. 특히 송금의 행위가 이주 목적의 전부가 아니었음에도 가족과 국가에 대한 경제적 기여라는 이미지로 일축하는 것은 이주자들의 삶에 대한 한국 사회의 이해가 얼마나 단편적인지를 보여주는 것이라 하겠다. 또한 파독 노동자들의 실제 삶에는 관심 없이 성공주의적 신화 이미지로 학습된 측면이 있다.

파독 노동자들이 겪어낸 이주의 삶은 1960~1970년대 한국과 독일의 기대와는 다른 것이었다. 당시 독일은 한국과의 협정을 통해 개발원조라는 명분으로 실질적인 노동력을 확보했으며, 3년 계약의 '손님 노동자' 정책으로 외국인 노동자들을 채용함으로써 노동시장에 필요한 고용과 해고를 용이하게 할 수 있도록 했다. 일례로 1974년 오일 쇼크 때 경제 불황과 실업률 증가로 독일은 외국인 노동자를 강제 추방했으며, 외국인 노동력 유입을 중단했다.

또한 손님 노동자 정책을 '로테이션 원칙'에 따라 실행했는데, 이는 이주국에서 정착의 가능성을 줄이기 위한 방법이었다. 따라서 이주노동자들이 반드시 계약 만료 이후에는 귀국할 수 있도록 했으며, 고용주는 월급에서 '귀국을 위한 항공비'를 따로 빼기도 했다. 3년 계약은 외국인 노동자들에게 최대한 경제적 성과를 높이게 하는 전략이었다. 연장선에서 독일은 한국과의 기술 협력 및 재정원조 협정을 맺음으로써 개발국가에 대한 '원조' 명분을 충분히 살렸다고 할 수 있다. 즉, 재정원조에 독일 기술자들을 파견하는 지원비가 포함되어 있었으며, 상업 차관을 통해 독일은 기업 투자 및 수출을 향상시키는 전략으로 독일 노동시장의 신흥 시장을 발전시키는 계기로 삼았다. 독일의 기술 원조는 냉전 시기의 국제관계 속에서 한국의 '승공'을 위한 기술 원조로서 정치적 수사로 포장된 인력 수출이라고 할 수 있다.

이러한 독일의 정치적 · 경제적 명분과 실리 속에서 한국은 박정희의 정부 수립 이후 정치적 안정과 경제개발 목표를 이루기 위한 외화 획득, 심각한 실업 문제 등의 사회문제 해결을 위한 실마리로 파독 노동자 인력 송출을 시작하게 된 것이다. '서독 취업'을 위한 모집에는 '자격'을 요하는 선발 과정이었지만, 일단 누구나 지원할 수 있는 절호의 기회였다. 즉, 절호의 기회로 생각할 수 있었던 이유는 첫 번째로 월급이 보장되었고 한국보다 훨씬 많았기 때문이다. 이는 이주노동의 지원 목적의 가장 큰 경제적 동기로 작동되었다. 두 번째로는 독일이 '기회의 땅'으로 보였다는 것이다. 아메리칸드림을 이루기 위한 이전 단계로 보였다는 것이다.

파독 노동자들을 통한 본국 송금액은 손실 비용이 발생하지 않는 순이익이라는 점에서 송금액보다 두 배로 높게 평가되어야 할 만큼 외화 획득의 효과가 높았다. 물론 파독 노동자들의 송금의 규모는 베트남이나 일본, 미주 지역보다 저조했지만, 그에 비해 서독 송금의 가치는 한국 상황에서 가계 소비와 저축이 늘고 산업 생산을 확대하고 투자 증대를 생성시키는 효과를 가져왔다.

그러자 정부는 언론을 통해 서독에서 보낸 송금액의 매달 증가액을 발표하면서 국가 경제성장을 높인 '기여자'로 인식되도록 표현했다. 그리고 파독 노동자들이 가능한 한 송금을 정기적으로 늘릴 수 있도록 강력하게 장려했다. 이는 전후 경제성장을 위한 정부의 당연한 기대였고, 따라서 정부는 외화의 안정적 확보에 전력을 다했다.

그러나 이러한 국가의 기대는 오래가지 않았다. 물론 독일의 노동시장 변화와 맞물려 있었지만, 파독 광부 · 간호사들이 3년 단기 계약 만료 후 귀국하지 않고 정착하는 일이 생긴 것이다. 1964년 1월 25일자 《동아일보》 기사를 보면, 이 부분에 대해 미리 파악하고 우려하고 있었음을 알 수 있다. 결과적으로 한국으로의 송금은 줄어들거나 중단한 사례가 늘어났다. 따라서 파독 노동자들의 이주 목적을 모두 송금이라는 경제적 관점으로 일축해서는 안 된다는 것과 송금 또한 자발적인 선택에 의한 것으로 한국 정부의 '외화 획득' 기대와는 달랐다는 점을 확인할 수 있다.

한편, 파독 노동자들의 '자발적 선택'은 낯선 독일에서의 불가피한 고생을 스스로 해결하고 감수해야 한다는 전제를 내포하고 있었다. 당시에는 '서독 취업'이 어떤 노동 환경인지 정보도 모른 채 서둘러 지원하기에 바빴던 상황이었지만, 한국과 독일 정부는 이들의 문제를 해결할 공식적인 의무가 없었던 것이다. 즉, '자발적 채용'은 오히려 양국이 감당할 책임이 적다는 것을 의미했다. 오히려 '기회의 땅'으로 비친 서독 취업은 실제 독일에서 겪어야 할 어려움과 시련의 시기를 정치적으로 낭만화한 것이다. 이러한 시각은, 일부 그렇게라도 가난한 나라에서 벗어나 새로운 삶을 살 수 있도록 기회를 준 박정희 정부에 여전히 감사를 전하는 이들을 포함해 어쩔 수 없는 선택의 기로였다는 부분도 인정하면서 그동안 '송금'의 의미를 극대화한 국가주의적 관점을 비판적으로 보아야 할 것이다.

파독 인력 송출은 처음부터 끝까지 박정희 정부 시기에 이루어진 사건이기 때문에 이 관계를 통한 기억은 어느 정치적 성향으로 나뉘든 중요한 매개가 되었다. 그래서 앞서 살펴보았듯이 송금을 통한 국가 기여의 문제는 국가 보상의 문제로 이어지면서 박정희 기념이 곧 그들의 정체성이 되었으며, 또 한편으로는 국가 경제 발전 기여의 사실 여부를 뒤로할 만큼 보상과 국가유공자 요구는 과한 요구라는 비판까지 있을 만큼 갈등에 이르게 되었던 것이다. 그러나 이러한 기억의 갈등은 '파독광부간호사법'을 제정하면서 일부 일단락되었다. 이는 박정희 정부의 해외이주노동에 대한 국가주의적 미화와 노동자들의 자발적 지원 관계를 1960~1970년대를 통시적으로 이해했을 때, 현재의 갈등 이유를 파악할 수 있게 된다.

경제적 성공으로 대변되어야 했던 파독 노동자들의 총체적 삶과 기억은 한국의 경제개발 역사의 희생적인 성공 신화라는 편향적인 시각이 아니라 '역사적 기록(Historical record)' 자체로서 주체적으로 기억되며, 기념되어야 할 것이다. 또한 1960~1970년대의 시대상을 그대로 '증거'로 삼을 수 있는 개인의 다양한 생애사적 선택의 중요성이 오히려 역사 교육의 기여가 될 수 있다고 보고, 이들의 역사 사료로서의 기록에 더 가치를 두어야 할 것이다. 이러한 역사적 기록은 현재 지속되고 있는 국가적 예우 문제뿐만 아니라 근현대사 평가에 있어 경제적·신화적 오류에 파독 노동자들의 시대적 역할이 편승되지 않을 수 있을 것이다. 또한 한국이 개발원조의 공여국으로 역전된 지위에서 멈추지 않고, 글로벌 공적개발협력의 파트너로서 다자간 협력을 병행할 수 있는 전략의 주요한 역사 사료로서 연구되어야 할 것이다.

참고문헌

1. 국내문헌 〈단행본, 번역서〉

강정희. 2013. 《네 엄마는 파독 간호사》. 장락.

권이종 엮음. 2013. 《독일에서 흘린 눈물, 기적의 한강으로 굽이쳐라; 파독 50주년 기념 수기집》. 이채.

김용출. 2015. 《독일 아리랑》. 북랩.

김원. 2011. 《박정희 시대의 유령들 −기억, 사건 그리고 정치》. 현실문화연구.

나혜심. 2012. 《독일로 간 한인 간호여성》. 산과글.

노명환 외. 2014. 《독일로 간 광부·간호사−경제개발과 이주 사이에서》. 대한민국 역사박물관.

백영훈. 1997. 《아우토반에 뿌린 눈물; 잊어버린 경제 이야기》. 연암.

설동훈 외. 2004. 《각국의 외국인근로자 고용관리체계 사례연구》. 노동부 외국인력 정책과.

이광규. 2000. 《재외동포》. 서울대학교출판부.

이병천 엮음. 2012. 《개발독재와 박정희시대》. 창비.

윤인진. 2004. 《코리안 디아스포라》. 고려대학교출판부.

윤충로. 2015. 《베트남전쟁의 한국 사회사》. 푸른역사.

윤해동 엮음. 2017. 《트랜스내셔널 노동이주와 한국》. 소명.

이수길. 2007. 《개천에서 나온 용》. 리토피아.

재독한인글뤽아우프회. 2009. 《파독광부 45년사 1963~2008》. 재독한인글뤽아우 프회.

재독한국여성모임. 2014. 《독일이주여성의 삶, 그 현대사의 기록》. 당대.

정성화 엮음. 2014. 《박정희 시대와 파독 한인들》. 선인.

정태헌. 2014. 《20세기 한국경제사》. 역사비평사.

조갑제. 2007. 《박정희 7 : 개방형 대전략》. 조갑제닷컴.

조희연 편. 2003. 《한국의 정치사회적 지배담론과 민주주의 동학》. 함께읽는책.

조희연. 2007. 《박정희와 개발독재시대》. 역사비평사.

최종고. 1983. 《한독교섭사》. 홍성사.

태지호. 2014. 《기억문화 연구》. 커뮤니케이션북스.

한국파독광부총연합회. 2009. 《파독광부 백서》. 한국파독광부총연합회.

허창수 엮음. 1998. 《외국인 노동자 환영받지 못한 손님》. 분도출판사.

홍윤표. 2011. 《파독광부의 노래》. 청문각.

스티븐 카슬·마크 J. 밀러. 한국이민학회 옮김. 2013. 《이주의 시대》. 일조각

니콜라스 잭슨 오쇼네시. 박순석 옮김. 2009. 《대중을 유혹하는 무기 정치와 프로파
간다》. 한울아카데미

2. 국내문헌 〈연구논문, 학회지〉

권혁철. 2015. "파독의 국가 경제적 의미−대한민국 성공 신화의 시작." '파독근로
자: 경제 발전의 뿌리를 찾아서'. 자유경제원(2015.3.2. 한국파독협회 세미
나 발제). pp. 3-12.

국가정보원 과거 사건 진실 규명을 통한 발전위원회. 2007. "동백림 사건 진실 규
명." 《과거와 대화 미래의 성찰−주요 의혹사건편 上권(Ⅱ)》. 국가정보원.
pp. 294-428.

김명섭, 양준석. 2013. "1967년 동백림 사건 이후 한독관계의 긴장과 회복 −비밀
해제된 한국외교문서를 중심으로." 《한국정치외교사논총》 제35집 제1호,
pp. 5-39.

김병조. 2011. "한국에서의 국제적 노동이동의 시기별 특성에 관한 연구: 한국의 해
외취업 이출과 이주노동자 이입을 중심으로." 《산업경제연구》 제24권 5호,
pp. 2749-2775.

김보현. 2017. "개발연대 중동건설현장 취업자의 경제와 정치−돈과 노동, 조국과
가정." 《사회와 역사》 제114권 0호, pp. 245-284.

김상호. 1997. "전후 독일의 노동시장변화와 정책추이."《한국노동연구원 연구보고서》. 한국노동연구원. pp. 1-30.

김영완, 이병하. 2013. "공적개발원조가 외국인 노동자 수에 미치는 영향에 관한 연구."《동서연구》제25권 4호, pp. 181-208.

김용신. 2011. "다문화 소수자로서 외국인 노동자의 이주 정체성 – 글로벌 정의는 가능한가?"《사회과교육》50권 3호, pp. 17-27.

김용찬. 2006a. "한인여성노동자 국제이주와 여성조직의 발전–독일사례를 중심으로."《한국국제정치학회 학술대회 발표논문집》. 한국국제정치학회. pp. 136-157.

김용찬. 2006b. "영국과 독일의 상이한 이주 유형 비교 연구 – 국제 이주와 국내 상황의 영향."《현상과 인식》30권 3호, pp. 151-174.

김용찬. 2006c. "국제이주분석과 이주체계접근법의 적용에 관한 연구."《국제지역연구》제10권 제3호, pp. 81-106.

김정주. 2005. "박정희 개발체제의 성공 신화와 민주화 이후의 한국 경제."《기억과 전망》13호, pp. 33-57.

김태균, 박명준. 2010. "국제개발협력 사업에의 시민사회 결합방식: 일본과 독일의 거버넌스 유형과 한국적 함의."《시민사회와 NGO》제8권 2호, pp. 193-234.

김태희. 2014. "외국인노동자의 사회통합정책 방안".《한국균형발전연구》제5권 제2호(통권 64호), pp. 101-114.

김학선, 홍선우, 최경숙. 2009. "파독간호사 삶의 재조명."《한국직업건강간호학회지》제18권 2호, pp. 174-184.

나혜심. 2009. "파독 한인여성 이주노동자의 역사 –1960-1970년대 한인간호인력 독일행의 원인."《서양사론》제100호, pp. 255-285.

나혜심. 2013. "독일로의 노동이주, 한인 독일노동이주자에게 가족이 갖는 의미."《광부 간호사를 통해 본 파독의 역사적 의미와 영향–연구용역 최종보고서》, 대한민국역사박물관, pp. 133-189.

나혜심. 2014a. "복지와 개발원조 명분 사이의 독일 가톨릭 – 독일 가톨릭의 제3세계 간호학생 노동력 모집."《서양사론》제120권 0호, pp. 33-63.

나혜심. 2014b. "독일의 대한개발원조와 한인 여성의 노동이주–개발원조 담론과 그 실체 사이에서."《독일연구》제28권, pp. 37-68.

나혜심. 2016. "독일로 간 한인여성노동자의 난민성."《역사문제연구》35호, pp. 167-205.

노명환. 2011. "냉전 시대 박정희의 한국 산업화 정책과 서독의 의미와 역할 1962-1967."《사림》제38호, pp. 289-323.

대한간호협회. 2008. "경제 발전의 밑거름, 민간사절단 역할도 '톡톡' 오늘날 '대한민국' 만드는데 큰 몫 담당."《대한간호》제47권 3호(통권 251호), pp. 10-15.

박명규. 1997. "역사적 경험의 재해석과 상징화 –동학농민전쟁의 기념물."《사회와 역사》제51집(1997년 봄호), pp. 41-76.

박재영. 2013. "파독 간호사 광부의 독일정착과 삼각이민 연구."《다문화콘텐츠연구》15호, pp. 335-364.

백광기. 2004. "한국의 근대적 대기업 및 기업집단 형성사 – 정부 개입(1960년대와 70년대)을 중심으로."《산학경영연구》4월호 17권, pp. 27-52.

백낙청. 2005. "박정희시대를 어떻게 생각할까."《창작과 비평》제33권 제2호(통권 128호), pp. 287-297.

설동훈. 1997. "외국인 노동자와 한국사회의 상호작용."《노동연구》제13집, pp. 131-158.

안재욱. 2015. 파독근로자 –독일현지세미나 발제(2015년 6월 3일) "한국의 경제 발전과 파독광부".

양영자. 2010. "재독한인1세대 여성의 가치관과 정체성의 변화과정에 대한 생애사 연구."《한국사회복지학》제62권 3호, pp. 323-351.

양영자. 2013. "재독한인 노동이주남성의 젠더 정체성 – 생애사적 사례재구성 방법에 기초하여."《한국사회복지학》제65권 3호, pp. 79-106.

양영자. 2015. "재독 한인 광산노동자의 생애 이야기 재구성: 내러티브 정체성을 중심으로."《비판사회정책》제49호, pp. 281-329.

양영자. 2016. "재독 한인여성의 생애체험에 대한 질적 사례연구–'노동이주여성– 되기'."《한국사회복지학》제68권 1호, pp. 141-168.

유진영. 2014. "파독 광부 간호 인력의 국내 및 독일에서의 교육 비교(1963-1977)."《비교교육연구》제24권 제1호, pp. 351-376.

윤용선. 2013. "1960-70년대 파독 인력 송출의 경제적 성격."《광부·간호사를 통해 본 파독의 역사적 의미와 영향 연구용역 최종보고서》. 대한민국역사박물관, pp. 3-37.

윤용선. 2014. "1960-1970년대 파독 인력 송출의 미시사: 동원인가, 선택인가?"《사총》제81집, pp. 421-450.

윤인진. 2003. "코리안 디아스포라: 재외한인의 이주, 적응, 정체성."《한국사회학회》. 한국사회학회 사회학대회 논문집, pp. 123-150.

윤충로. 2012. "베트남전쟁 시기 한국의 전쟁 동원과 일상."《사회와 역사》제95권, pp. 281-314.

이병하. 2017. "국제이주 연구에 있어 정치학적 접근과 방법론적 쟁점."《연구방법논총》제2권 제1호, pp. 23-51.

이광규. 2010. "한국 이민 전사(前史)의 시기와 성격."《재외한인연구》제21호, pp. 377-398.

이규영. 2013. "독일의 공적개발협력: 개발협력유형과 대아시아정책."《동유럽발칸연구》제37권, pp. 301-338.

이문수. 2009. "통치(Government), 통치성(Governmentality), 거버넌스 그리고 개인의 자유."《한국거버넌스학회보》제16권 제3호, pp. 71-90.

이상진. 2018. "재독 한인 소설에 나타난 개발독재시대의 기억과 자기표상."《한국

문학이론과 비평》 제79집 22권 2호, pp. 189-218.

이선희. 2012. "재독한인들의 한국인으로서의 인식문제와 정체성 변천과정."《한국 사연구》 제158호, pp. 301-335.

이수안. 2008. "이주 여성의 타자성과 관용의 상호 발현에 대한 이론적 모색."《사회 와이론》 제12집, pp. 73-107.

이애주. 2011. "파독간호 평가사업 최종보고서." 이애주국회의원 사무실.

이영석. 2008. "재독일 교민의 한국에 대한 기억."《독일어문학》 제40권, pp. 327-348.

이영석. 2014. "파독 근로자의 국가 발전에 대한 기여 담론과 국가적 예우."《독일어 문학》 제64집, pp. 219-240.

이용일. 2013. "노동시장 중심의 독일 외국인 정책의 지속성, 1873−현재."《독일연 구》 제6호, pp. 59-100.

이종훈. 2008. "재외한인정책의 역사와 전개 : 해방에서 참여정부까지." 전남대학교 세계한상문화연구단 국내학술회의. 전남대학교 세계한상문화연구단. pp. 503-539.

이효선, 김혜진. 2014. "생애사 연구를 통한 이주여성노동자의 삶의 재구성 : 파독 간호사 단일사례 연구."《한국여성학》 제30권 제1호, pp. 253-288.

이희영. 2005. "이주노동자의 생애 체험과 사회 운동—독일로 간 한국인 1세대의 구 술 생애사를 중심으로."《사회와 역사》 제68권, pp. 281-316.

이희영. 2010. "독일로 간 여성들과 한국 사회: 0간호인력 1세대의 경험과 연구과제 에 대한 제언." 국회의원 이애주 주최 정책토론회 자료집《파독간호사 45년 의 역사를 묻는다》 동향연구보고서. pp. 29-40.

이희영. 2018. "이주여성들, 정치를 관통하다 – 재독 한인 여성들의 1970년대 체류 권 투쟁을 중심으로."《사회와 역사》 제117집, pp. 237-286.

정성진. 2000a. "한국자본주의와 영구군비경제."《통일시론》 통권7호, pp. 83-97.

정성진. 2000b. "한국전쟁, 베트남전쟁과 영구군비경제."《경제와 사회》 제46호 여름호 7, pp. 114-141.

정일준. 2011. "박정희 정권기 개발독재 비판—비교역사사회학적 접근."《역사비평》
통권95호, pp. 68-92.

정홍모. 2013. "광부 간호사의 파독: 이 시기 한국과 서독의 정치 환경에 대한 비교
연구."《광부 간호사를 통해 본 파독의 역사적 의미와 영향—연구용역 최종
보고서》. 대한민국역사박물관. pp. 41-82.

조국남. 2008. "재독한국여성모임 30년 역사." 재독한국여성모임 (http://www.
koreanische-frauengruppe.de/).

조석곤. 2005. "박정희신화와 박정희체제."《창작과 비평》통권128호, pp. 272-
286.

진실 · 화해를 위한 과거사정리위원회. 2008. "파독 광부 · 간호사의 한국 경제 발전
에 대한 기여의 건."《2008년 하반기 조사보고서》제1권, pp. 173-257.

한홍구. 2003. "특집—전쟁과 동원이데올로기—박정희 정권의 베트남 파병과 병영국
가화."《역사비평》통권62호, pp. 120-139.

황정미. 2018. "개발국가의 해외이주 정책과 젠더."《페미니즘 연구》제18권 제1호,
pp. 3-46.

3. 외국문헌

Ahn, Y. 2016. "Return Visit Mobility and Identity Negotiation of Korean
Nurse 'Guest Workers' in Germany".《이화사학연구》제53권. pp. 1-36.

Chin, R. 2007. The Guest Worker Question in Postwar Germany. Cambridge
University Press.

Hoare, J. 2020. Historical Dictionary of the Republic of Korea. Rowan and
Littlefield. Fourth Edition.

Hwang, K. 2010. A History of Korea. Palgrave Macmillan.

Jung, Y. 2018. Beyond the Bifurcated Myth: The Medical Migration of Female Korean Nurses to West Germany in 1970s. Korean Journal of Medical History. 27(2). pp. 225-266.

Kapur, D. 2004. "Remittances: The New Development Mantra?". G-24 Discussion Paper No.29. United Nations.

Kim, Y. 2006. "Migration System Establishment and Koran Immigrant Association Development in Germany and the United Kingdom.". Glasgow University.

Lasswell, D. 1971. Propaganda Technique in World War I. M.I.T. Press.

Potts, L. 1990. The World Labour Market: A History of Migration. London: Zed books.

Yoo, T. 2020. The Koreas: The Birth of Two Nations Divided. University of California Press.

4. 사이트

(사)재독한인글릭아우프회 http://cafe.daum.net/glueckauf

(사)한국파독광부간호사간호조무사연합회 www.kdg.or.kr

가톨릭뉴스 http://www.catholicnews.co.kr

간호신문 www.nursenews.co.kr

경제협력개발기구 https://www.oecd.org

고용노동부 www.moel.go.kr

고용노동부 외국인고용관리시스템 https://www.eps.go.kr

국가법령정보센터 http://law.go.kr

국회-의안정보시스템 http://likms.assembly.go.kr/bill/main.do

대한간호협회 www.koreanurse.or.kr

베를린리포트 http://berlinreport.com

외교부-외교사료관 http://diplomaticarchives.mofa.go.kr

월드코리안뉴스 http://www.worldkorean.net

유로저널 http://www.eknews.net

재독한국여성모임 www.koreanische-frauengruppe.de

재외동포신문 www.dongponews.net

재외한인간호사회 www.gkna.org

파독광부간호사 카페 http://cafe.daum.net/bergmann

한국국제협력단 https://artsandculture.google.com

한국외국인노동자지원센터 https://k.migrantok.org

한국이민사박물관 http://mkeh.incheon.go.kr

한국학중앙연구원-한국민족문화대백과사전 http://encykorea.aks.ac.kr

행정안전부 국가기록원 대통령기록관 http://www.pa.go.kr

행정안전부 국가기록원 http://www.archives.go.kr

5. 방송-다큐멘터리

MBC. 2004. "특별기획 – 독일로 간 광부, 간호사들" 3부작

KBS. 2013. "다큐극장-글뤽아우프! 독일로 간 광부 간호사들"

6. 언론 기사

1958년 10월 23일. 동아일보. "민간자본도입협의 23일 '에' 서독경제상내한"

1960년 10월 18일. 동아일보. "공항일기(空港日記)"

1960년 12월 28일. 동아일보. "천오백만불 차관 얻고"

1963년 08일 12일. 경향신문. "330명이 지원, 서독가는 광부 첫날에"

1963년 08일 30일. 경향신문. "서독가는 광부 5백명, 월 50달러 이상 저축"

1964년 12월 11일. 동아일보. "박대통령 우리 광부들 방문"

1964년 12월 11일. 동아일보. "광부들 향수도 달래고"

1964년 12월 11일. 경향신문. "열광하는 광부들"

1964년 12월 19일. 동아일보. "루프트한자 기(機)가 싣고 온 라인강 선물"

1965년 07월 08일. 경향신문. "서독에 광부 2천명"

1965년 08월 31일. 동아일보. "7월 중 4천여만 원 서독 간 광부들 송금"

1965년 11월 13일. 경향신문. "서독에 백의의 천사 한국에 1백28명 초청"

1965년 11월 16일. 동아일보. "손 모자라는 서독 … 간호원 128명 원정"

1966년 01월 06일. 경향신문. "서독 파견 간호원 1백28명에 환송식"

1966년 02월 01일. 동아일보. "한국 간호원 128명 서독 착"

1966년 04월 28일. 경향신문. "일(日) 전세기로 서독 떠나, 우아한 한복의 나이팅게
일"

1966년 05월 12일. 동아일보. "서독의 한국 간호원 근황 상냥하고 부지런한 '백의의
긍지'"

1966년 08월 17일. 경향신문. "해외서 송금 부쩍 늘어, 달러를 버네"

1966년 08월 20일. 동아일보. "월남으로 향한 한국 용역"

1966년 09월 08일. 매일경제. "해외파견기술자 송금액 부쩍 늘어"

1966년 12월 16일. 동아일보. "간호원 파독 보류"

1967년 02월 03일. 조선일보. "어제 서독 향발"

1967년 03월 25일. 동아일보. "선거서전(4) 정책의 비중(하) – 월남파병 숙명으로
돌리고"

1967년 07월 07일. 매일경제. "새계열에 의한 국민총생산 실적 추이"

1967년 07월 17일. 경향신문. "한국대사관 발표 세 외교관 19일 리독(離獨)"

1967년 09월 07일. 경향신문. "최덕신 대사 귀국"

1967년 09월 30일. 매일경제. "한국인력진출 부진 … 서독은 탄광업 쇠퇴"

1967년 11월 16일. 동아일보. "서독 광부들 제3국으로 탈출, 10월 현재 265명, 실직 방황"

1967년 11월 17일. 경향신문. "파독 광부 집단이탈"

1968년 04월 04일. 매일경제. "3년 만에 귀국 파독 광부 138명"

1968년 11월 22일. 매일경제. "단폭 뒤에 올 세계의 과제들(16) – 한국의 진로(상)"

1969년 01월 10일. 동아일보. "간호원 800명 파독"

1969년 03월 20일. 한국일보. "한국 간호원은 골칫거리"

1969년 03월 26일. 경향신문. "해외취업자에 외화송금장려"

1969년 05월 10일. 조선일보. "송금해야 해외취업"

1969년 05월 31일. 동아일보. "간호원 팔백 명 파독 9월까지"

1969년 06월 23일. 매일경제. "서독 재정 차관 조인, 탄전개발 등 7천만 마르크"

1970년 10월 23일. 매일경제. "보사부 이민행정 일원화. 보사부, 모든 사무노동청에 이관"

1972년 09월 30일. 매일경제. "광부, 파독을 재개"

1972년 11월 09일. 매일경제. "광부 550명을 파독"

1973년 04월 16일. 매일경제. "파독 광부 인기퇴조"

1973년 11월 02일. 매일경제. "광부 180명 연내 파독 해외개발공사 이달 안에 시험 선발"

1977년 06월 21일. 동아일보. "파독 간호원의 갈등, 환경변화에 동화거부로"

1978년 08월 29일. 매일경제. "파독 간호원 고용기간 만료 후 취업, 체류연장 가능"

1983년 05월 17일. 매일경제. "한국의 해외건설과 중동 진출 합작으로 탈출구 모색"

2006년 12월 11일. 문화일보. "삼고초려 끝에 서독 경제장관 면담 – 백영훈 산업연구원장에게 듣는 서독차관 비사(秘史)"

2008년 06월 18일. 의사신문. "파독 간호사들의 숨은 노고와 보상"

2013년 01월 01일. 조선일보. "[2013 신년특집] 파독 광부·간호사 50년 – 그 시절을 다음 세대에게 바친다"

2013년 10월 28일. 노컷뉴스. "파독 광부와 간호사, 감격의 고국방문"

2014년 10월 24일. 조선일보. "파독 광부 · 간호사들 "조국 위해, 건배!"

2014년 12월 25일. 채널A뉴스(영상). "박 대통령, 파독 근로자에 직접 감사 편지"

2015년 04월 02일. 데일리메디. "12·21 파독 광부 · 간호사의 날 제정"

2015년 06월 08일. 연합뉴스TV. "박정희 대통령 생가 찾은 파독 간호사"

2015년 06월 08일. 매일건설신문. "국토부, 파독 근로자 국민임대주택 공급"

2016년 10월 26일. 경북인터넷뉴스. "대한민국 1호 해외 근로자 파독 광부 • 간호사
　　　　구미와 대한민국 발전에 감탄"

2017년 06월 06일 한겨레. "문 대통령 '파독 광부도 청계천 노동자도 애국'"

7. 인터뷰

2016년 3월 8일. 독일 보훔 – 보훔한인회 백승훈 회장 집에서 인터뷰 함.

　　박영성 – 1974년 파독 광부 / 조선희와 부부 (보훔)

　　조선희 – 1974년 파독 간호사 / 박영성과 부부 (보훔)

　　김미순 – 1970년 파독 간호사 (보훔)

　　안연옥 – 1973년 파독 간호사 (보훔)

2016년 3월 9일. 독일 베를린 코레아협의회 사무실에서 인터뷰 함.

　　김영태 – 1974년 파독 광부 (베를린)

　　최영숙 – 1966년 파독 간호사 (베를린)

　　한정로 – 1966년 파독 간호사 (베를린)

2017년 7월 20일. 한국파독광부간호사협회 사무실에서 인터뷰 함.

　　양동양 – 1963년 파독 광부 (한국)

8. 국회자료

2017년 11월 24일. 파독 광부 · 간호사에 대한 예우 및 지원에 관한 법률안 (이완영
　　　의원 외 16인 대표발의). 의안번호 10398. 제안회기: 제20대(2016-2020)
　　　제354회

부록

1. 해외여행 통제 문서

− 대통령비서실에서 대통령에게 보고한 〈해외여행통제〉문서. 1968.4.10. 국가기록원

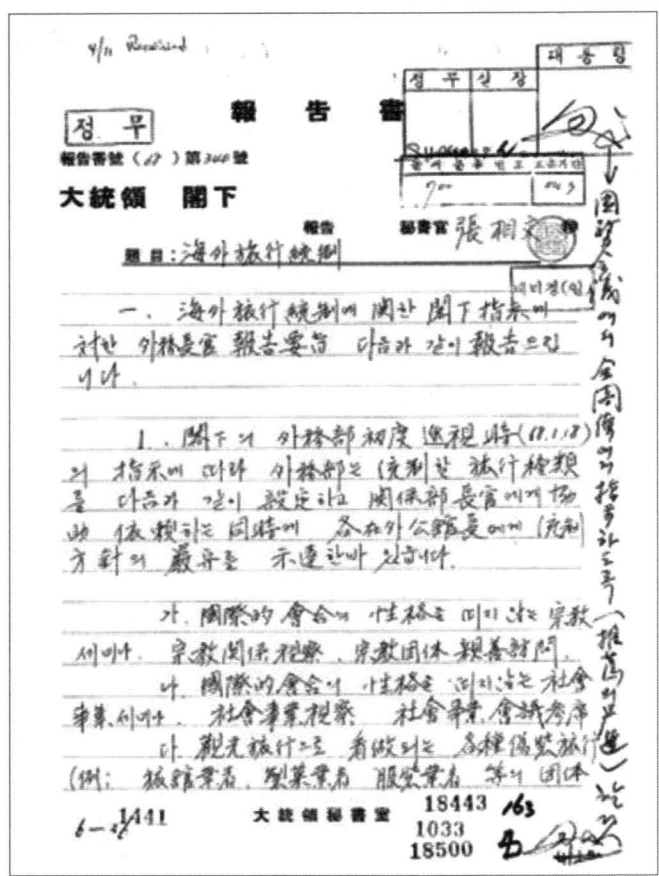

2. 대한민국 정부와 독일연방공화국 정부 간의 경제 및 기술협조에 관한 의정서

1961년 12월 13일 본(Bonn)에서 서명 / 발효

대한민국 정부 대표단과 독일연방공화국 정부 대표단은 1961년 12월 11일부터 13일까지의 기간 중 〈본〉에서 양국 간의 경제 및 기술협조에 관하여 협의하였다. 이 협의에 있어서 독일 대표단은 한국 경제를 더욱 발전시키려는 대한민국 정부의 노력에 대하여 독일 정부가 모든 가능한 자원을 제공할 준비가 되어 있음을 표명하였다. 이 점을 유의하고 양 대표단은 그들의 협의 결과 다음에 기술된 바와 같은 기술적 원조의 분야에 있어서의 여러 가지 조치에 관하여 합의하였다. 양 대표단은 이 합의로서 한국 경제의 건전한 구조형성과 발전에 기여하도록 양국 간의 경제적 협조의 가일층의 강화를 위한 확고한 기반이 이룩되리라는 그들 정부의 진실한 염원과 확고한 신념을 표명하였다.

1. 기술원조

1) 대한민국 정부의 요청에 따라 독일연방공화국 정부는 경제개발문제에 관한 대한민국 정부의 고문으로서 4명의 경제 전문가단을 가능하면 1962년 3월이나 4월부터 시작하여 2년간 제공할 준비가 되어 있음을 선언한다.

2) 또한 독일연방공화국 정부는 현존하는 국유 광산에 있어서의 생산의 개선과 증진을 위하여 광산에서의 경제적 및 기술적 장래성을 연구할 2명의 전문가를 파견할 준비가 되어 있음을 선언한다. 이러한 조사는 대한석탄공사가 이미 작성한 투자계획에 기초를 둘 것이다. 조사 기간은 4주일로부터 6주일로 계산된다. 출발은 가능하다면 1962년 2월 초에 행하여질 것이다.

3) 또한 독일연방공화국 정부는 2명의 지질학자와 1명의 지질 공학자를 6개월 동안 제공할 것이다. 이들 전문가는 1962년 3월경 한국에 도착할 것이다. 그들은 태백

산 지역의 철광석 및 석탄 저장량을 조사할 직무를 띠게 될 것이다. 만약 필요하다면 기타 광물 저장량의 조사도 포함할 것이다.

4) 대한민국 정부 대표단은 부산에 있는 현존 국립조선소의 경제적 및 기술적 개량 가능성을 조사하기 위한 1명의 전문가를 한국에 파견하여 줄 것을 요청하였다. 독일 대표단은 이 요청에 대하여 최선의 고려를 할 것에 동의하였다.

5) 전문가의 파견에 관한 모든 문제는 통상적인 외교 경로를 통하여 결정될 것이다. 이에 관하여 양 대표단은 상호간의 공동부담액은 다음에 상술되리라는 데 합의한다.

6) 양 대표단은 편의상의 문제로서 기술자는 본국(한국)에서 훈련한다는 데 합의한다. 특히 독일연방공화국 정부의 원조로 설립 중인 인천에 있는 공업학교는 이를 위하여 이바지할 것이다. 한국 대표단은 독일연방공화국 정부가 한국으로부터 독일까지의 왕복여비를 부담하고 한국인 기술자를 독일연방공화국에서 훈련하는 데 대한 원조를 제공하여 줄 것을 요청하였다. 훈련의 목적은 독일 기업체에서 피훈련자가 이미 가지고 있는 기술적 지식을 완성하게 하는 데 있다. 독일연방공화국 정부를 대신하여 독일 대표단은 1962년에 60명 한도의 훈련생이 독일로 오는 여비를 부담할 용의가 있음을 선언하였으며 1963년도에는 훈련생의 여비를 더욱 마련할 것이다. 독일연방공화국 정부는 이에 관계된 훈련 장소는 독일 기업체 내에서 마련되고 기타의 모든 비용은 대한민국 정부에 의하여 지변된다는 것으로 가정한다. 한국 대표단은 독일어에 충분한 지식을 가진 훈련생만이 독일연방공화국에서의 훈련을 위하여 선정될 것이라는 것을 확약하였다.

2. 재정 개발원조

한국 대표단은 한국 경제의 앞으로의 개발 특히 1962년부터 1966년까지의 5개년계획의 테두리 안에서 그의 계획에 관하여 자세히 설명하였다. 한국 대표단은 한국이 독일연방공화국의 재정적 지원을 요청하는 일련의 개별적인 개발 사업을 약술하였다. 독일 대표단은 적용될 원칙 및 절차와 더불어 독일의 재정적인 개발원조의 여러 가지 가능성을 설명하였다. 독일 대표단은 한국의 경제적 및 사회적 발전을 위하여 특별한 중요성을 가지는 개별 사업을 수행하도록 대한민국 정부에 재정적 지원을 공여할 준비가 되어 있음을 선언하였다. 다음에 자세히 설명되는 바와 같이 7천5백만 마르크는 장기 개발 차관 형식으로 이용될 것이며 또 다른 7천5백만 마르크는 장기 수출 거래로부터 발생하는 청구권에 대한 보증(보증과 안전) 제공의 형식으로 이용될 것이다.

1) 장기 개발 차관 : 독일연방공화국 정부는 독일연방공화국에서 적용되는 원칙 및 절차에 따라 7천5백만 마르크까지의 장기 개발 차관을 제공할 준비가 되어 있다. 이 장기 개발 차관은 한국 경제의 가일층의 발전을 위하여 중요성이 앞선다고 생각되는 개별 사업의 집행을 위하여 Frankfurt/Main 소재 Kreditanstalt für Wiederaufbau에 의하여 제공될 것이다. 고려의 대상이 될 사업은 본 협의 중 한국 대표가 제의한 제안에 대하여 충분한 유의를 하면서 상호 합의하여 선정될 것이다. 양측은 목적에 유의하면서 사업의 최종적인 선정을 위하여 수행되어야 할 조사를 촉진하기에 협력할 것이다.

2) 장기 수출 거래를 위한 보증(보증과 안전) : 신용기간 5년 이상의 대규모 장기 수출 거래의 집행을 위하여 독일연방공화국 정부는 총액 7천5백만 마르크까지의 주문에 대한 수출보증을 독일인 공급자에게 허여할 준비가 되어 있다. 이 한도액은 현행의 정상적인 수출 거래의 범위에 추가해서 이용될 것이다. 독일연방공화국 정부는 상기한 한도액의 범위 내에서 대한민국도 그 집행을 원하는 거래를 위하여서만 이러한 보증을 공여할 것이다. 기타에 관하여서는 독일연방공화국에서 효력을 가지는 원칙 및 절차가 적용될 것이다.

3) 상기한 차관 공여로부터 일어나는 해상 및 항공에 의한 여객과 물품의 수송을 위하여 대한민국 정부는 이들 여객 또는 공급자에게 수송 방법의 선택 자유를 주고

독일 수송 회사의 참여를 제외하거나 방해하는 어떤 조치도 취하지 않을 것이며 또한 적합하다면 필요한 허가를 발급할 것이다.

한국 경제의 발전을 위한 경제적 및 기술적 협력을 촉진하기 위하여 양국 간의 협의가 필요에 따라 수시로 개최될 것이다. 항공수송에 관한 전기 2항(3)에서 규정한 조항을 제외하고 독일연방공화국이 본 의정서 서명일로부터 3개월 이내에 대한민국 정부에 대하여 반대선언을 하지 않는 한, 이 의정서는 백림에도 적용될 것이다.

1961년 12월 13일 〈본〉에서 영문으로 두 통을 작성하였다.
대한민국 정부를 위하여 : 정래혁
독일연방공화국 정부를 위하여 : 루젤 배스트릭

3. 한국 노동자의 독일 고용계약서 번역본

갑: 에센 루르석탄주식회사 대표: 집행부

을: ooo 소재의 한국노동자 : 년 월 일생 / 혼인상태(미혼, 기혼, 사별)

사이에 다음과 같은 고용계약을 체결한다.

제1조. 갑은 한국 노동자(을)를 루르석탄 주식회사의 탄광에서 독일 도착하는 날부터 향후 3년간 광부를 채용한다. 최초 3개월은 적응기간으로 하며, 이 기간 중 적응하지 못할 때에는 2주일간의 예고 기간을 거쳐 계약해지를 할 수 있다. 을은 지하탄광에서 하는 채굴작업을 익힌 탄광 일을 해야 하고, 적응기간이 끝난 후 남은 시간 또는 성과급제(도급제) Leitungslohnarbeit를 위해 지하에서 작업을 해야 한다. 개인적인 이유나 작업태도다 나쁠 때는 계약을 해지할 수 있다.

제2조. 을은 국적으로 인해서 같은 작업을 하는 독일노동자와 비교해서 보수를 적게 받거나 나쁜 노동조건에 처하거나 작업의 보호를 받지 못하는 부당한 대우를 받지 아니한다. 이에 대한 세세한 규정은 라인 베스트팔렌 지방의 석탄광산 표준계약조건을 따르며, 기존계약 대신 새로운 표준노동계약조건이 정해지면 새 규정을 따른다. 이에 언급되지 않은 몇 규정은 별지에 표시되어 있다.

제3조. 노동시간은 회사의 규정에 따른다. 현재 정규적인 채광작업의 노동시간은 휴식시간을 포함해서 일주일에 5일, 매일 8시간이다. 운반 작업의 노동시간은 일주일에 5일, 하루에 8시간이며 추가로 30분의 휴식시간이 주어진다.

제4조. 을은 지하작업을 시작하기 전에 작업에 필요한 만큼 독일어를 말하고 알아들을 수 있도록 독일어 시험에 합격해야 한다.

제5조. 을은 석탄채굴에 필요한 작업을 수행하기 위하여 지하 현장에서 교육을 받아야 한다. 을은 기본 급여와 노동조건에 관한 교육을 받기위해 별도 안내문을

받는다.

제6조. GD 갑은 을에게 독일노동청이 인정할 만한 숙소를 제공한다. 숙소는 공동숙소를 제공한다. 을은 숙박비와 식사비용으로 하루 11~12 마르크를 지불해야 한다. 하루 3끼 식사가 제공되지 않는 숙소에서는 이에 상당하는 비용을 삭감한 비용을 지불한다. 하루 3끼 식사를 제공하는 숙소에서는 모든 식사에 참여하는 것이 의무사항이다. 숙소 임대관계는 루르석탄주식회사와 종료되면서 자동으로 해약된다. 을은 노동계약해지와 함께 바로 공동숙소를 비워야한다.

제7조. 을은 최초 봉급을 받을 때까지 선급금을 받을 수 있고 적절한 이자와 함께 원급을 할부로 갚아야 한다.

제8조 을은 독일 광산에서 중단 없이 6개월간 일한 후에 한 번의 계약상 휴기를 받을 수 있다. 휴가 기간은 1월 1일 기준이다. 연중 휴기 기간은 회사의 규정에 따라 작업하는 날 중 21~27일간이다. 기간은 나이에 따라 다르다.

제9조 갑과 을은 공동으로 광부조합 연금보험을 면제해 달라고 신청해야 한다.

제10조 갑은 을의 체재허가를 받기 위해 소요되는 비용을 부담한다.

제11조 을은 한국을 떠나기 전에 기생충을 없애기 위해서 "알코파" 약을 복용해야 한다.

제12조 이 계약서에 명시된 노동조건은 독일법에 근거하고 있다. 이 계약 내용에 이의가 있는 경우에는 회사의 전권을 맡은 소송대리인에 대해서 할 수 없고, 회사에 직접 하여야 한다. 고용계약과 관련한 갑과 을 사이의 법적분쟁은 독일 법정의 노동담당관청에서 담당한다. 이 노동계약서의 내용은 독일어와 한국어로 작성되며, 독일어 판이 원문이다.

갑: 에센 루르석탄주식회사 서명

을: 한국 계약자 서명

4. 대한민국 정부와 독일연방공화국 정부 간의 재정원조에 관한 협정

1964년 12월 7일 〈본〉에서 서명 / 발효

대한민국 정부와 독일연방공화국 정부는 대한민국과 독일연방공화국 간에 존재하는 우호적 관계의 정신에 비추어, 개발원조 분야에 있어서의 유익한 협력을 통하여 이러한 우호적 관계를 강화 및 확대하기를 희망하고, 이러한 관계를 유지함이 본 협정 규정의 기초가 됨을 인식하고, 한국 경제의 발전을 증진시킬 의도에서 다음과 같이 합의하였다.

제1조

　　1) 독일연방공화국 정부는 대한민국 정부에 대하여 다음 사업을 위한 총액 5천 4백만 마르크 한도의 차관을 독일 재건은행을 통하여 공여토록 할 것이다.

　　　　가) 부산시 상수도 시설의 확장

　　　　나) 한국의 중소기업 육성

　　　　다) 한국의 통신망 확장

　　　　단, 이들 사업은 심사 결과 적격사업임이 인정되어야 한다.

　　2) 본조 제1항에 언급된 사업들은 대한민국 정부와 독일연방공화국 정부가 합의하는 경우에는 다른 사업으로 대치될 수 있다.

제2조

　　1) 차관의 사용 및 차관이 공여될 원조 사업에 있어 물자 및 용역의 구매를 독일 연방공화국에 한정 결부시키는 문제를 포함하는 제 조건은 차용주와 재건은행 간에 체결될 계약의 규정에 따라 규제될 것이다. 단, 이것은 독일연방국화국의 해당 법규에 의거한다.

　　2) 대한민국 정부와 한국 중앙은행은 재건은행에 대하여 체결될 차관 계약하의 차용주의 의무를 이행하기 위하여 행해질 모든 지불 및 그 결과에 따른 양도

행위에 관한 보증을 행한다.

제3조 대한민국 정부는 재건은행에 대하여 본 협정 제2조에 언급된 차관계약에 대하여 계약 체결 당시 또는 그 집행 기간 중에 있어 한국 내에서 부과될 모든 세금 및 기타 공공부과금을 면제한다.

제4조 대한민국 정부는 본 협정 제3조 규정의 제한 조건하에 여객 및 공급물자에 대하여 차관공여의 결과로 일어나는 인원 및 물자의 해상 또는 항공운송에 있어서의 수송수단에 대한 자유선택권을 허여하고 또한 독일 운송업자의 참가를 방지 또는 저해하게 하는 조치를 취하지 않을 것이며 또한 요구가 있을 경우 필요한 허가를 부여할 것이다.

제5조 차관은 별도 공문에서 독일연방공화국 정부가 지명하는 국가 또는 영토로부터의 공급물자 또는 용역에 대한 지불을 위하여 사용할 수 없다. 이것은 또한 그러한 국가 또는 영토를 원산지로 하는 공급물자도 포함한다. 또한 차관에 의하여 지불되는 공급물자는 그러한 국가 또는 영토의 수송수단에 의하여 운반될 수도 없다.

제6조 독일연방공화국 정부는 차관 공여의 결과에 따른 공급물자에 있어 '베를린' 지역의 산업의 생산품에 대하여 우대가 부여될 것을 희망한다.

제7조 항공 운수에 언급한 제4조의 규정을 제외하고 본 협정은 독일연방공화국 정부가 본 협정의 효력 발생시부터 3개월 이내에 대한민국 정부에 대하여 반대적 선언을 하지 않는 한 '베를린' 지역에도 적용된다.

제8조 본 협정은 서명일자에 효력을 발생한다.

1964년 12월 7일 본에서 한국어 2통, 독일어 2통, 그리고 영어 2통으로 6통을 작성하였다. 이견이 있을 경우에는 영어 원본이 우선한다.

5. 간호사 서독 취업 알선 계약서

대한민국의 간호사를 서독에 취업 알선함에 있어 현지 병원의 취업 알선자 이수길 (이하 갑이라 칭함)과 취업 대상자 선발 기관인 한국해외개발공사(이하 을이라고 함) 간에 다음과 같은 조항에 합의한다.

다 음

제1조 : 갑은 서독 노동청의 허가 조건에 의하여 서독 프랑크푸르트시의 각 병원에 을이 선발한 대한민국의 간호사를 취업시키는 책임을 갖는다.

제2조 : 을은 갑이 요청하는 인원의 해당자를 선발하여 출국일까지 모든 수속을 담 당한다.

제3조 : 갑은 다음 조건에 의해 간호사를 취업시킨다.

　　　1. 왕복 여비를 초청자 부담으로 한다(서울-프랑크푸르트 간)

　　　2. 대우 : 독일연방공화국 고용인 대우 규정(1961.2.23. 이후)에 따른다.

　　　3. 고용 기간은 3년간으로 한다.

　　　4. 매 인당 월 숙식비를 공제하고 미화 100$ 이상의 실소득을 보장시킨다.

제4조 : 갑, 을은 공히 간호사로부터 취업 알선조의 어떤 명목의 비용도 징수할 수 없다. 단, 선발 수험료는 차한에 부제 한다.

제5조 : 간호사 선발에 소요되는 비용은 을이 부담하고(간호사 개개인이 출국 수속 및 독어 교육에 필요로 하는 비용은 수익자 부담) 부대수입이 있을 시는 을 의 소득으로 한다.

제6조 : 갑은 차사업의 중대성을 명심하여 모든 면에 노력하되 만일 위약을 할 시는 대한민국 국법에 의해 손해배상을 지불하여야 한다.

제7조 : 차사업의 원활한 완수를 위하여 이견이 있을 시는 갑, 을 합의하에 이를 결 정한다.

제8조 : 갑, 을은 후일을 위해 차계약서를 2부 작성하여 공히 1부씩 보관한다.

제9조 : 약속된 기간에 요청한 인원을 보내지 못할 경우는 갑은 을에게 손해배상을
　　　　청구할 수 있다.

서기 1966. 1. 29.

갑 : 서독 마인츠대학병원 이수길

을 : 한국해외개발공사 대표이사 정희섭

6. 1969년 한국 간호사 교체취업에 대한 공문 내용 중
〈한국 간호사 모집의 기본 원칙〉

1. 독일 노동부 산하에 있는 국제노동자고용 자문위원회의 승인을 받고 현재 서독 병원에 취업하고 있는 간호사들이 3년 계약이 만료되어 귀국하게 되므로 그 인원을 보충하기 위하여 본 협회에서 한국 간호사들을 모집한다. 모집 인원은 계약이 끝나 귀국하는 한국 간호사의 숫자를 초과해서는 안 되며, 원칙적으로 지금까지 한국 간호사들을 원하는 병원에도 보낼 수가 있다. 간호보조원도 간호사와 같은 원칙에 입각한다.

2. 간호 요원이 서독에 도착하면 4주간 반나절 독일어 강습을 받아야 한다. 원칙적으로 독일어를 구사하여야 하나 최소한 영어를 사용하여야 한다.

3. 한국 간호 요원을 필요로 하는 각 병원은 사전에 귀국하는 간호 요원의 명단을 본 협회에 내야 된다.

4. 간호 요원이 한국에서 서독에 오는 항공료는 병원 측에서 부담하고(병원 측에서 부담하는 사회보장 보험료로), 귀국하는 항공료는 간호 요원 자신이 부담한다. 귀국 항공료를 마련하기 위하여 병원 측은 매달 50마르크를 월급에서 공제하여 적금을 들어야 한다.

5. 병원 측에서 오는 항공료를 선대 지불하였으므로 각 간호 요원은 고용주가 부담하는 사회보장 보험료를 차후에 반환하여 줄 것을 포기하며, 이 보험료를 병원 측에 양도한다. 귀국하는 항공료를 위하여 고용주는 월급에서 매달 50마르크를 공제하여 항공료에 해당하는 금액을 적금한다.

6. 월급은 근로세, 교회세, 건강보험, 사회보장보험, 기숙사비, 식비, 그리고 귀국 적립금 50마르크를 제외한 350마르크에서 375마르크를 매달 받게 된다. 이 월급은 경력에 따라 상승하며 순 월급이 767마르크에서 792마르크가 될 수 있다.

7. 휴가는 1년에 5주 4일이며, 2주일간 계속 근무할 경우에는 추가로 2일 휴일을 받

으며, 야간 근무하였을 경우는 특수 수당을 받는다. 일주일의 근무시간은 현재로는 46시간이다.

8. 간호 요원이 병에 걸려 근무를 할 수 없을 경우에 26주까지는 지금까지 받고 있는 월급 전액을 받으며, 그 이후는 사회보장에서 보조를 받게 된다.

독일병원협회 1969년 7월 회람 공문

7. 재독한국여성모임 총회

제 1 장 : 총   칙

제 1 조 (명칭) : 본회는 재독한국여성모임이라 칭한다.
제 2 조 (소재지) : 본회의 본부는 유럽지역에 지부를 둘 수 있다.

본회는 인간이 인간을 지배하는 어떠한 형태도 거부하는, 궁극적 인간해방을 구현하기 위한 본회의 행동방향을 민주적 원칙에 의해 실천해 나감을 목적으로 한다.

제 2 장 : 회   원

제 4 조 (자격) : 본회의 목적을 찬동하는 모든 한국여성을 회원으로 한다.
제 5 조 (가입) : 가입절차는 각 지역회에서 결정하며, 지역조직에 소속되어 있지 않
              을 경우에는 대표회에서 결정한다.
제 6 조 (권리와 의무) : 1. 모든 회원은 의결권, 선거권, 피선거권을 가진다.
   2. 모든 회원은 회칙을 지키고, 회비를 내며, 본 회의 모든 사업과 활동에 적극 참
      여할 의무를 가진다.

제 3 장 : 구   성

제 7 조 (기구) : 본회는 각 지역의 특수한 조건에 따르는 지역의 자치성을 기반으로
              하여 공동의 목적을 달성하기 위한 다음과 기구를 가진다: ㄱ. 총회
              ㄴ. 지역회 ㄷ. 대표회

제 8 조 (총회)

1. 총회는 모든 회원의 의사를 총괄하고 본회의 기본방침 및 회칙개정 등 중요사항을 논의 결정한다.

2. 총회는 지역회에서 선출한 대표회 임원을 동의 통과하며 대표회의 활동상황을 검토하는 기능을 가진다.

3. 총회는 매년 한번 정기적으로 열리며, 임시총회는 회원의 1/4 또는 대표회 임원 2/3 이상의 요구가 있을 때 열릴 수 있다.

4. 총회는 모든 회원으로 구성되며, 개회 정족수는 최소한 1/3의 참석으로 개최할 수 있고 결의사항은 출석회원 과반수의 찬성을 원칙으로 한다. 단지 회칙개정 등 특별히 중요한 사항은 전 회원의 1/2, 출석회원 2/3의 찬성으로서야 만이 결의된다.

제 9 조 (지역회)

1. 지역회는 본회를 구성하는 기본조직 단위로서 지역의 특수성에 따른 활동과 사업을 자치적으로 해 나간다.

2. 지역회는 회원의 가입 및 징계절차를 스스로 규정한다.

3. 지역회는 대표회 임원을 선출하며, 선출인원수는 지역규모에 따라 가감될 수 있다.

4. 지역회의 단위는 다음과 같으며, 사정에 따라 대표회가 개편할 수 있다.

   (괄호 안은 대표 인원 수)

   지역 1: Berlin (3)

   지역 2: Hamburg, Kiel (2)

   지역 3: Goettingen, Hannover (2)

   지역 4: Koeln, Düsseldorf, Bonn (2)

   지역 5: Bochum, Muenster, Duisburg (2)

   지역 6: Hessen (2)

지역 7: Heidelberg, Stuttgart, Tuebingen (2)

지역 8: Muenchen (2)

제 10 조 (대표회)

1. 대표회는 각 지역의 활동을 교환, 조정하고 본 회의 과제를 상호분담하며, 총회에서 결의된 사항 및 전반적인 사업과 활동을 계획 실천해 나가는 본회 집단적 대표기구이다.

2. 대표회는 각 지역에서 선출된 임원으로 구성되며 업무분담은 자체 내에서 구성, 결정한다.

3. 대표회는 3개월에 한 번씩 정기적인 모임을 가지며 임원의 임기는 1년으로 한다.

4. 대표회 임원은 경우에 따라서 임기 중에라도 자격을 상실 당할 수 있다.

제 4 장 : 재　정

제 11 조 (회비)

1. 본회의 재정은 회원의 회비와 찬조금으로 충당하는 것을 원칙으로 하며 기타 수입금은 대표회가 결정, 보충한다.

2. 회비는 각 지역회에서 결정하며 그 중 일부의 액수는 전체 활동의 비용으로 사용한다.

제 12 조 (회계년도) : 본 회의 회계연도는 정기총회에서 다음 정기총회까지로 한다.

제 5 장 : 부　칙

제 13 조 (회칙해석) : 회칙 해석상 의문점이 있거나 세칙의 필요성이 있을 때는 대표회의 해석과 결정에 따른다.

제 14 조 (회칙의 효력발생) : 이 회칙은 통과된 즉시부터 효력을 발생한다.

통과 일자 1978년 9월 17일

재독한국여성모임

8. 재단법인 한국해외개발공사 설립 경위서 (한국국제협력단)

재단법인 한국해외개발공사

설립 경위서

1. 1965년 4월 15일 서울특별시 용산구 후암동 30번지의 84호 에서 사단법인 한국해외진출전흥공사의 설립총회를 개최하다.
   가. 참석인원 6명 (경룡범, 퓨태연, 부장원, 권룡훈, 유지오, 이용달)
   나. 회의 취지
   (1) 일시사회자 퓨태연씨도 우리 한국인의 해외취업과 한국 기술 노동자의 해외수출을 전흥함은 국내적으로는 과잉인구에서 오는 사회적 경제적 불안을 완화할수 있고 국민생활 수준 향상을 도모하여 국가의 경제적발전에 공한하여 한국인의 해외진출을 통한 그와 더불어 국위선양을 촉진함을 목적으로 본공사를 설립한다는 설립취지의 설명을 하였고
   (2) 정관 심의를 가져 만장일치도 통과
   (3) 사업계획 및 예산을 심의 통과
   (4) 설립사 대표도서 권룡훈씨가 만장일치도 선출됨과 동시 일체의 설립 사무를 위임하고 앞으로 발공사를 대표하기도 결정

2. 1965·8·31 노동청장 앞으로 사단법인 한국해외진출전흥공사 설립허가 신청서를 제출한바 1965·9·14 노국연 1456-3574으로 사단법인으로는 동명무를 수행할수 없을것으로 사료된다하는 공문과 함께 반려되다.

3. 1965·9·15 전기 사단법인제도서의 설립허가가 불가함에 따라 사단법인 한국해외진출전흥공사 설립위원의 총의를 소집하여 이에 대한 대책을 위하여 회의를 개최하다.

9. 재단법인 해외개발공사

– 서독광산 취업자를 위한 일반안내서 1973년 (한국국제협력단)

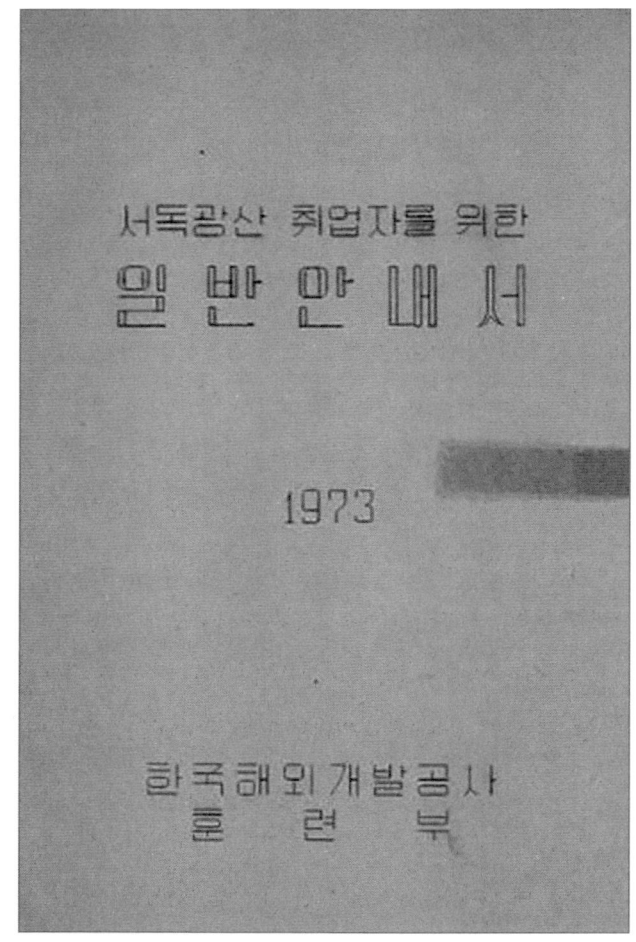

10. 한국해외개발공사 사업실적(1971년) (한국국제협력단)

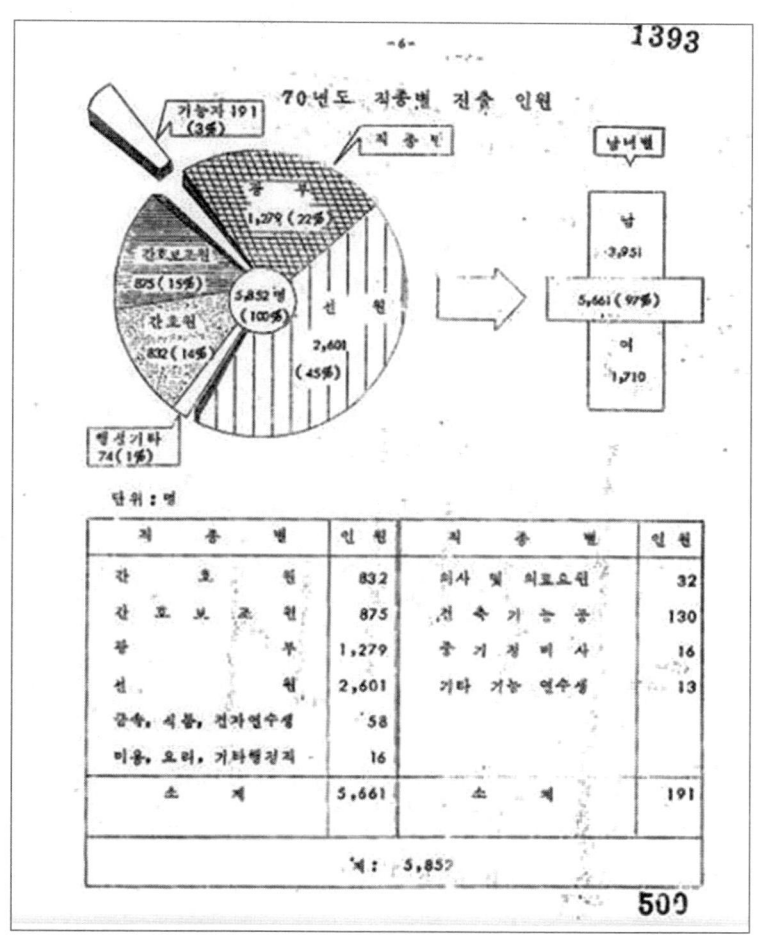

11. 파독 광산 근로자 모집 · 송출 과정도 (한국국제협력단)

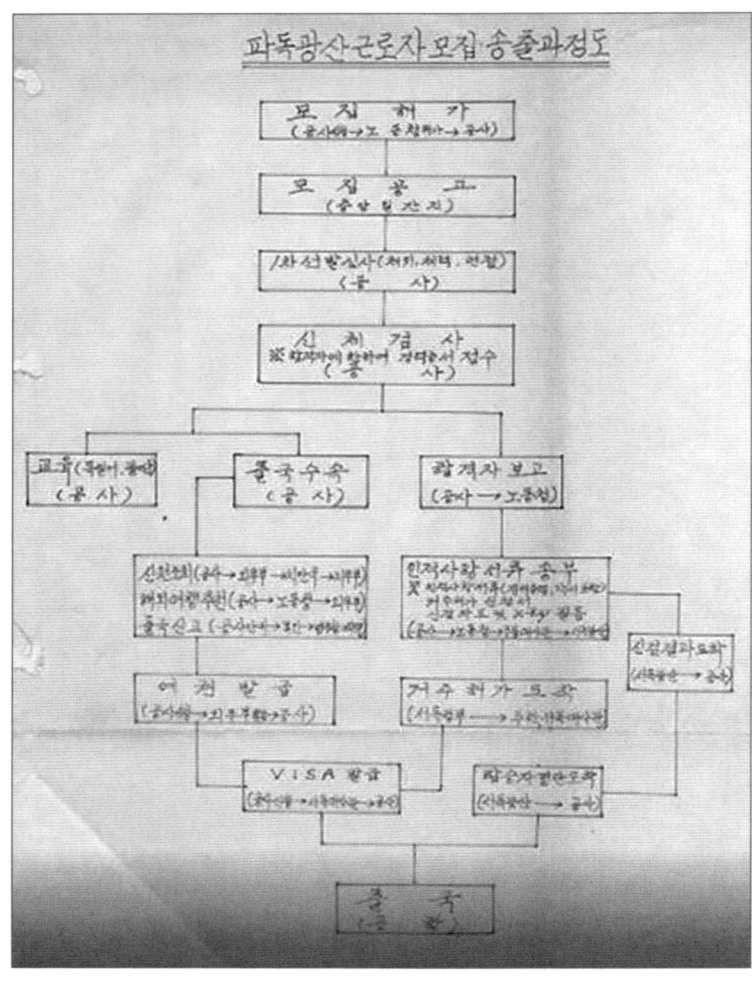

12. 파독 광부 특별회계 적립금 지급 (동아일보, 1981.5.13.)

파독광부
특별회계 적립금지급

서독에 광부로서 근무한 사람에 대하여 광부 특별회계 적립금을 아래와 같은 요령으로 지급하오니 해당되시는 분께서는 빠짐없이 수령하시기 바라며, 이 안내문을 보신 분은 해당자에게 알려서 한분도 빠짐없이 수령하시기 바랍니다.

1. 지급대상자:
   가. 제 1차광부 : 1963~1969년 사이에 계약을 만료한 자
   나. 제 2차광부 : 1970~1980년10월 사이에 계약을 만료한자
2. 지급신청방법:
   가. 국내거주자의 지급은「한국해외개발공사」에서 접수처리함
      1) 신청방법:
      ⑦서울거주자는 본인이 주민등록증과 인감을 지참 직접신청바람
      ⑥지방거주자는 본적·현주소·성명·생년월일·주민등록번호·출국 및 귀국월자를 정확히 기입한 신청서에 인감날인 우송신청바람(16점지사용)
      2) 신청장소 : 한국해외개발공사 해외관리과
      (서울중앙사서함2545)
   나. 독일체재자:
      1) 외환은행 푸랑크푸르트지점에서 직접 수령코자 하는 자는 동 지점에 비치된 신청서 2부와 여권을 제시하면 직접지불함
      2) 원거리 거주자는 적립금 가액산금 본국위임때와 같이 본인의 여권 및 성명, 사진(란 4~5페이지)을 복사하여 외환은행광부특별회계적립금 송금신청서 // 2부작성, 외환은행 푸랑크푸르트지점에 우송하면 신청인의 거래은행 자동송금이체함
   다. 제 3국 체재자:
      1) 광부특별회계적립금 송금신청서 2부에 거주지 관할 한국공관의 영사확인을 받아 외환은행 푸랑크푸르트지점에 우송하면 신청인의 거래은행구좌로 자동송금됨
      2) 본국가족에게 위임 송금코자 하는 자는 독일체재자의 신청방법 (2)와 같으며 단, 거주지관할 한국공관의 영사확인을 받아야함.
3. 지급시기 : 수시
4. 문 의 처 : 한국- 노동부 해외근로국 해외지도과
   (전화) (634)4310
   한국 해외개발공사 해외관리과
   (전화) (762)0793
   독일 : Arbeitsattache(Tel:0228/21 43 73)
   Botschaft der republik Korea
   Adenauerallee 124, 5300 Bonn 1, W. Germany
   1981년 8 월 일

노동부장관 권 중 동

서독에 광부로서 근무한 사람에 대하여 광부 특별회계 적립금을 지불하겠다는 공고로서 지급대상은 제1차 광부(1963~1969) 계약을 만료한 자, 제2차 광부(1970~1980.10) 계약을 만료한 자이다. 지급을 위한 접수는 한국해외개발공사 해외관리과에서 신청을 받는다. 독일에서 수령을 원하는 사람은 여권과 사진, 신청서를 외환은행 프랑크푸르트 지점에 우송하면 신청자의 거래은행으로 송금 이체가 되도록 하였다. 그리고 제3국 체재자는 거주지 관할 한국공관의 영사 확인증을 받아 동일하게 외환은행 프랑크푸르트 지점에 우송하면 신청자의 거래은행 계좌로 송금이체하였다. 한국의 가족에게 위임하고자 하는 자는 독일 체재자와 같은 신청으로하되 거주지 관할 한국공관의 영사 확인을 받아야 했다. 지급 시기는 수시로 진행하였다.

13. 파독 광부·간호사·간호조무사에 대한 지원 및 기념사업에 관한 법률
(약칭: 파독광부간호사법)

[시행 2021. 6. 10.] [법률 제17436호, 2020. 6. 9., 제정]

현재시행법령확인 / 고용노동부(개발협력지원팀)

판례

제1조 (목적) 이 법은 대한민국 정부 및 독일연방공화국 정부 간 경제 및 기술협조 등의 일환으로 독일에 진출하여 근로한 광부·간호사·간호조무사의 노고와 희생을 기념하고 국가경제 발전에 기여한 이들의 공로에 걸맞은 기념사업 및 지원에 필요한 사항을 규정함을 목적으로 한다.

제2조 (지원대상) 이 법에서 적용받는 지원대상은 다음과 같다

1. 1961년에 체결된 「대한민국 정부와 독일연방공화국간의 경제 및 기술원조에 관한 의정서」, 1963년 12월 체결된 「한국 광부의 임시 고용계획에 관한 협정」에 따라 1963년 12월 21일부터 1977년 12월 31일까지 독일에 진출하여 임금을 목적으로 근로를 제공한 광부

2. 1966년 1월 29일부터 한국해외개발공사를 통한 알선과 1969년 8월 체결된 「한국해외개발공사와 독일병원협회 간 협정」에 따라 1976년 12월 31일까지 독일에 진출하여 임금을 목적으로 근로를 제공한 간호사 및 간호조무사

제3조 (지원대상자에 대한 지원)

① 국가는 지원대상자에게 다음 각 호의 지원을 할 수 있다.

1. 대한민국 또는 거주 중인 국가에서의 생활에 필요한 사회서비스 안내 등 기본정보의 제공

2. 대한민국 정착에 필요한 교육 또는 상담

3. 파독 광부·간호사·간호조무사 관련 기관 및 단체와의 연계

② 그 밖에 제1항 각 호에 따른 지원의 범위, 방법 등에 관하여 필요한 사항은 대통령령으로 정한다.

제4조 (기념사업 등)

① 국가는 파독 광부·간호사·간호조무사와 관련된 다음 각 호의 사업을 할 수 있다.

　1. 기념관 건립 등 기념사업

　2. 역사적 자료의 수집·보존·관리·전시 및 조사·연구

　3. 교육·홍보 및 학술활동

　4. 국제교류, 공동조사 등 국내외 활동

　5. 그 밖에 제1호부터 제4호까지의 사업에 부수되는 사업

② 제1항에 따른 사업을 수행하기 위하여 필요한 사항은 대통령령으로 정한다.

제5조 (경비의 보조) 국가는 대통령령으로 정하는 요건을 갖춘 법인 또는 단체가 제4조제1항 각 호의 사업을 수행하는 경우 예산의 범위에서 사업에 필요한 비용의 전부 또는 일부를 보조할 수 있다.

제6조 (업무의 위탁) 이 법에 따른 고용노동부장관의 업무는 그 일부를 대통령령으로 정하는 바에 따라 관련 법인 또는 단체에 위탁할 수 있다.

부　　칙 〈법률 제17436호, 2020. 6. 9.〉

이 법은 공포 후 1년이 경과한 날부터 시행한다.